汉语方言调查

李如龙 著

商务印书馆
创于1897 The Commercial Press

图书在版编目(CIP)数据

汉语方言调查/李如龙著.—北京:商务印书馆,2017(2023.3重印)
ISBN 978-7-100-12869-8

Ⅰ.①汉… Ⅱ.①李… Ⅲ.①汉语方言—方言研究—教材 Ⅳ.①H17

中国版本图书馆CIP数据核字(2017)第007495号

HÀNYǓ FĀNGYÁN DIÀOCHÁ
汉语方言调查
李如龙 著

商 务 印 书 馆 出 版
(北京王府井大街36号 邮政编码100710)
商 务 印 书 馆 发 行
北京市白帆印务有限公司印刷
ISBN 978-7-100-12869-8

2017年7月第1版 开本710×1000 1/16
2023年3月北京第3次印刷 印张17½
定价:79.00元

目　　录

图表目录

自　　序

从听我的启蒙老师黄典诚教授讲“汉语方言学”的课，参加汉语方言普查到现在，六十年过去了。我曾对人说过，回想自己的大半辈子，有两点没有后悔过，一是选择了研究汉语方言，二是选择了当老师。研究汉语方言，使我获得了语言学的全面训练，在汉语方言的原野上，越做越有趣；还可以从方言进入通语和古语、民族语，探寻许多奥秘。当老师，我可以跟着学生，研究他们所熟悉的方言，便于教学相长；他们学好了，我的事业也就能够得到延伸。

汉语的方言，历史长、分布广、品种多、差异大，没有经过训练，要进行有效的调查是不容易的。以前是有过自学成才的学者，都是了解方言母语至深、经过长期积累的，现代的青年很难具备这样的条件。这些年来，鉴于许多方言都在萎缩，有的已经处于濒危状态，为了保护地方文化和语言资源的遗产，国家安排了创建方言有声数据库建设的计划，启动了语言资源保护工程，这就需要大量人手参加这项工作。在大学里开设方言调查课，训练一批能承担这项工作的年轻人，就成了迫切的需要了。

培养方言调查人才，我主张因材施教，甚至提倡老师跟着学生走，给他们一些基本观点和主要方法，让他们从自己的母语入手，在调查实践中去探索和创造，不要给学生规定很多具体的步骤。所以历来讲方言课，我并不用固定的教材。编过几种教学提纲，大多不太满意。现有的高校中文系开设的“方言”课，大多是把汉语方言的基本知识、各主要方言的特点都包含在内，内容一多，教学就不好安排，课时少了，知识学不好，训练也完不成；课时太多，作为选修课也不合适。其实，汉语方言学的知识是可以自学的，“方言”课最重要的是做音标的训练和调查训练，具备了调查能力，不但可以独立开展方言调查，还能够自如地阅读已有的方言材料，了解各种方言的特点。上个世纪末，我承担了教育部下达的“九五”研究生重点教材《汉语方言学》的编写任务，2001 年在高等教育出版社出版了，因为考虑到方言调查方法的训练应该是本科教育阶段的任务，该书就没有训练调查方法的内容。只是说了些基本观点，提供一些思路和研究问题的方法，有的老师用它作为本科“方言调查”课的教本，显然是不合适的。对剧变中的方言进行抢救性的调查，是越来越困难了，要训练出真正有兴趣、也有能力去调查方言的年轻人，需要更多的调查方法的训练。关于汉语方言的形成、发展、分区，各区的特征，已经有许多专书可以参考，方言调查训练课应该专讲调查方法，提供各种调查表格，给予工作的方便；前人做过的调查已经很多，在资讯发达的时代，搜寻查阅都很便捷，但是对初学者来说如何去鉴别好的样品就不太容易，需要适当的选择和推荐。这就是我关于《汉语方言调查》课程教材的设想。

参加了几年方言有声数据库建设的工作，使我体会到，汉语方言的调查，正处于任务紧迫的时期。时不我待，用了一年的时间，我赶制了这本入门书。使用它的老师教本科生，如果能从这里开始，用半年的时间，学会一种方言的调查，整理出调查材料，就是令人满意的了。如果想要深造，用更多的方言材料去研究古今汉语和汉藏语，用实验语音学的方法去分析方言语音，用词汇语义学的方法去挖掘方言词汇及其文化蕴含，用语法修辞学的方法去分析方言句段及其与通语的区别，用地理语言学的方法去展示方言的共时差异，用数据库语言学的方法去比较分析更多的语料，那就还需要学习其他的课程，并不是本课程的任务。学海无涯，许多我自己不熟悉的方法和理论，恕我不敢多言。

实践出真知。这门课的教材这样编对不对、好不好，还要请使用它的老师和同学来评判。如有批评改进的意见向我提出，无任欢迎。

本书能在商务印书馆出版，是我的荣幸。感谢周洪波总编的支持。感谢冯爱珍责编的热情帮助，她不但是方言学家，而且是富于经验的老编辑，给我许多好意见（如增加了“术语表”），还热情地为我写了《跋》，为本书增色不少。

在编写过程中，还有跟我学方言调查的林天送博士，花了许多时间帮我整理了书中的有关图表，他不但有求必应，而且做得又快又好。我也应该感谢他。这本小册子如能给有志于方言调查的年轻人一点帮助，也请大家记住他们。

第一章　绪　　论

一　汉语的方言

方言是什么？方言其实就是通行在一定地域的"地方话"。通俗的说法很多：本地话、白话、乡谈、平话、土拐话、土话等。如果是在各地普遍通行的，现代就叫"普通话"，先前文雅的说法是"通语""共通语"或"共同语"等。方言和普通话都是鲜活的口语，只是通行的地域大小不同，社会地位也不一样。通语说的人多，经过书面语的加工和专家的研究，为了"普遍通行"，就有比较明确的规范；相对而言，方言比较随意和粗糙。其实，不同地方的人说普通话时，许多人说的"地方普通话"并不标准；有些人与外地沟通不多，说起本地话反倒更"纯正"。

远古时代大概只有一个个部落的方言，后来经过战争的吞并或联盟，建立了国家，为了不同地方的沟通，就逐渐出现了共通语。在中国，很早就有了通语，先秦时期也叫"雅言"，汉代扬雄的《方言》就是用"绝代语""通语"来解释各地方言的。

方言依存于社会生活，是有生命的社会现象。每一个方言都有各自的形成、定型、发展、变化、衰退的过程。有的方言因为社会地位提高了，可能发展成为共同语，有些方言因为和通语或强势方言的竞争，或由于移民和民族融合，以及天灾人祸等原因，也可能走向混合，发生质变，甚至逐渐消亡。

中国是方言大国，汉语历来以方言复杂而著称。汉唐盛世，中国人口已有五六千万，明清时期就上亿了。中原汉人经过频繁的战乱和移民，南迁、西进，与诸多民族打打停停、分分合合，有的就互相融合了。他们散布于辽阔地域，山川阻隔之下各聚一方，便形成了多种多样、大大小小的方言。散居在边疆的五十多个民族也因历史、地理的原因，形成了类别繁多、大小不同的方言。

两千年前的《方言》可能是世界上最早的研究地域方言的著作。但是，在后来漫长的中古时期，方言的研究不被重视。因为用汉字书写的通语书面语（文言）借助中央集权的政治和传承经典的文化，越来越具备了神圣的地位。《广韵》所代表的唐宋间通语的官音统治文坛千年，“十三经”则是文言的正宗，方言被认为是应受匡正的俗言野语。直到近代社会，由于城市的兴起，用方言书写的俗文学（白话）得以流传，民间为了使用殊异的方言识字读书，编著了各种方言韵书（也叫地方韵书），方言才有了一席之地。19 世纪西方传教士来华之后，在东南沿海传教，记录了不少方言，保留了一些当年的方言语料。到了 20 世纪初，西学东渐，现代语言学转轨研究当代口语，方言才成了科学研究的对象。但是，由于中国古代典籍保存着丰富的民族文化遗产，具有非同一般的文言地位，传统的音韵、文字、训诂之学还吸引着许多学者做潜心的研究。现代汉语方言学虽然已有近百年的历史，但在汉语研究中还一直没有成为主流。

现今的汉语究竟有多少种方言？经过了近百年的调查研究，至今还没有大家认识一致的结论。因为方言有大小，大方言管着小方言，方言之间的差异有多有少，方言区域之间并没有断然的界线，什么是区分不同方言的标准，大家也有不同的认识。总的说来，往粗里分，先把官话和非官话分开是合理的。官话通行面最广，从南京到兰州，从昆明到哈尔滨都是它的领地，使用人口超过全国人口的大半，各地官话大体可以相通，因此它才成了通行全国的普通话的基础方言。非官话分布在中国东南部，大体可以按照跟官话区别的大小分为两片：长江近处的湖南的湘语、江西的赣语和苏浙的吴语跟官话差别较小，词汇和语法受共同语和官话方言影响较多，但语音方面还多少残留着古代的浊音声母，一般声类较多，韵类、调类较少，我们把这些方言概称作近江方言；离长江较远的浙南吴语、闽粤琼的闽语、赣闽粤的客家话和两广的粤语，跟官话语音差异较大，一般声类较少，韵类、调类较多，词汇和语法差异更大，我们把这些方言概称作远江方言。以上说的七大片在 20 世纪 80 年代是方言学界相当一致的看法。后来在编辑《中国语言地图集》时做了更详细的调查，又提出了一些方言区。例如，山西一带的晋语，安徽东南部的徽语，广西的平话和土话。20 世纪 80 年代中国大百科全书出版社出版的《中国大百科全书·语言文字卷》所列的《汉语方言分区示意图》和 2012 年商务印书馆出版的《中国语言地图集》(第 2 版)，反映了两种不同的分区。前者将汉语方言分为七区，即官话方言、吴方言、赣方言、湘方言、闽方言、客家方言、粤方言七个区；后者沿袭 1987 版《中国语言地图集》(中国社会科学院、澳大利亚人文科学院合编，[香港]朗文出版[远东]有限公司，1987 年)分区的基本格局，仍将汉语方言划分为十区，即官话区、晋语区、吴语区、闽语区、客家话区、粤语区、湘语区、赣语区、徽语区、平话和土话区。后来的几年间，关于汉语方言的分区，有些学者还发表了一些不完全一致的看法，有的认为晋语还是应该属于官话的一个区；有的认为平话就是早期的粤语，徽语则是吴语的变种。至于湘粤桂交界相连的土话，后来又举行了多次全国性的研讨会，发掘了大量新的材料，有些学者认为，这一片湘语、粤语、客赣语和西南官话交界地带的方言，内部差异很大，并没有太多共同的特征，更像是一群过渡地区的混合型方言。可见，汉语方言的调查，还有很多工作要做，关于方言分区的原则和方法，也需要进一步深入探讨。只有进行更加广泛深入的调查和研究，关于汉语方言的分类和分区才能得到大家都满意的结论。本书是介绍方言调查方法的，暂不讨论方言的分区。

二 汉语方言调查

中国学者的汉语方言调查是从 20 世纪 20 年代开始的。1924 年，北京大学成立“方言研究会”，次年制定了方言字母，开始调查记录方言。1928 年，清华大学出版了赵元任的《现代吴语的研究》，而后，中央研究院历史语言研究所组织了江西、湖南、湖北和关中的方言调查。1935 年之后又在艰难的抗战岁月中进行了四川、云南的方言调查。1956 年，中华人民共和国教育部和高教部组织了每县一个点的全国方言普查，获得了大量方言材料，也培养了一批方言调查人才。在开头的半个世纪中，汉语方言的调查就表现出两个鲜明的优点：一是引进了欧洲所创造的国际音标，用来记录方音；二是继承了中国传统音韵学关于汉语语音的声韵调分析法。这表明了汉语方言学一开始就走上了中西结合的正确的道路。之所以能奠定这样的基础，应该感谢瑞典的汉学家高本汉，他正是用国际音标记录方言并用来分析声韵调的；也应该肯定赵元任、李方桂、罗常培三位先生在翻译高本汉的名著《中国音韵学研究》时，把高本汉用的音标和记音方法系统化、中国化。然而，这开头半个世纪的方言调查也有明显的缺陷，这就是偏重于语音调查，多用方音材料来说明音韵学问题。早期的方言学著作如《现代吴语的研究》《厦门音系》《临川音系》莫不如此。20世纪60年代的方言普查也是在记录字音之后，停留于寻求方言语音与普通话语音的对应规律。由于对方言词汇、语法调查不够重视，积累的材料不多，不少学者还得出了"汉语方言的差异主要表现在语音上"的不当结论。

然而，随着汉语研究和方言研究的深入，尤其是改革开放之后，1979年李荣创办《方言》杂志，1981年发起成立全国汉语方言学会，接着还组织了41部方言词典的编撰，主持《中国语言地图集》的制作，汉语方言调查研究得到了全面的发展。到了新旧世纪之交，汉语方言的调查研究得到了蓬勃发展，全国调查过的方言点数以千计，编写的方言词典和方言志应有数百上千种，不少区域性的方言调查报告和方言地图集以及方言研究专著也大量出版，汉语方言学成了中国现代语言学研究领域最有成绩的部门。方言语音的深入分析，为音韵学研究解决了不少难题；方言词本字的考证，为训诂学和词汇史提供了不少证据；方言语法的调查则提出了许多汉语语法研究的新课题。在汉藏语研究者和古音史学者、方言学者联手之后，汉藏语言学的研究也得到了极大的推动和长足的进展。此外，大量方言调查成果还为许多相关学科，如历史地理学、地名学、民俗学、文献学等提供了可贵的参考。

改革开放固然促进了人文科学的繁荣发展，同时也以更大的规模和势力冲击着传统的封闭社会。经济的繁荣、交通的发展、商业的流通造成了南北地域及城乡人口的大流动。现代化步伐加快之后，文化、教育也迅速发展，共同语的普及锐不可当，外国语的学习也热浪滚滚。青年人已大多不喜欢使用父辈的“殊方异语”了，因为外地人听不懂，新的意识也不便表达；留守在穷乡僻壤的老人和儿童也很难坚守方言的阵地，因为广播、电视普及，学校也用普通话读书识字。在这种情况下，方言面临着逐渐萎缩的趋势，有些只在小范围通行的方言已经难免于濒危和消亡的命运了。

近些年来，不论在学界还是在社会上，汉语方言又受到了很多方面的关注。从社会上说，老年人说惯了熟悉的方言，总觉得很有韵味，对儿孙不说，也听不懂本地话很不满意。方言戏剧和曲艺的听众越来越少，从业人员后继乏人，这是普遍现象。方言研究者则为丰富多彩的方言词语正在失传而忧心忡忡，有些地方已经喊出“保卫方言”的口号。这不禁使人想起，早在三十多年前，1981 年，全国汉语方言学会在厦门大学举行成立大会时，当时的中国语言学会会长吕叔湘先生就在贺信里发出了“抢救方言”的号召，真是英明的远见。

现代汉语方言多有千年以上的历史，这是一笔丰富、厚重的文化遗产，它对于研究古代历史和文化有着重大的价值。例如，孙武的祖上原是春秋齐国的田完家族，当时“陈、田”同音，本是一家，古籍里“田完”也写作“陈完”；现今的福建莆田话“田、陈”还都读为 $t\varepsilon\eta^{2}$，是为明证。汉语的方言，正如李荣所说：“有统一和分歧两个方面，东南各省汉语方言差别很大……官话方言的一致性很高，通话没有困难。”（李荣，1987）官话方言的大面积一致，有它的历史原因；东南部的方言，有的一县之内就有多种不能通话的小方言，许多方言区的边界以及散布于区外的方言岛，还常常混合着不同方言或民族语言的特点，例如湘粤桂交界处数十个县的“土话”。离那里不远的湘西“瓦乡话”则至今还性质难定。方言的形成无非是由于社会的分裂、人民的迁徙、民族的融合、地理的阻隔以及时代的变迁等。对现代方言的歧异和分布进行周密的考察，往往可以跟社会史和民族史的研究相互论证。

早在先秦时期，由于文化的繁荣，汉语就有了被称为“雅言”的通语。汉唐之后，方言口语与书面的文言逐渐分离，不同时期的书面通语借助政治和文化的力量，都会影响方言的变异。从现代方言可以看到历代通语的投影，也可以找到接触民族语言的痕迹。晚清以来，研究音韵、训诂的学者就已经开始运用方言材料来论证古代汉语的语音和词汇问题了。最近几十年间，不论是研究汉语的语音史、词汇史、语法史，或是研究汉藏系诸语言的学者，都把汉语方言调查的成果视如珍宝。上文所说的“陈、田”同音，是上古音“舌上归舌头”（ʈʂ-、ʈʂʰ-归入 t-、tʰ-）的特点。上古音还有“轻唇归重唇”（f-归入 p-、pʰ-）的现象，也能在方言里找到论证：广东“番禺”的“番”读为 pʰun¹；厦门把“香”说成“芳”，读为 pʰaŋ¹；北京平谷“好像”说成“仿佛”（音 paŋ² pur²）。广东潮州、海康的闽语管桌子叫“床”，太原晋语管小凳子叫“床床”，可证唐诗“床前明月光”里的“床”，原来指的是不高的“几”，并不是卧具。“画眉深浅入时无”“寒梅著花未”的疑问句式，“落花若有意，来去逐船流”中表“相邀”的“来去”的说法，现今的许多闽语都还这么说。正如孔子所说，“礼之失而求诸野”，发掘汉语方言中的语音、词汇和语法特点，对于研究汉语史和汉藏语言学都有十分重要的意义。

越是反映地方特色的就越具有国际意义，在语言学上也正是如此。一百多年来的西方语言学主要是建立在对印欧语分析的基础上的，而汉语、汉藏语和印欧语的类型有很大的差别，认真地发掘汉语的通语和方言的事实，不论是进行结构的分析、演变规律的探讨或语言接触的考察，对于普通语言学的理论建设都一定可以做出应有的贡献。例如，汉语单字音的声韵调立体结构和连读音变的种种规律，就已经引起许多西方学者的注意，并为非线性音系学提供过鲜活的理论依据。

三 方言调查是语言学的基础训练

方言本来就是语言。每个方言都有自己的语音系统、词汇系统和完整的语法规律，有的方言还有专门书写方言的文字形式。吴语、粤语和闽语都有过汉字印行的文本在社会上通行。在自身分布的地域交际，方言都是自足的。它与通语的差异只在于通行地域和社会地位的不同。赵元任说过，有些汉语方言之间的差异并不亚于欧洲的英语、德语、法语之间的不同。高本汉则说，如果没有古今南北通用的汉字，汉语方言早就分裂成不同的语言了。当然，方言和通语也有不同。通语通行面广，文人学者所做的书面加工多，规范程度也就比较高。但就口语使用功能和研究价值说，方言和通语完全是同等的。

和通语相比，现实的方言口语不但具有语言学价值，在一些方面还有更多优势。比如，方言口语往往是纯粹的口语，夹杂书面语的成分较少，许多方言只有在戏曲的唱腔中才使用了一些书面语(例如京剧的唱段)。方言口语的调查，只要有时间，找到合适的发音人，可以反复地核对、扩充材料；可以多找几个发音有别的人，特别是老中青三代人，比较共时的方言差异。这就像找到了不断流淌的一股清泉，可以使调查研究得到可持续的发展。这比起只从书面语料取材的通语研究，可是生动活泼多了。

方言口语是比书面的通语芜杂，不如通语规范，有时单字和词语的读音不稳定，方言词语的意义可能有些含糊，语法规则也未必都已经定型，但正是这些现象，可以使调查者得到更为严格的训练。打个比方，研究现成的书面通语就像在游泳馆里训练，在花圃里观赏盆景；而做方言的田野调查，则更像是在海里泅渡，在山上采集花果。

可见，方言调查是有趣的。

任何方言都有自己的语音、词汇和语法。调查方言从听音、记音开始，要辨别音素、区分语义、琢磨语法关系，还要考虑用什么字去书写特殊的方言词才合适；要跟现代和古代的通语做比较，还要考察跟周边方言的异同。就像在海里泅渡有风浪，到山里采集花果有沟壑，虽然有趣，也会有风险。在调查过程中，总会遇到新问题，容易出差错。正因为如此，李荣先生常常鼓励年轻的学生们：方言调查可以得到完整的语言学的训练。为了使学生少走弯路，他又常常提醒初学者，最好从自己熟悉的母语做起，待获得一些经验之后，再去调查远处的陌生的方言或近处的差异大的方言。

可见，方言调查并不容易，要认真对待。

方言调查是田野工作，是走向社会和人打交道的事。为了理解方言的文化内涵，还要观察环境、了解风土民情，这也和做书面语料研究的案头工作有很大的不同。下乡调查方言，要和发音人交朋友，拜他们为师，才能用最少的时间得到最多、最好的材料。方言词反映了许多当地的自然环境和社会生活的现象，方言调查者应该把自己训练成观察社会和自然的能手，才能得到高质量的语料。

作为基础训练，方言调查应该是所有从事语言学学习和研究的人必修的基础课。可是，现在的语言学专业培养学生时，老师带领学生下乡调查方言的并不多。这说明，语言学人才的教育还是没有充分重视田野工作的训练。如果是专业的方言工作者，比如培养方言方向的研究生，方言调查的训练就应该有更多的要求了。从调查到研究，由点到面、由易及难，循序渐进，步步深入，只有这样，才能学到过硬的功夫。真能坚持不懈、认真实践，调查多了，经验多了，就能左右逢源，进入奇妙的境界。这就是方言调查应该追求的前景。

四　方言调查的类型和要求

从方言调查的不同深度和广度说，调查类型可以分为概略调查、专题调查和深入调查三种。

概略调查是对方言所做的初步的基础调查，这虽然是起步的工作，却是决定方言调查工作质量的关键。作为基础调查，最重要的是确定方言的音系，摸清方言的音位系统、声韵调系统、音节系统，制定反映方言语音全貌的同音字表；有连读音变的方言还得弄清多音词的变调、变声、变韵及合音等规则。词汇语法方面应该记录一批常用的核心词、基本词，包括人称代词、指示代词、时间词、方位词、数量词、否定词和常用的虚词（副词、助词、介词、连词、叹词、语气词），以及实词中的极常用的“万能词”（如动词、量词）。要达到这样的要求，至少要调查并准确地记录单字音和词汇各 1500 个。概略调查规模虽然不大，但因为是初次调查，要求又比较高，难度是不小的，必须认真细致地做好，不能贪多求快、降低质量。初学者先做好一两个这样的概略调查，就能获得比较完整的基础训练。过好这第一关，就能走上前方的坦途，使后续调查既能保证质量，也不至于太慢。

概略调查不但是初步的基础调查，有时也用于大规模的面上调查，例如为大方言区做比较研究而制作字音、词汇、语法例句的对照表（如陈章太、李行健主编的《普通话基础方言基本词汇集》，李如龙、张双庆主编的《客赣方言调查报告》），又如绘制大型的方言地图（如曹志耘主编的《汉语方言地图集》）。

深入调查是概略调查的后续工作。除非是训练有素的老手，在深入调查的时候往往还会发现一些初步调查时尚未完全弄清的问题，例如增加个别管字少的音类，更常见的是补充新的字音异读或是发现重要的方言词、新的句式。深入的调查应该记录多少词汇、语句和长篇语料，必须根据主客观的条件确定一个合理的、有弹性的调查计划。主观条件就是调查的目的要求，研究项目是中型的还是大型的，着重点在语音、词汇、语法或是文化方面；客观条件主要是时间和经费以及在当地的活动的方便程度。制订计划时可以按照轻重缓急的顺序开列调查项目，按照主次详略分级排列调查条目。深入调查是没有止境的。比如语言研究所和昌黎县志编委会合编的《昌黎方言志》，就县内的5个方言点详细调查了三千多个单字音，五六千条词语，一百多条语法例句，为了绘制方言地图还调查了193个方言点的县内有差别的条目；李荣主编的全国41本方言词典，则都在音系和音变调查的基础上编入了五六千条以上的方言词，并逐一分列了各个方言词的不同义项。最为极端的深入调查是国外人类学家所做的旷日持久的语言文化的全面考察和调查，这种调查者为了掌握详尽的材料，往往在所调查的社区住上几年，学会使用当地语言，跟当地人打成一片，融入他们的社会生活，编出详尽的词典。

专题调查是从研究专题的需要出发而设计的，调查提纲和调查规模可大可小。1955年在准备“现代汉语规范问题学术会议”的时候，曾有人调查过各地官话方言分不分[n～l]的问题。就语音可以调查全浊声母今读的差异，精庄章的分与合，四呼是否齐全；就常用词汇可以调查亲属称谓、方位词、人称代词等封闭性词汇；语法方面，近些年来许多学者就动词的体貌标记做过不同规模的调查，已经获得一些成效。专题调查不一定都要先做完整的基础调查，可就某个特点在较大范围设点调查。如果建立一个稳定的协作网，只要调查者有较好的素质，能获得准确的语料，经过认真的比较，是可以较快见效的。

就不同的工作方式分，方言调查的类型有直接调查和间接调查两种。

直接调查就是到实地做调查，即一般所说的田野调查。目前的汉语方言，绝大多数还存活在民间的生活交际之中，实地调查可以得到第一手的方言材料，是汉语方言调查的首选。由于汉语使用的文字形式是不能准确表音的汉字，有些方言词经过长久的演变已经跟原有汉字的读音失去了明显的联系，有些方言地区自己创造出来的词语，本来就不是用汉字造出来的，而是直接用方音说出来的，不像使用拼音文字的语言，说话的人直接用字母拼出来。这就是汉语方言调查一向采取实地调查的基本原因。再者，方言不像共同语那样，不论是读音或是词义的理解、句型的构造都具备大体明确的规范形式，而是城里城外常有不同的口音，老年人和青少年的说法也多有差异，这都是常见现象。即使同一个年龄段的人或一家人对于方言字音和词汇也会有争议。只有到了当地，经过对不同人的查问，才能确认地道的说法。当然，如果调查者记的是自己的母语，也算是一种实地调查，不过年轻的学生在练习母语的记音时，还是常常需要打电话回家向父辈或祖辈咨询的。如果是领着一批学生做城乡方言的调查，也可以把预先物色好的不同发音人请到一处，让记音人和发音人一对一地做调查。这样做的好处是可以节约时间，完成批量的任务，也便于老师给一群学生做指导。20 世纪 30 年代中央研究院赵元任带队到湖北、四川和江西做面上调查，就是在城里找了各县来的中学生同时做调查的。直接调查是汉语方言调查最重要的方式，本书主要就是为训练田野工作而编写的。

间接调查又可以分为三种。

第一种是坐地采访。调查者发现了某种重要的方言，并且有了现成的理想发音人，就可以免去舟车之劳，就地进行调查。中国第一部光辉的方言著作《輶轩使者绝代语释别国方言》，就是西汉末年成都人扬雄搜集了前代人采风留下的方言记录材料之后，再扩大调查整理出来的。他在长安用了 27 年时间，向赴京的各地官员进行采访，为我们留下了这份宝贵的方言材料。罗常培的《临川音系》则是在北京大学向游国恩先生的女儿调查的。这种调查节省时间，又可以断断续续地进行，但是调查者必须有高水平才能驾驭，发音人也要能提供准确的事实，而且，要做出完整的调查成果也并不容易。如果只是了解某一方言的某个特征，这种采访则可以随时进行，在五方杂处的旅店或长途车船的偶遇，有时也能得到一些有用的启发。

第二种是通信问卷。西方的语言学家开始做方言调查时就是采取这种方式进行大范围的密集调查的。德国语言学家乔治·温克所编的地图集，也是使用这种方式调查的。他把要调查的词句印发给各地学校的老师，让他们将当地方言记录在表格中，最后得到了德语的五万个点的材料。汉语方言如果要做通信调查恐怕只能选择一些简单的专题，设计调查提纲时还得绕开汉字书写和标音的困难，并且针对调查对象所能接受的方式，比如问行外人只能问：姓王姓黄能不能分，男的、难的、蓝的是否有别；问语文老师做调查可以用汉语拼音，问“去”的声母是 k 或 q 或 h，韵母是 i 或 e 或 o 或 ü，“我找不到他”能不能说成“我找他不到、我找不他到”；问本行的学者才可以列出例字直接问是否鼻化、儿化、轻声，尖团分不分，有无入声韵和入声调等。

第三种是文献调查。这是利用已经记录过的方言语料进行调查。广义上说，这也是方言调查，不过往往只是为方言史的研究积累素材。现存的方言文献主要有地方韵书、方言杂字、用方言书写的山歌、民谣、儿歌、故事、传说。曲艺方面的京韵大鼓、相声、评话、山东快书是官话区的记录，粤讴、南曲、歌仔册是闽、粤语的说唱。吴、粤语则曾有方言小说（如吴语的《海上花》《九尾龟》，粤语的《虾球传》），闽南的梨园戏则存有大量明清以来的戏文。这类材料有的经过通语的加工，用字也很混乱，使用的时候需要一番仔细的考证。值得注意的方言文献还有明清以来西洋传教士所编的方言词典、翻译成方言的《圣经》和用罗马字拼写的各种课本。据游汝杰研究，这些文献遍及吴、闽、粤、客、赣等方言，方言《圣经》译本共有 609 种，词典就有 110 种（游汝杰，2004，第 229—231 页）。编写这批词典、课本和翻译《圣经》的好多都是训练有素的学者，他们用罗马字母拼写汉语方言的方法在当时也是最先进的。近些年来，有些学者已经做过一些研究，证明了这些文献确实反映了一百多年前汉语方言的面貌。还有一类可供调查研究的文献是外国人编的给外国人学习的官话教材。明清以来，早的有朝鲜人编的学北方官话的《老乞大》《朴通事》、琉球人编的学南方官话的《白姓官话》等，用对话课文作为学习官话的教材；后来比较重要的有英国人威妥玛编的《语言自迩集》(1867)、美国人狄考文编的《官话类编》(1892)。前者没有全部注音，但反映三百年前的北京话相当详尽；后者加注拼音，还可以研究当时的官音。不管是哪一种间接调查，得到的总是第二手材料，编者未必都能吃准当年的语言，当年的方言大多和现在的说法有了变异。作为方言史的研究素材是很难得的，考察方言的历史演变时还得费一番工夫。

五　方言调查的工作步骤

对于初学者来说，必须了解整个调查工作的步骤。调查之前要做好充分的准备，记音要按照语音、词汇、语法的顺序进行，并紧跟着做好整理和复核。在调查词汇、例句及长篇语料时，还应该注意关注地域文化在方言中的体现。

准备阶段的工作任务有三项。首先是搜集有关资料，了解所要调查的方言的历史、地理等人文背景。通过阅读地方志和向当地人的调查，了解与方言有关的社会和自然情况。例如，有无明确的移民史的记录，是否普及了普通话，有无双语、双方言现象，是否处于方言区的边界，本地人认为自己的话属于什么方言，有无地方韵书、教会罗马字语料，当地通行的戏曲、曲艺是哪一种，有无现存的文献，其中有无本地通行的俗字，还有，当地的交通情况和商业往来、婚嫁的取向，宗教和民间信仰的情况如何，等等。其次是查阅该方言已有的调查研究成果，如有已经出版的当地方言志和调查报告，就必须认真研读，从而了解该方言在区域归属上是否明确，与周边方言的关系如何，前人曾经指出哪些方言特征，例如有无文白异读、连读变调，有哪些方言特征词或特殊句式，学者们对已有的调查研究成果如何评价、有无争议，等等。对于前人的研究成果应该采取客观的态度，既不能置之不理，“一切从我开始”，也不应该以为“已经无所作为”。如果是早年做过的调查，多年后还是会有变异。钱乃荣曾经沿着赵元任的足迹，调查《现代吴语的研究》所记的事实和现在的说法有何不同，还是颇有所得。最后是物色合适的发音人。发音人是否理想，是关系到调查工作成败的重要因素。通常是到了当地通过访谈才最后选定。发音人应该是世居当地、精通本地话的五十岁以上的人。如果口齿清楚、思维敏捷，体力充沛，七十岁的老年人更好。为了避免方言混杂，最好找父辈和配偶都是本地人，本人最好不要兼通外地方言，但有人虽然兼通双语却能加以明确区分，也无妨。要能听、能说普通话，但不必要求标准，有的本地语文老教师，普通话是经过训练的，能用来辨正方音，更好。发音人应该有中等以上的文化程度，知识面较广，对语言的理解能力较强，如果上过旧时的私塾、能用文言音读古书，就更好，但都必须熟悉土音土话。退休的本地籍老教师、老中医、老农、老工匠、老店员之中不难找到这样的发音人。有时，当地的热心人会推荐“最有学问的”老者，或是“什么话都能说”的老江湖，难免上当。因此，必须登门造访，经过面谈，才能知道是否符合要求，还要得到对方表示乐意参与工作的承诺，才能确定下来。当发音人是一件辛苦的事，如果毫无兴趣、视为负担，就很难坚持长时间的工作；如果对自己的方言没有信心，觉得“太土”，不敢坚持；或者信心太足，认为别人说的都不准，唯我为是，都无益于工作。

做好各项准备工作，就可以开始记音了。记音的过程为什么要严格按照顺序进行？因为语言的大系统中语音是表层的外壳，了解、掌握语言只能从语音开始。只有辨别了音位及其变体，整理出单字音表和同音字表，摸清多音词语中的连读变化，才能顺利地记录词汇。汉语词汇的结构和句法结构是相通的，了解了实词的结构和与虚词的变换，就便于理解各种语法关系。许多经验都证明，初学者如果开头做得不仔细，初战失利，往下就会越来越被动。语音没有弄清楚，记录词汇时遇到新的音节，再去复核语音系统，就要返工；记录词汇时没有弄清文白异读和别义异读的对应，要为词语考本字，就会很棘手；没有弄清楚实词和虚词的专用或兼用，记录语句时也会发生困难。只有开头求实不图快，稳扎稳打、环环相扣，才能保质、保量、保进度。

整理复核不能等到记音全部完成了才做，而必须在记音的每个阶段结束时及时进行。记录字音的阶段最重要的是核对同音字表。因为同音字表是展示整个方言语音系统的平面，也是检验所记录的字音是否有误的镜子。单字记音时难免会把本来声韵调相同的字记成不同的音，或者把声韵调不同的字记成相同的音，这样就会在同音字中出现“异己分子”。这时，把同音字表的每个同音格子里的字，让发音人再读一遍，那些不同音的字就无处藏身了。不做这番复核，就会留下记错字音或词音的隐患。如果记音人和发音人交上朋友，甚至还给发音人讲讲他的方言的语音构造原理，就可以让发音人把整好的同音字表带回家，利用晚上时间通读一遍，把同音格里不同音的字圈出来，他都会很乐意帮你的忙，然后你就可以把圈出来的字搬到跟它真正同音的格子里。辨别是否同音，发音人是绝对权威，这是毋庸置疑的。记完词汇的音还得把记单字音时没有记过的字和“有音无字”的语素填到同音字表中去，无字可写的可以打个“□”，在旁边注上意义。同音字表收的字越多质量就越高。记完单字音，一般都还要用连读音变的调查表格记录一批二字组、三字组的词语音。记完这个表，就可以整理出多音词语连读音变的规律，包括变调、轻声、儿化、变声、变韵、合音等。除了一些音变发生得较晚的方言之外，各种连读音变大多有严整的规律。这些规律要排列成简明的表格，以便随后记录多音词语时作为辨音的依据，也作为复核检验的对象。如果说记音的每个阶段都要稳扎稳打、步步为营的话，整理复核就应该亦步亦趋、紧紧跟上。

考察方言中所体现的地域文化是一个新课题，以往积累的经验还不多，需要一番摸索。上文所述准备阶段要了解当地社会历史文化的基本情况，只是宏观的、大略的内容，到了调查方言词汇就会发现，有些语词是当地特有事物的名称，如南方的“畬田(烂泥田)、米线”，北方的“敖包、坎儿井”；有些概念是包含着特殊价值取向的，例如管登广告叫“卖广告”，说“合适”实际上是占了便宜。在民俗活动、歌谣、俗谚、避讳、称谓等方面，表现地方风貌、意识、观念的条目就更多了。天仙配、杨家将、梁祝、陈三五娘等故事流传的地方都有一大串相关的文化词语，有些戏曲里的人物和台词已经成为方言词，表达各种各样的是非观念和好恶情感。开始记录词汇、语句后，就要加上这根弦，在注释词语时如实、鲜明地反映出来。如果是详尽的调查，对于若干专题还可以做详细的记录，例如婚俗、葬礼、祭祀、庙会、对歌、迎神赛会等活动，都有一串特有的名称、动作、器具等值得描述。本地生长或生活过的历史人物，不论是清官、贪官，还是善者、恶棍，有的已经成为民间信仰的神祇（如关公、杨家将、岳家军、海瑞、严嵩、包拯、妈祖），都会留下故事和传说，寄托着百姓的好恶、爱憎。调查期间，就是在工作以外的休闲时光里，方言调查工作者也应该充分利用时间，看看当地的民居、祠堂，到发音人家里观察他们的起居、交往，到墟集问问各种商品的名称和制作过程、食用方法，听听他们是怎么讨价还价的，如能赶上听说书、看戏，更是调查方言、体味地域文化的绝佳机会。

六　方言调查工作者应有的修养

方言调查工作者的修养首先是学识方面的要求。方言调查所需要的语言学修养包括以下各项：在语音学方面，要掌握发音的原理，熟练掌握国际音标，听辨、发准每一个音，理解汉语的声调，能听辨、模仿各种调值，了解音位学原理，能归纳音位及语音系统，能分析连读音变规律；在音韵学方面，要掌握中古音系统及其与现代汉语语音的对应关系，进行中古音和普通话标准音及方言语音的音类比较；在词汇学方面，要理解词汇的结构系统，掌握词义分析方法，能进行古汉语、现代通语和方言的词汇比较；在语法学方面，要了解汉语的语法特点，能分析词、语、句的结构，虚词的语法功能，了解语义、语法和语用的相互关联的一般原理和汉语语法及修辞的关系。在汉语史方面，要大体了解汉语发展的过程，知道查询语音史、词汇史、语法史的主要工具书；在汉语方言学方面，要了解汉语各大方言形成的过程及其与现代通语的主要差异，知道汉语方言研究的重要学者及其代表作。此外，近五十年间，关于汉藏语的比较研究逐渐深入，形成了不少新知；国际上的语言学研究新理论、新学科、新方法更是在不断更新。汉语方言调查虽然还属于基础训练阶段，重在搜集原始资料，如果能多少了解一些语言学的新理论，对于调查工作也会有所启发，对于在调查的基础上开展研究就更加重要了。

在语言学之外，方言工作者还应该具备一些相关学科的基本知识，例如社会学、人类学、文化学乃至各种百科知识。方言调查不仅是学术工作，也应该把它看作是一项社会工作，因为要访问社会上许多不同的人，要向他们了解社会文化情况。就说对待发音合作人就是一个重要问题。要把他们当老师，认真向他们学习，要成为他们的朋友；又要让他们知道此项工作的意义和规格要求，让他们积极主动地配合，有时他们对方言现象也会吃不准，还得向别人做调查。方言词汇广泛无边，各种天象地貌、动物植物、风味食品、农用器械、耕作方式、房屋构件、疾病医疗以至心理生理、喜怒哀乐，无所不有。许多农村的事物是城里人从未见过的，“80 后”的学生没见过跳蚤和臭虫，“70 后”的青年恐怕连牛轭、牛鞅是什么都不知道了。经过调查，所有的方言词都要能够理解并且准确、精要地加以注解，真不是一件容易的事。有许多长年调查研究方言的专家谈论起来就说，要研究好方言，学问再大也是不够用的。

随着现代科学技术的发展，方言调查工作在方法上有了不少革新。方言记音虽然还离不开口耳的模仿和听辨，但是已经可以运用各种新的设备来延伸和替代某些人工的劳动。例如，利用录音设备制作音档、切分语音，进行更加细致周密的语音实验分析；不用语图仪而用简便的软件在计算机上实现声调的分析并制成音高、音长的图谱；把记音材料输入计算机，可以编程让机器自动生成同音字表，整理对应规律，甚至还可以帮助你发现问题。如果是进行大面积的方言调查，为了使大量的调查材料能够及时进行比较，可以用计算机制作多功能的语料库，运用语料库开展方言区内外的比较研究，其效率是先前的手工操作无法设想的。

思考与练习

1. 你对汉语方言有哪些感性认识？你的方言母语是什么？你的祖辈和

父辈与你说的方言有什么不同？你接触过其他方言吗？有何印象？

2. 汉语方言为什么很值得调查研究？方言学在语言学和汉语研究中应该占有什么样的地位？

3. 你对调查汉语方言做了哪些思想准备？你所学过的语言学概论、现代汉语、古代汉语等课程，有哪些知识可以用来帮助方言调查？

4. 你如何理解普通话和方言的关系？为什么既要不断普及普通话，提高普通话的规范，又要保护方言，延续方言的生命？

参考书目

岑麒祥 1957 《方言调查方法》，商务印书馆。
王福堂 1998 二十世纪的汉语方言学，收入《二十世纪的中国语言学》，北京大学出版社。
游汝杰 2000 《汉语方言学导论》(修订本)，上海教育出版社。
袁家骅等 1983 《汉语方言概要》(第二版)，文字改革出版社。
中国社会科学院语言研究所 2012 《中国语言地图集》(汉语方言卷)，商务印书馆。

第二章 语音训练

一 语音原理

1. 人类的语音与自然界的声音有同有异

人类的发音与物体的发音有同有异。同的是物理性质,都是发音体受到颤动而发出声响,有四种相同的表现:音高(发音体颤动的频率)、音长(颤动的时量)、音强(颤动的波幅大小,又称音势)和音色(又称音质或音品,是发音体及其颤动方式和环境的不同造成的)。

就不同的方面说,人类的发音器官是肌肉体,和丝竹、铜铁、木石等物体不同,这是它的生理性质;人类嘴里发出的声音并非都是语音(如打哈欠、打喷嚏、打呼噜、呻吟等),只有在社会生活中形成约定的、经过一定的规则组织起来的,与人的思维活动相联系并能够表示一定意义的音才是语音。这是人类语音特有的社会性质。动物在交往之中也会发出呼叫或音响,也能表示一些简单的意思,但都没有与抽象的、复杂的思维相联系,也就与人类的语音不同。

2. 人类特有的发音器官

人的发音器官由三个部分组成:呼吸器、发音体和共鸣器。呼吸器是发音器官的动力部分,包括肺、胸腔和横膈膜。肺是一个充满气泡的海绵体,气管吸入的空气又经过气管呼出,语音绝大多数是经过呼出空气颤动发音体发出声响的,吸气音很少见。胸腔是储藏空气的地方,肺的下端有胸腔和腹腔交界处的横膈膜，可以调节气流的大小。呼吸器官控制气流的强弱、快慢，对于发音是十分重要的，讲究腹肌和呼吸的练习就是艺术发声的要点之一。发音体就是通常说的嗓子，包括喉头和声带。声带是两片有很好的弹性的纤维体组成的韧带，外观就是脖子上的喉结。连接在喉软骨上的声带，由喉肌掌控，一开一闭，在气流的冲击下发生颤动而成声音。两片声带肌之间有一条缝，上端较长的是音声门，下端较短的是气声门。气流经过声门，声带肌颤动的是乐音，不颤动的是噪音。男声和女声的差异就是因为声带的厚薄度不同，但是由于喉部肌肉的松紧调控，也可以发出“假声”。声乐训练嗓音主要就是训练声带和声腔的掌控。共鸣器是喉头和声带发出的声音传出体外时的通道，包括口腔和鼻腔。凡是充满空气的空间都会发生共鸣，人的共鸣器的上部是形状固定的鼻腔，下部是变化多端的口腔，小舌抵住喉壁、关住鼻腔，发的是口音，小舌下垂并关住口腔通道，发的是鼻音。除了口腔和鼻腔，咽腔、胸腔和腹腔也可以进行遥控来表现发音的区别，这是艺术发音关注的内容。对于一般的语音来说，最重要的是口腔。口腔之中，上腭和牙齿是不能移动的，下腭和双唇则可开可闭，小舌可以上下摆动，最灵活的是“三寸不烂之舌”，可前可后，可升可降，可卷可颤，正是它制造出千差万别的语音来。学习不同语言的语音，重点就在训练大小舌头的灵活变动。（见图 2.1）

发音只是人类言语活动的一部分，发出语音后要被接受，输出方要根据输入方的情况控制发音的速度、力度和清晰度；输入方要具备听音、辨音和记忆的各种能力。使用不同语言的人进行交际，听力的训练是必不可少的，因为要认知陌生的音素和语音组合的不同规律以及语言表达的不同习惯，还要辨别不同的语音和语义。从更大范围来看，语言交际活动的全过程都要有大脑的活动参与，发音、听音、辨音和区别意义都是多个不同的神经中枢掌控的。对于进行方言调查的人来说，要把方言准确地记录下来，在理解发音原理的基础上，还要跟着学好发音，训练自己的听音能力，整个过程都应该用口模仿、用耳听辨、用眼观察、用手记录、用脑思考，做到“五用”。

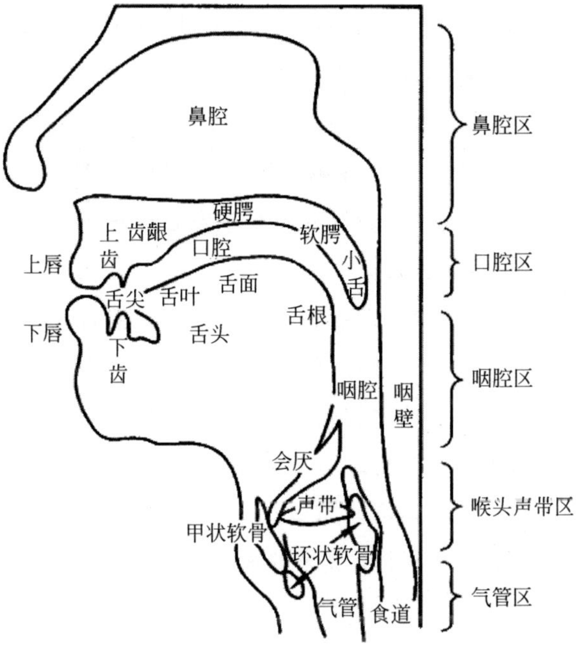

图 2.1　发音器官图

二　国际音标与语音的分类

1. 国际音标

国际音标也称为“国际语音字母”(International Phonetic Alphabet)，通常缩写为 IPA。1886 年欧洲各国的语音教师在伦敦成立的“语音教师协会”(后改称“国际语音学会”)制定了这套音标。1888 年在该会的会刊上发表，后来受到各国学者的欢迎，尤其在欧洲，是学者们普遍使用的标音工具。这套音标广泛使用之后又做过多次增订，1979 年我国创办《方言》杂志之后，曾多次刊登了修订的国际音标，最后一次登载于 2006 年第四期。这套音标的优点是：一个符号只代表一个音；多数音符都是用拉丁字母的小写印刷体标写的，少数也用大写、草体、倒写或附加符号，个别还用了希腊字母或新造字形，形体固定、没有变化，也工整、易认；又因为在研究了许多语言的基础上做过补充，所以可以用作标记各国语言的通用符号。我国近百年来研究汉语方言和音韵学时，都普遍使用这套符号。

国际音标是按照人类共同的发音器官和发音原理来分类的，学习音标就要和掌握语音的分类结合进行。

语音的最小单位是音素。音素的最基本类别是元音和辅音（旧称母音和子音）。元音和辅音最大的区别是：首先，气流从声门呼出时有没有受到障碍；其次是声带是否颤动，发音的过程是持续均衡或是有变动的。发元音时声带一定是颤动的，发出的声音是持续不变的乐音，因为经过声带的颤动，呼出的气流较为微弱、但有均衡的通道。如[a-o-u-i]。发辅音时只有鼻音、边音声带颤动，可以发音响亮，如[m-n-l]。其余的浊音声母声带只有微弱的颤动，并不响亮，如[b-d-g]。此外的辅音都是噪音，气流呼出较多，而通道多有障碍，并有"成阻、持阻和除阻"的变化动程，如[p-t-k-s]。世界万物中，任何对立的双方都有模糊的中介。辅音中的边音和鼻音气流呼出时都有成阻之处（舌尖和小舌），也有除阻的过程，但是声带颤动、发声响亮，是乐音；元音中如果气流呼出的通道很窄，所发的声音除了乐音，还夹杂着摩擦的噪音，一般放在辅音表里称为"半元音"。边音、鼻音和半元音是元音和辅音交叉地带的中介现象。

2. 元音分析与举例

(1) 舌面元音

元音之中最重要的、全世界语言都有的是舌面元音，就是把舌面平放在下腭上发出来的音。（至今还没有发现把舌头悬在半空中发音的）舌面元音可以从三个方面进行分析：①口腔的开合与舌面的高低；②舌面的前移或者后缩；③双唇是平展的或拢圆的。按照这三个方面的分析，舌面元音可以画出如下的"元音舌位图"：

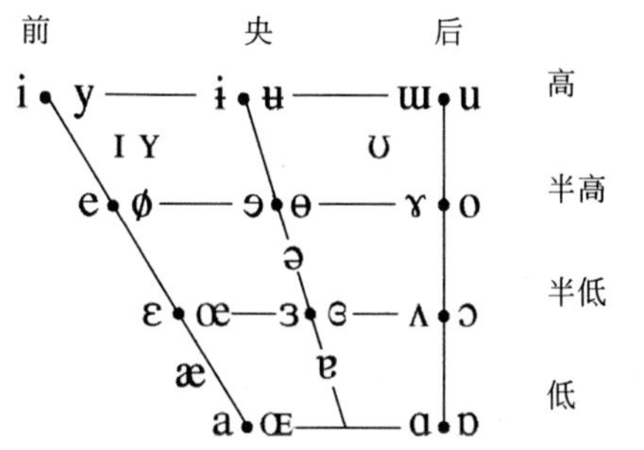

甲图：梯形图

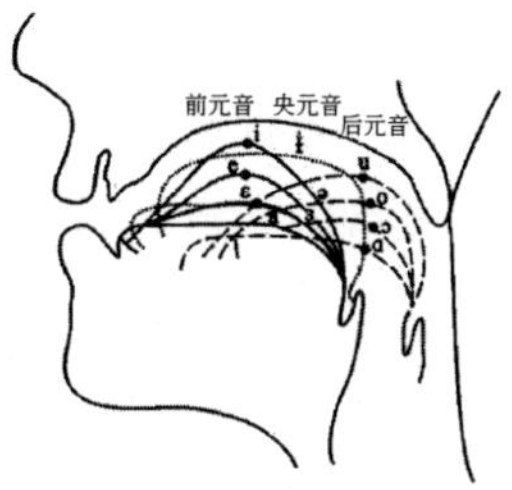

乙图：椭圆图

图 2.2　元音舌位图

因为上腭是固定的，舌头前伸和后缩的空间比较大，舌头不能伸出下齿外发音，伸缩的余地就比较小。甲图就是按照这种不规则的梯形画的直线，分别舌位的高低前后就能显示得比较清楚；乙图是根据 X 光照相连成的元音点画成的实际口形。

① 标准元音

把舌面平放在下腭，双唇自然平展，口腔张得最大，舌面放得最前（下齿后），发出来的就是[a]；下腭上升、舌面随之抬高到接近上腭处，只留一个窄缝，发出来的就是[i]。舌面不动、把口腔的开度从[a]到[i]分为三格，就得出了[a-ɛ-e-i]四个音，这就是“前元音”（又叫前系元音）。就舌面的高低（也是口腔的开合度），一般把这四个音顺序称为“低元音、次低元音、次高元音、高元音”（有时分得粗一点，也可以把次低和次高合称为“中元音”）。通俗的说法也可以称为四个不同的开口度：开一度、开二度、开三度、开四度。这四个不同的开口度之间的距离，大体上是开二度可咬住一个小指头，开三度可以咬住两个指头。对这四个前元音的开口度，也有按照西语翻译为“闭口、半闭、半开、开口”的。因为实际上并非“闭口”，显得不太准确。

张着跟[a]一样大的口腔，把舌头往后缩，便可以得出[ɑ]，这是后元音（又称后系元音）；然后下腭和舌面和前系元音一样向上升起，同时把双唇拢圆，便可以得到[ɔ-o-u]等后系元音。

把前系和后系的八个元音合在一起:[i-e-ɛ-a-ɒ-ɔ-o-u],这就是"标准元音"。之所以称为标准元音,是因为可以用照相和共振峰确定一个固定的位置,作为划定诸多元音的舌位的界标。按照它们的舌位和口形,八个标准元音的发音是比较自然而不费力的,在各国语言中这些音也最常见,所以也把它们称为"正则元音"。学习元音一定要先把这八个标准元音学到家,听音、辨音、发音和书写都要过硬而且迅速,往后听到其他元音时才能拿它们做标准进行比较。

为了把八个标准元音记熟,可把每一个音的三个维度的定位牢记下来:

i ——前系、开一度、不圆唇　　u ——后系、开一度、圆唇

e ——前系、开二度、不圆唇　　o ——后系、开二度、圆唇

ɛ ——前系、开三度、不圆唇　　ɔ ——后系、开三度、圆唇

a ——前系、开四度、不圆唇　　ɑ ——后系、开四度、不圆唇

以下拿汉语方言和常见的外国语为八个标准元音列举例证:

i　语言里最常见的音,北京话的"衣"、贵阳话的"一、雨"都是很典型的i;英语里的长音ee、ea(如see,seat)也是。

e　宁波话的"胎"、厦门话的"茶"都以e为单韵母,北京话的ei韵也是e开头的。英语hate的元音是[eɪ]。

ɛ　杭州话的"摆、南"的单韵母是典型的ɛ;英语bed、dead、said的元音也是ɛ。

a-ɑ　北京话的an、uan、ai、uai各韵中的a是舌面前的a,ang、iang、ao、iao各韵中的a是后ɑ,但这只是音位变体的区别。英语的buy的元音是aɪ,美国英语的hot、heart是后ɑ。法语的pas(步)是后ɑ,patte(鸟兽的脚)是前a。

② 非正则元音

在同样的发音部位上,八个标准元音可以变成相对的另外八个"非正则元音",这就是[y-ø-œ-ɶ-ɒ-ʌ-ɤ-ɯ]。这些元音和正则元音的区别就在于唇形的不同,平唇变为圆唇,圆唇变为平唇,舌位和对应的标准元音是同样的。举例

如下：

y 汉语方言中除了无撮口呼的方言之外都有 y，北京话和福州话的 y 都很典型。法语有 y 元音，如 nu(裸体)[ny]，pur(纯粹)[pyːr]。

ø、œ 在汉语方言中多见于吴语、闽东闽语和粤语。如上海话“干、半”的韵母是 ø，福州话“梳、初”的韵母是 œ，广州话“靴、朵”的韵母也是 œ。在欧洲语言中，这两个元音常见于法语和德语，如法语 peu(少)读[pø]，peuple(人民)读[pœpl]。

ɶ 是 a 的圆唇化，早期的音标表不列，在各种语言中也很少见，有的音标表上就略去了。

ɒ 苏州话的“假、街”、南京话的“茶”、山西河曲的“张”的韵母都是 ɒ。英国英语的 hot 读为 ɒ。

ʌ、ɤ、ɯ 是后系不圆唇的元音。吴语的入声字有以 ʌ 为韵腹的，如上海话“色”读[sʌʔ]，南汇话“吃、级”的韵母为[iʌʔ]，山西柳林话“炉”读[lʌ]。英语的短元音也常有 ʌ 的音，如 but、club、much。ɤ 就是北京话“鹅、饿、这、涉”的韵母，上海话“狗”的韵母也是。印欧语 ɤ 的记录比较少见。闽语泉州话、潮州话中，ɯ 韵是个大韵，如“去、猪、煮、鱼”都读 ɯ；合肥“手”读[ʂɯ]；在兰州用作韵尾，如“二”读[ɤɯ]。俄语的第二人称代词说[tɯ]，儿子则说[sɯn]。

③ 央元音和过渡音

在前系元音和后系元音之间，还有一套舌面不前不后的央元音。因为按舌面高低的三个幅度分，有时也分为高元音、中元音和低元音，所以把按舌面前后分的三个幅度称为前系、央系和后系。央元音按舌面的高低也可以分为“高、次高、次低、低”四级，不过，在 2—3 度之间和 3—4 度之间，还有两个音。这样，加上圆唇和不同圆唇之别，央元音总共有 9 个。

人类语言是千差万别的，在言语活动中，元音也会有种种变异。为了充分区别出更加细微的差异，在前系和后系各八个元音之外，国际音标表还设了五个过渡音：前系 1—2 度之间有 ɪ、ʏ，2—3 度之间有 ᴇ，3—4 度之间有 æ；后系的 1—2 度之间还有一个 ʊ。

以下是央元音和过渡音的举例：

ɨ-ʉ　这一对央高元音是比较少见的。南昌话“湿”读[sɨt]，老派长汀客家话“事实”的韵母近于 ɨ，“处暑”的韵母近于 ʉ。俄语的 ɯ 有时也发成 ɨ。挪威语的 hus(房屋)则读[hʉs]。

ə 是一个不前不后不高不低的央元音，音质含混不稳，因而具有很大的包容性，也是各种语言中的常见音，尤其是作为弱读的音节更为多用。北京话“本身”的韵腹都是 ə，读轻声的“了、着、的、得、个”都读这个音，“哥哥”读为[kɤ kə]，英语里的 iə、uə、ɛə 等元音组合中 ə 也是弱读成分的。sofa 中的 a，together 中的前后两个元音和“a man”里的 a，都轻读为 ə，保尔·巴西指出，欧洲的许多语言都有这样的弱读的“自然元音”。[①]

元音舌位图上 ə 四周的四个音标，在通常的情况下都没有区别意义的作用，不可能有音位的对立，只是在音色描写时才用，只要在 ə 的四周用靠前、靠后、偏上、偏下的附加符号来加以说明就行了，可以不必另设为独立的音标。不少音标表上略去这四个音标是有道理的。

ɐ　因为是前 a 的倒写，俗称倒 a。也是各种语言用得较少的音。保尔·巴西所列的英语、德语和法语的音素表都没有这个音。在汉语，这个音见于粤语，a 和 ɐ 的长短略有不同，并能区别意义，标成两个音位，如“大街”韵母为 ai，“矮鸡”韵母为 ɐi，“八”“笔”韵母有 at-ɐt 之别。此外，ɐ 还见于许多官话方言 a 韵的儿化，一般所标的 ar、iar、uar 中的“ar”，其中的 a 的实际音值都是 ɐ。这是因为卷舌的作用引起了前低元音向后和向上移动的结果。《昌黎方言志》的描写就说，这是因为“卷舌度比较强”。

A　三个 a 之中这个 a 称为央 a。舌位不前不后，发音自然，普通话常用的叹词“啊”发的就是这个音。三个 a，细别是可以分开的，语言中有三个不同的 a 的音位对立的很少。福建浦城的吴语中，ə-a 有对立。多数方言的 ə 发为 a，əi 发为 ə，没有音位对立，只是音色偏前(如福州话的 a)或偏后(如西安、太原

① 保尔·巴西《比较语音学概要》，第 219 页，刘复译，商务印书馆，1930 年。

的单元音 a)，一般都习惯于通写为 a。

ɪ、ʏ　实际上就是发 i、y 时舌面和上腭的距离较大，通常说是比较松的音。在多数语言，它们和 i、y 都只是音位变体，没有音位对立，例如北京话的“海带”，韵尾的 i 实际上是 ɪ，福州话、广州话的“催、衰”的韵尾 y 也只是 ʏ。吴江的吴语（黎里、盛泽一带）iɪ 韵的字很多，如“边面点连见前”，显然是从 ie 变为 i 的过程中的“停靠站”。在英语里，seat 是长音，读 i，sit 是短音，读为 ɪ；德语有 y 音位，hute 是长音，读 y，hutte 是短音，读为 ʏ。

ᴇ、æ、ᴇ　是介于 e 和 ɛ 之间的音。有的偏高些，有的偏低些，如上海、苏州一带的吴语“来谈开山”的韵母都是 ᴇ。æ 是介于 ɛ-a 之间的音。苏州话的“好高”的韵母就是读这个音。æ 的音在汉语比较常见，例如西安话有配套的 æ、iæ、uæ（买、阶、外），扬州话则有配套的鼻化的 æ̃、iæ̃、uæ̃。（班、减、关）。英语的 map 中的元音也是 æ。

ʊ　是第 8 号标准元音的松音，北京话的 au、iau 韵的韵尾实际上是 ʊ，uŋ、iuŋ 韵中的 u 也是 ʊ。不少地方的吴语“歌哥多波”都读为 ʊ。

要学习、掌握每一个舌面元音，一定要按照学过的发音原理，真正掌控自己的发音器官的每一个部位，知道发音的各种方法和操作程序，然后根据元音舌位图的指引，变动舌位，变动口腔，变动唇形，自上而下，自下而上，自左至右，自右至左，逐个音反复地做发音、听音、辨音的练习，仔细琢磨比较每一个音的舌位和口形、唇形，一组一组地掌握。学习央元音更需要这种比较和推移，从而深刻理解央元音和前系、后系元音的关系。央元音有人也称为“混元音”，因为在前后系元音之间，央元音并没有像标准元音那样，具有独一无二的发音部位和稳定不变的音质，实际口语中，央元音的发音部位往往在上下左右之间漂移不定。练习的方法可以做系列类推，体会每一个音素之间舌位和唇形的差异：

i-ɨ-ɯ	y-ʉ-u	e-ə-ɤ	ə-ɐ-ᴀ
ø-o	ɛ-ʌ	œ-ɔ	a-ᴀ-ɑ
i-ɪ-e-ᴇ-ɛ-æ-a		y-ʏ-ø-œ	u-ʊ-o-ɔ-ɒ

(2) 非舌面元音

西方的语音学早期对元音的分类只按共鸣器分为口元音和鼻元音，口元音只有舌面元音。在汉藏系诸语言，除了舌面元音之外，大多还有数量不多的舌尖元音，包括舌尖前、舌尖后和卷舌元音三个小类。最早把这些音用国际音标标出来的是高本汉（Karlgren，Bernhard Johannes，1889—1978），他在1915—1926 年陆续出版的《中国音韵学研究》中造出 ɿ、ʅ、ʮ、ʯ 四个字符和标示儿化的符号 r。赵元任、罗常培、李方桂翻译该书时认可了这种记音法，1959 年赵元任在台北演讲时说过：有一些元音发音的时候“不是靠舌面的高低……是靠舌尖的状态跟部位成功的，这是舌尖元音……瑞典汉学家 Bernhard Karlgren 提议中国语言里头应该注意舌尖元音的存在，舌尖元音么，就是给他这么样四个符号”（赵元任，1980，第 25—26 页）。可见，这是研究汉藏语语音的学者对于世界语音学的贡献。

非舌面元音可举汉语方言的例子如下：

ɿ 全国大多数有舌尖前 ts、tsʰ、s 声母的方言，大多可以和舌尖元音相拼，例如“资、雌、思”的韵母，随处有例证。在徽州方言和一些江淮方言，ɿ 韵还可以拼其他很多声母，绩溪话除了舌尖前声母之外，p、pʰ、m、n 和零声母都能拼，例如“比、批、眉、泥、李、意”。

ʅ 多数官话方言都有舌尖后声母 tʂ、tʂʰ、ʂ，并且都可以拼 ʅ 韵。例如“知、吃、诗”的韵母，例子也随处可见。

ʮ 是 ɿ 的圆唇元音。吴方言不少地方有这个韵。例如苏州话“时、世”，宁波话的“字、书”都读 ʮ 韵。

ʯ 是 ʅ 的圆唇音。湖北的大多数方言和一些中原官话有这个韵母，在湖北的方言中还可以用作介音。例如：麻城话“猪、鼠”都读 ʯ 韵，“绝、学”的介音也是 ʯ。山西三原话“朱、入”的韵母和“追、吹”的介音也都是 ʯ。

r 是卷舌作用的符号，可以加在各种元音之上。北方官话和晋语大多有儿化韵，北京话有 25 个，太原话 50 多个，例子随处可见。南方官话的儿化韵较少，例如成都话，主要只有 4 个：ər、iər、uər、yər。

其实，汉语方言中还有依存于舌叶辅音的舌叶元音，至今还没有一个稳定的符号来表示，有人用舌尖前的 ɿ 代替，有人用辅音代替，都不合适，看来还得另造一个。

综上所述，国际音标的元音，包括舌面元音 30 个，舌尖元音 4 个，可以列出如下总表：

表 2.1　国际音标元音总表

			舌尖元音				舌面元音						
			前		后		前		央			后	
			不圆	圆	不圆	圆	不圆	圆	不圆	自然	圆	不圆	圆
闭	高	高	ɿ	ʮ	ʅ	ʯ	i	y	ɨ		ʉ	ɯ	u
		次高					ɪ	Y					ʊ
半闭	中	半高					e	ø	ɘ		ɵ	ɤ	o
		正中					E			ə			
半开		半低					ɛ	œ	ɜ		ɞ	ʌ	ɔ
	低	次低					æ			ɐ			
开		低					a	ɶ		A		ɑ	ɒ

(3) 元音的特类

除了舌面元音和非舌面元音之外，还有几个元音的特类是需要了解的。这里只就汉语方言较为常见的提出三类。

① 鼻化元音。以上所说的元音都是从口腔发出来的。其实，气流从鼻腔出来，不但可以发鼻音（辅音），也能发元音，这就是鼻化元音。只要把小舌悬放在口腔和鼻腔的分界处，让气流同时从口腔和鼻腔呼出来，任何元音都可以发成鼻化元音。医生为了检测喉头的扁桃腺有没有发炎，叫你发 ɑ 的音，就是要你把口腔张大，把小舌贴上喉壁，才能看得到扁桃体。

就汉语方言来说，官话、晋语、徽语、湘语和闽语都有不少鼻化元音的读法。例如："胆"，在济南、西安、太原、合肥、双峰都读æ̃，厦门、潮州是 ã；"燕"，在济南、西安是 iæ̃，扬州、长沙是 iẽ，厦门、潮州是ĩ。

② 长短元音之别。在汉藏语之中，壮侗语有长短元音之别的较多，如来

宾壮语：[pa:t]（小产）—[pat]（转动）。就汉语方言说，反映比较明显的是粤语，如广州话，“笔—八，心—三”是 ɐ—a 的对立。广州话的长短元音之别可能是壮侗语的“底层”现象。英语的长短元音常常和元音的松紧（开合度）不同相伴随，如 see—sit，pool—pull。

③ 松紧元音之别。元音的松紧有时和发音的长短有关，有时还和轻重音有关。北京话的“哥哥”，前音是 ɤ，后音是 ə，有人也认为是松紧之别。

特类元音举例：

烟 南京官话、长汀客话[iẽ]，南通吴语[ĩ]，邳县官话[iã]（邳县今改作邳州市）

云 济南官话、茶陵赣语[yẽ]，昆明官话[ĩ]，运城晋语[yẽi]

音 济南官话[iẽ]，运城晋话[iẽi]，昆明官话、诸暨吴语[ĩ]

羊 赣县客话[iõ]，厦门闽语[iũ]，昆明官话、湖州双林吴语[iã]

赢 平南闽语、赣县客话[iã]，昆明官话、茶陵赣语[ĩ]

（以上均为鼻化韵）

八 广州、台山粤语[pat]（长音）

七 广州、中山粤语[$\mathrm{ts^h}$ɐt]（短音）

机、其—及 福州闽语[ki—kiʔ]（紧音）

记、忌—吉 福州闽语[kei—keiʔ]（松音）

除了以上几个特类，具体的元音有时在发音上与标准元音或其他元音的发音有些不同，不是整齐类推的，这种情形可以采取附加符号来说明。不过，这种做法通常是用于语音的描写，记音时不必处处都用附加符号，以免累赘。常见的附加符号如下：

表 2.2 音标附加符号表

̥	清化	n̥	d̥	̤	气嗓音	b̤	a̤	̪	齿化	t̪	d̪
̬	浊化	s̬	t̬	̰	哑嗓音	b̰	a̰	̺	舌尖性	t̺	d̺
^{h}	送气	t^h	d^h	̼	舌唇性	t̼	d̼	̻	舌叶性	t̻	d̻
̹	更圆	ɔ̹		^{w}	唇化	t^w	d^w	~	鼻化	ẽ	

（续表 2.2）

̜	更展	ɔ̜	^{j}	硬腭化	t^{j}　d^{j}	^{n}	鼻音除阻	d^{n}
̟	较前	u̟	^{ɣ}	软腭化	t^{ɣ}　d^{ɣ}	^{l}	边音除阻	d^{l}
̠	较后	e̠	^{ʕ}	咽化	t^{ʕ}　d^{ʕ}	̚	无听感除阻	d̚
̈	央化	ë	~	软腭化或咽化	ɫ			
̽	中/央化	e̽	̝	偏高	e̝		（ɹ̝=龈浊擦音）	
̩	音节性	n̩	̞	偏低	e̞		（β̞=双唇浊近音）	
̯	非音节性	e̯	̘	舌根偏前	e̘			
	卷舌性	ə　a	̙	舌根偏后	e̙			

占下格的音标，附加符号可以加在音标上方，例如ŋ̊。

3. 辅音分析与举例

辅音的区别在于发音部位和发音方法两个方面。为了便于了解，以下关于发音部位和发音方法的分类，尽量按照大类和小类分层说明，并且着重于针对汉语方言的实际加以解释。

（1）辅音发音部位和发音方法：

表 2.3　辅音发音部位分类表

部位		成阻部位	音标举例
唇	双唇	上唇—下唇	p、p^{h}、m、β、w
	齿唇	上齿—下唇	f、v、pf、pf^{h}、ɱ、ʋ
舌尖	舌齿	上齿—舌尖—下齿	tθ、tθ^{h}、dð、θ、ð
	舌尖前	齿背—舌尖	ts、ts^{h}、dz、s、z
	舌尖中	前硬腭—舌尖	t、t^{h}、d、n、l、ɬ、ɮ、r
	舌尖后	后硬腭—舌尖	ɭ、ɭ^{h}、ɖ、tʂ、tʂ^{h}、ʂ、ɻ、ɭ、ʐ
舌面	舌叶	前硬腭—舌叶	tʃ、tʃ^{h}、dʒ、ʃ、ʒ
	舌面前	前硬腭—前舌面	ȶ、ȶ^{h}、ȡ、tɕ、tɕ^{h}、ȵ、ɕ、ʑ
	舌面中	中硬腭—中舌面	c、c^{h}、ɟ、ɲ、ʎ、ç、j
	舌面后	后硬腭—后舌面	k、k^{h}、g、ŋ、x、ɣ
小舌	小舌	小舌—喉壁	q、q^{h}、ɢ、ɴ、ʀ、χ、ʁ
喉		喉门	ʔ、ʔ^{h}、h、ɦ

表 2.4 辅音发音方法分类表

受阻状况	声带状况	气流强弱	音标举例
阻塞(塞音)	不动(清)	弱(不送气)	p、t、k、ʈ、ȶ、c、ʔ
	不动(清)	强(送气)	pʰ、tʰ、kʰ、cʰ、ʔʰ
	颤动(浊)	弱(不送气)	b、d、g、ɖ、ȡ、G
塞擦(塞擦音)	不动(清)	弱(不送气)	pf、tθ、ts、tʂ、tʃ、tɕ
	不动(清)	强(送气)	pfʰ、tsʰ、tʂʰ、tʃʰ、tɕʰ
	颤动(浊)	弱(不送气)	bv、dz、dʐ、dʒ、dʑ
颤音:舌尖颤动	颤动(浊)	弱(不送气)	r、R
闪音:舌尖闪动	颤动(浊)	弱(不送气)	ɾ、ɽ
摩擦(擦音)	不动(清)	弱(不送气)	ɸ、f、θ、s、ʂ、ʃ、ɕ、h
	颤动(浊)	弱(不送气)	β、v、ð、z、ʐ、ʒ、ʑ、ɦ
鼻音	颤动(浊)	弱(不送气)	m、n、ŋ、ȵ、ɲ、N
边音(流音)	颤动(浊)	弱(不送气)	l、ɭ、ʎ
边擦音	不动(清)	强(送气)	ɬ
	颤动(浊)	弱(不送气)	ɮ
通音(半元音)	颤动(浊)	弱(不送气)	w、ɥ、ʋ、j

根据以上两方面的分析,将汉语较为常用的辅音列表如下:

表 2.5 辅音总表

方法 \ 部位			双唇	唇齿	齿间	舌尖前	舌尖后	舌叶	舌面前	舌面中	舌根(舌面后)	小舌	咽	喉
塞	清	不送气	p			t	ʈ		ȶ	c	k	q		ʔ
		送气	pʰ			tʰ	ʈʰ		ȶʰ	cʰ	kʰ	qʰ		ʔʰ
	浊	不送气	b			d	ɖ		ȡ	ɟ	g	G		
		送气	bʰ			dʰ	ɖʰ		ȡʰ	ɟʰ	gʰ	Gʰ		
塞擦	清	不送气		pf	tθ	ts	tʂ	tʃ	tɕ					
		送气		pfʰ	tθʰ	tsʰ	tʂʰ	tʃʰ	tɕʰ					
	浊	不送气		bv	dð	dz	dʐ	dʒ	dʑ					
		送气		bvʰ	dðʰ	dzʰ	dʐʰ	dʒʰ	dʑʰ					
鼻	浊		m	ɱ		n	ɳ		ȵ	ɲ	ŋ	N		
颤	浊					r						R		
闪	浊					ɾ	ɽ							
边	浊					l	ɭ			ʎ	L			

（续表 2.5）

方法＼部位		双唇	唇齿	齿间	舌尖前	舌尖后	舌叶	舌面前	舌面中	舌根（舌面后）	小舌	咽	喉
边擦	清				ɬ								
	浊				ɮ								
擦	清	ɸ	f	θ	s	ʂ	ʃ	ɕ	ç	x	χ	ħ	h
	浊	β	v	ð	z	ʐ	ʒ	ʑ	ʝ	ɣ	ʁ	ʕ	ɦ
无擦通音及半元音	浊	w ɥ	ʋ		ɹ	ɻ			j(ɥ)	ɰ(w)			

(2) 辅音举例

以下举例主要根据汉语方言材料，以发音部位为顺序，列举辅音的用例，用来组合韵母的也举出来。

p　各方言都用作声母，不必举例。闽、粤、客方言可用为韵尾。如“立”，广州话[lɐp]，厦门话[lip]。

p^h　各方言用作声母，如南昌话“盘”[p^hon]，厦门话“蜂”[p^haŋ]。

m　普遍用作声母，闽、粤、客方言也用作韵尾。如“金”，梅州、厦门[kim]，广州[kɐm]。有的方言还可以单独用作韵母，如一些闽、粤、客方言的否定词“唔”音[m]。

ɸ　不多见。湘语韶山话用作声母。如“夫”读为[ɸu]。

β　未见用作独立音位，福州话常用双音词连读时，后字声母 p、p^h 弱化后读此音。如“茶杯”[ta βui]，“土匪”[t^hu βi]。

w　多种方言用于合口韵零声母，如北京话“王”[waŋ]，广州话也用来表示声母的圆唇作用，发音短而轻，如“广”[kwɔŋ]。

ɥ　与 w 同属零声母音位变体，用于撮口呼韵。如北京话“元”[ɥyan]。也有用作介音的，如黄安话“说”[ʂɥe]。

pf　不多见，关中方言用于拼撮口韵。如西安话“猪”[pfu]。

pf^h　同上。如西安话“床”[pf^haŋ]。

f 多数方言用作声母。客赣方言摩擦强、管字多。如南昌话“花费”[fa fi]。

v 吴、徽、赣、客等方言用作声母。如绩溪话“无、吴、胡”读[vu]。

ʋ 是合口韵零声母的音位变体。北京话“无、为”的声母有此弱音。

tθ 山东、河北官话有此音。如平度“簪”读[tθã]。

tθʰ 同上。如河北滦平“参”读[tθʰan]。

θ 同上。如山东新泰“苏”读[θu]，又，闽语罗源“死”读[θi]。

ð 汉语少见。英语 that、this 的首音即是。

ts 各方言用作声母。如北京话“咱”[tsan]。

tsʰ 同上。如武汉“臭虫”音[tsʰou tsʰoŋ]。

dz 见于吴语和闽语。如杭州“绸”[dzeɪ]，潮州“日”[dzit]。

s 方言用作声母。如扬州“收拾”[sɤɯ səʔ]。

z 见于吴语。如上海“是”[zɿ]，苏州“传”[zø]。

t 各方言用作声母。闽粤客赣方言也用作韵尾。如广州话“七”[tsʰɐt]。

tʰ 各方言用作声母。如厦门话“虫”[tʰaŋ]，梅州“豆”[tʰɛu]。

d 吴湘闽方言用做声母，但音色有别。如温州“蹄”[dei]，厦门“女”[du]。

n 各方言用作声母或韵尾。如北京“您”[nin]，成都“淋”[nin]。也有方言单用做韵母，如南昌话“你”[n]。

l 大多数方言都有，多用作声母，晋语也用作韵母（祁县“轮”[lɿ]），赣语也用作韵尾，如都昌“脱”[lɔl]。

r 汉语未见此颤音。俄语多用，写为 p 字母，如 pycki。

ɾ 官话方言多有此音。如北京话“热、日、人”的声母。

ɬ 壮侗语多见，汉语见于粤语和平话。如阳江、南宁“三”[ɬam]。闽语、徽语也偶见，如莆田“算”[ɬua]。

tʃ 粤、客方言多见。如广州“渐、站、剪”的声母。

tʃʰ 同上。如长汀话“长、直、桥”的声母。

ʤ 吴语有此音。如江苏丹阳“顺”读为[dʒyəŋ]。

ʃ 吴、徽、粤、客多有此音。如安徽黟县“孙、碎、虚”声母。

ʒ　同上。如江苏丹阳“如”读为[ʒy]。

ʈ　关中一带有此声母，如礼泉“掌”读[ʈaŋ]，早期西安音也是。

ʈʰ　同上。礼泉话“昌”读[ʈʰaŋ]。

tʂ　官话方言多有此音，北京话“知、庄、章”的声母。

tʂʰ　同上。北京、西安、济南“尝”都读[tʂʰaŋ]。

dʐ　老湘语有此音。如湘乡话“池、时、持、缠”都读[dʐʅ]。

ʐ　官话方言多有此音，但一般都读为松音 ɾ。

ȶ　比较少见的声母。湖南耒阳赣语“九、丢、周、竹”都读[ȶiɤ]。

ȶʰ　同上。耒阳“车、尺、茄、恰、赤”都读[ȶʰia]。

tɕ　多方言可见，不分尖团的多混为此组。如北京话“解酒”的声母。

tɕʰ　同上。如北京话“求情”的声母。

dʑ　吴语多见，如苏州“齐全”的声母、湖南古丈乡话“墙、泅”的声母。

ȵ　同上。苏州“泥人”的声母、湖南古丈乡话“银、浓、肉”声母。

ɕ　尖团不分的方言多有此音。如北京“虚心”皆读此声母。

ʑ　吴语多见，如杭州“袖”读[ʑiʏ]、湘西古丈“食药”声母都是 ʑ。

c　分尖团的方言多有此声母。如烟台、荣成“坚决”的声母。

cʰ　同上。烟台、荣成“曲”音[cʰy]。

ç　同上。烟台、荣成“休”音[çiou]。

ɟ　多见于吴语和湘语。如“共”湖南韶山和浙江永康都读[ɟi]。

ɲ　为腭化的 ŋ，南方话多见。苏州“牛”[ɲiʏ]，福州“严”[ɲiɛŋ]。

j　多方言可见于零声母拼齐齿呼。如“有”广州[jiɐu]，福州[jiu]。

k　各方言用为声母，闽粤客赣各方言亦用作韵尾。如广州话“国家”[kuɔk ka]。

kʰ　各方言皆用作声母。如南京“开垦、可口”声母都是 kʰ。

g　多见于吴语和湘语。如苏州和湖南祁阳“共”皆音[goŋ]。

ŋ　各方言常见，可用作声母和韵尾。如“傻子”梅州话说[ŋɔŋ ku]。

x　多数方言用作声母与开合呼韵拼。如郑州话“黄河、很好”的声母。

ɣ 官话方言开口呼零声母多为此音。如洛阳话“饿”音[ɣɤ]。

χ 官话方言作为音位变体，拼低元音韵。如北京“好汉”的声母。

ʔ 晋语和东南方言用作韵尾，闽语也见于零声母。如厦门“鸭”[ʔaʔ]。

ʔʰ 不多见。云南玉溪“开”读为[ʔʰɛ]。

h 吴闽粤许多方言用作声母拼开合乎韵母。如厦门“飞行”、广州“开口”的声母都是 h。

ɦ 多见于吴语。如上海“鞋”音[ɦa]，苏州“红”音[ɦoŋ]。

学习辅音和学元音一样，要善于把发音原理、音标和实际的发音、听音很好地结合起来，做到理论联系实际，让口耳真正过关。按照发音部位和发音方法两个系列一组组、一列列比较，充分理解每个音之间的有机联系，琢磨其间的不同。例如 c、cʰ、ɟ、ç、j 之间都是何处成阻，发音方法却又有何不同？ʃ、ɕ、ç、x、χ、h 之间气流从不同通道流出，碰到了什么不同的障碍？另一个要领是要从易到难，先掌握自己的母语有的音和自己认真学过(如普通话、英语)的音，再扩展到生疏的音，容易的音往往都是常用的。其实，能熟练掌握 20 个元音、50 个辅音，一般情况下调查汉语方言也够用了，遇到新的音再学也不难。

西方语言的语音结构是元音和辅音的直线型的字母组合，每一个字母代表一个音，有的是两个字母表示一个音，把现成的字母转换成国际音标记录下来就行了。汉语是用汉字标记的，汉字是形音义三者综合而成的立体结构，汉语的语音系统从音节的组合开始就有自己的独特结构，这就是和字义相联系的声韵调组成的另一个立体结构。和形、义相结合的字音在中古时期形成了稳定的系统，包括声类、韵类和调类的系统，这个“字音系统”就是汉语特有的“音韵系统”。因此，调查汉语方言在经过元音辅音的语音训练之后，还要经过下一章要说明的音韵训练。

思考与练习

1. 联系本章所学内容，就你自己和别人的第二语言学习，说说人类的发音原理是相同的，但不同民族之间也有些差异。

2. 就本章所介绍的元音和辅音画出你的母语（包括方言与共同语）所用的音，以及经过外语学习和本章的学习所了解的音，看看还剩下哪些没掌握的音。

3. 找一个跟你口音不同（不论是方言或共同语）的同学或朋友，对着元音和辅音的例字，听他的发音，看你能否分辨和分析那些跟你不同的元音和辅音。

4. 请按照所学的国际音标，将本章所举的方言发音例字读熟并尽量模仿得像些，字形也要记牢，做到能默写。

参考书目

保尔·巴西 1930　《比较语音学概要》，刘复译，商务印书馆（上海）。
李　荣 1957　《汉语方言调查手册》，科学出版社。
林　焘 1990　《语音探索集稿》，北京语言学院出版社。
罗常培、王均 1957　《普通语音学纲要》，科学出版社。
徐世荣 1958　《普通话语音讲话》，文字改革出版社。
赵元任 1980　《语言问题》，商务印书馆。
周殿福 1980　《艺术语言发声基础》，中国社会科学出版社。

第三章　汉语音韵训练

一　汉语的声调

声调是汉语的重要特征，究竟上古时期有没有声调之别，现在还有争议。不过到了六朝，文人们就知道有“四声”（沈约就编过《四声谱》），后来编的韵书（如《切韵》）也按照四声来排列同调的字。可见，中古音是确有四声，并且学者们也都能分清楚的。但是对于四声的具体音值表现如何，一直没有很深入的研究，也没有明确的说法。后来唐代和尚处忠曾说“平声者哀而安，上声者厉而举，去声者清而远，入声者直而促”；明朝和尚真空则说“平声平道莫低昂，上声高呼猛烈强，去声分明哀远道，入声短促急收藏”等，都只是一种模糊的描述，并不能说明声调的性质特征，甚至也没有“声调、调值、调类”的明确概念。

汉藏语和东南亚许多语言都有跟汉语类似的声调，非洲和拉丁美洲的一些语言虽然也有声调，但与汉藏语的声调有很大差异。欧洲和北美的语言，词内音节之间主要用重音来区分差别，很少用音高来区别音位，所以西方学者在声调研究上并没有很多建树。曾经，有些学者还把汉语的声调错误地理解为“accent”（重音），如马伯乐（Maspero）。纠正这种错误，明确把汉语的声调和西方语言的重音区别开来的第一人是高本汉；用“声调”这两个字来表示汉语的 tone，把“句调”和“声调”明确区分开来的则是赵元任。他说：“声调这名词是我在民国初年的时候，提议当作四声、八声、几声等用的。”“我们现在用声调这个名词，当语言里嗓音高低的音位讲，就是用声带颤动的频率（frequency）来分辨字的异同的音位。”（赵元任，1980，第 59、64 页）1932 年，赵元任在主持翻译高本汉的《中国音韵学研究》时就用“声调”对译“tone”（原来 tone 是指语调的)，确立了“字调、句调、调值、调类、调型”等一系列概念。

赵元任不但提出了科学的“声调”概念，而且琢磨出了标记声调的办法。早在1927年调查吴语的时候，赵元任就创制了标注调值的“五度标调法”。这一年他向国际语音协会提出了“五度标调法”的建议，1930年在该会的刊物《语音学教师》上发表了 *A Systerm of Tone—letters*(《一套标调的字母》)，从此，这套标调法就在国内外使用开了。

可见，在20世纪初赵元任就睿智地把汉语的声调定性为“能区别音位的音高”，而且为标记这种音高设计了一套科学的符号。这是赵元任研究汉语语音的重大贡献，也是对于世界语言学的贡献。国际语音学会的理事吴宗济说：“这套调符是个革命性的发明……美国学者对世界上几百种语言做过统计，得出的结论是，人类所有语言其调位的等级没有超过五度的。这足以说明‘赵氏调符’是放之四海而皆能应用的。”[吴宗济，1996，《清华大学学报》(哲学社会科学版)11卷3期，第59页]

用五度标调法标记北京话的四声如下图：

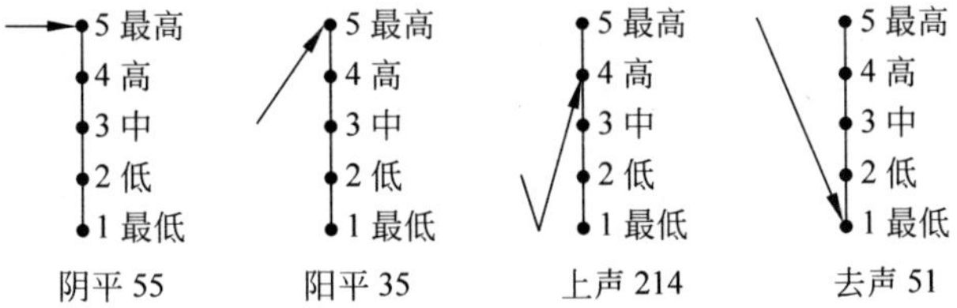

图3.1　普通话五度标调法

半个多世纪以来，这个标调法在中外学者中已经成了记录汉语声调的定式。做汉语方言调查，记录字音的训练必从五度标调法开始。因为，不会区分调值，就无从确定调类。

标调的五度和乐理上的1—2—3—4—5有类似之处，用二胡拉出来的旋律模仿语言中的音高就有几分像。但是正如赵元任说的，乐谱上的五个音阶在定调之后，其频率是固定的，而语言的五度调值是“相对的，绝对没有音乐里的那么严格”(赵元任，1980，第66页)。

以下是汉语方言里比较常见的调型举例：

调值	地点	例字	调值	地点	例字
55	北京	衣、诗、山	5	宁都	杂、学、白
44	长春	开、哭、梯	4	离石	出、七、急
33	广州	去、四、放	3	张家口	约、吉、决
22	广州	系、会、二	2	忻州	急、石、月
11	天津	三、通、猪	1	梅州	八、曲、出
35	北京	时、同、南	53	沈阳	替、近、试
24	哈尔滨	时、题、舌	42	忻州	时、题、云
13	临汾	寒、杂、舌	31	大同	方、开、梯
52	哈尔滨	替、近、试	43	宁都	天、通、苏
51	北京	四、布、大	23	安义	共、用、大
54	大同	体、有、你	45	武平	高、关、坐
21	临汾	六、月、飞	211	阳原	题、田、房
214	北京	好、九、少	112	宁化	气、四、破
213	赤峰	古、好、口	313	忻州	根、体、巧
535	长治	古、口、水	242	福州	二、是、有
533	莆田	书、天、兵	353	仙游	米、手、水
412	吴江	报、记、帝	132	昆山	其、同、虫
423	常熟	对、唱、送	224	张家港	树、望、饭
232	无锡	是、厚、老	312	溧阳	平、移、铜
435	启东	古、走、比	331	沭阳	古、展、口

熟练地掌握五度调值，最基本的方法是呼读你所熟悉的方言字音，用慢读的长音去体验音高在字音发音过程中的变化。练习时，可以两个人各用自己的母语呼读，互相做比较，共同商定不同的调值。例如北京话和成都话的声调都是阴平、阳平、上声、去声四个调类，同样的字就呼出了不同的调值：

	阴平	阳平	上声	去声
北京话	55	35	214	51
成都话	44	21	53	13
例　字	诗	时	始	事

因为北京话和成都话的上声和去声的调值有些类似，所以各说“买了就卖”，对方就听成了“卖了就买”。

为什么古人注重调类而不重视调值呢？显然这是与汉字相关的。早期的汉语，字就是词，每个汉字都是有音有义的，字音可有古今南北之别，但大体都能相对应；字义在不同时代和地域的差异则较少，望文大体可以知义，但必须知道字音的分类才能按照对应听懂字音。下文还将谈到，字音（音节）是由声韵调组成的，声韵调各有不同的类别，因此，古人编字书时，只注重分调类。《广韵》就是按照平上去入的四声分卷排列的，平声因为字多分为两卷，一共五卷；为了区别调类，还把平上去的字分列了不同的韵类，如：支—纸—置、东—董—送、戈—果—过、肴—巧—效、覃—感—勘，入声韵因为韵尾有别，更需要另立韵目。

为现代方言记音，首先要记录声调。记声调时，先要听清楚每个字的调值，用五度标调法记录下来，然后把调值相同的字归到一个调类。例如记录北京话就归成四个调类：

诗、梯、方、高、割　　高平调，55

时、题、房、穷、笛　　高升调，35

使、体、碗、手、铁　　降升调，214

是、弟、到、盖、月　　高降调，51

归纳出声调类别之后，还要为各个类别确定调类的名称，如阴平、阳平等。调类名称是要参照这些字的“家庭出身”（古音调类）来确定的。定类之后还有多种标调法。这一部分留待下文第四章再详加说明。

二　汉语的音节系统

汉语的一个字就是一个音节，汉语的音节系统就是字音的系统。字音是由声韵调三者组成的，上节所说的声调是依存于声、韵之上的（清音声母与韵母紧密结合，因为声带不颤动，可以不计入声调表现），这种立体结构可用下图表示：

声调	
声母	韵母

对汉语的声韵调进行分析时，声调要根据调值去确定调类，根据其“家庭出身”确定调类名，已如上文所述；要对声母和韵母做分析，首先要明确汉语的声母和韵母并不是都只由一个元音或辅音充当，有时是由几个音素“复合”的，而且复合的方式跟西方语言有许多不同。赵元任在分析汉语语音结构时提出了“单纯音”和“复合音”的概念，这是一个展示汉语语音结构特征的重要结论。

ai、uai、ei、uei、au、iau 这类韵母是元音的复合，ian、iat、uan、uat、iaŋ、iak 这类韵母是元音加辅音的复合，这很容易理解。声母中的 p^h、t^h、k^h、ts、ts^h、sɦ、d^h也是复合音，就还没有引起大家的注意。赵元任说：“送气的现象，不像方法上带音、不带音的一种形容性的特点，乃是发一个音成阻的地方放开以后发出的送气现象。说[pɑ]的时候，两唇一开立刻就有元音[ɑ]；说[bɑ]的时候，唇没开，声带已经事先开始颤动，当然开了以后更是立时就有元音[ɑ]在响着；可是说[p^hɑ]的时候啊，两唇放开了以后，跟着有气而没有声带的乐音，要过了1/20 秒左右才有元音[ɑ]出来，因此就跟[pɑ][bɑ]都不同了。所以[p^h]这个辅音是个复合音。”“[tsə　tʂə]那类的辅音也是复合辅音……复合元音跟辅音，为什么常常有人当作单纯音呐？因为它们在语音上的功用，常常跟其他的单纯音的功用相当。”（赵元任，1980，第 19 页）

对于以汉语为母语的人来说，p^h、t^h、k^h、ts、ts^h、tʂ、tʂ^{h}等声母，确实和其他单字母声母没有什么区别，虽然写成两个字母，事实上并不能拆开来发音，就像是两音并发，有些罗马字拼写汉语的方案就是用一个字母来标记的。称它为“复合音”就便于跟西语的复合辅音区别开来。

其实，汉语的韵母也是由类似的复合音组成的，就“复合”的性质说，跟上述的复合声母也很接近。最明显的是塞音韵尾和韵腹其实也是两音并发，末尾的塞音只成阻不除阻。带鼻音的韵母中韵腹元音和韵尾的鼻音也是结合很紧密的。正因为如此，就很容易产生鼻音韵尾前移，使韵腹鼻化的变异；也因为如此，1913 年由中国读音统一会制订，1918 年正式颁行的注音字母，按照韵母新造了一批标记复合音的汉字笔画式字母，如“ㄞ[ai]、ㄢ[an]、ㄡ[ou]、ㄤ[aŋ]”，也说明这些韵有复合音的性质，这套复合元音的注音符号后来也用惯了，至今我国台湾地区还在用。

不论是声母或是韵母，在不同的方言，复合法有共同的方面，也有一些不同。声韵调组成音节，这就是汉语语音的结构特征，不同的方言各有自己的结构规律，调查方言时，观察语音结构的特征是很重要的。

在音节中，音素组成声母还比较简单，组成韵母就复杂了。韵母由韵头、韵腹和韵尾三个部分组成。韵腹是必有的，韵头和韵尾则可阙如，可见韵腹是韵母的核心。韵头、韵腹和韵尾由什么音素充当，往往成为不同方言的区别特征。

韵头也就是介音，现代汉语方言通常都由高元音[i、u、y、ɯ]来充当。韵尾则有三类：元音韵尾、鼻音韵尾和塞音韵尾。元音韵尾和介音一样是高元音充当的；鼻音韵尾最多有三种：m、n、ŋ；塞音韵尾最多是四个：p、t、k、ʔ。韵腹绝大多数是由元音充当的，少数方言的少数韵母也有由鼻音、边音或擦音充当的。有几种元音韵头和韵尾，几个元音或辅音充当韵腹，几种鼻音和塞音充当韵尾，各方言之间有很大的差别，这种结构上的差异直接决定了韵母数目的多少。汉语方言中，韵母少的只有二十几个（如蒙自官话 27 个，休宁徽语 29 个），多的可有八十多个（如广州粤语和漳州闽语都有 87 个）。其他汉藏语有的有一百多个（如海南临高壮语 103 个）。

下面列举较为常见的声韵母的组合方式，可以从中看到各方言的不同结构特征。(由于声调尚未讲解透彻，以下调值和调类都暂时不标，有文白读的只取白读。)

东	浦城 loŋ	天水 tuəŋ	湘潭 təŋ	北京 tuŋ
风	邵武 pioŋ	莆田 pue	梅州 foŋ	北京 feŋ
破	西安 p^{h}uo	上海 p^{h}u	潮州 p^{h}ua	北京 p^{h}o
早	厦门 tsa	诸城 tθɔ	宁波 tsɔ	北京 tsau
梅	盐城 mĩ	汕头 moi	徐州 me	北京 mei
向	岚县 ɕyə	赣榆 çiaŋ	泉州 ŋ	北京 ɕiaŋ
暖	青岛 nuã	苏州 nø	余干 lon	北京 nuan
一	广州 jiɐt	宝应 iəl	福州 ɛiʔ	北京 i
支	潮州 ki	济南 tʂʅ	宜丰 tœ	北京 tʂʅ
开	苏州 k^{h}ᴇ	福州 k^{h}ui	志丹 k^{h}ae	北京 k^{h}ai
冰	大包 piəɣ	梅州 pin	茶陵 pĩ	北京 piŋ
雪	都昌 siɔl	余干 siet-n	广州 syt	北京 ɕyɛ
无	苏州 ɦəu	广州 mou	上杭 vu	北京 u
人	常州 ȵin	沈阳 in	建瓯 nɛiŋ	北京 ɾən
见	长汀 tɕiẽ	梅州 kian	阳新 tʃẽ	北京 tɕiɛn
春	常熟 tʂ^{h}əŋ	赣榆 tʃ^{h}yn	醴陵 k^{h}yəŋ	北京 tʂ^{h}un
从	常州 zoŋ	高淳 zən	修水 dz^{h}ɣŋ	北京 ts^{h}uŋ
天	上海 t^{h}i	仙游 t^{h}ɛŋ	都昌 liɛn	北京 t^{h}iɛn
上	泉州 tsiũ	天津 ʂaŋ	平江 ʃɔŋ	北京 ʂaŋ
来	梅州 lɔi	南通 la	福州 li	北京 lai

三　汉语的字音系统和《广韵》音系

汉语的语音系统中，相当于音节层面的不仅有声韵调组成的音节结构系统，还有“字音”的结构系统。音节结构系统是各种语言都有的元音和辅音（如果是声调语言则还有声调）的组合规律；字音结构系统则是使用汉字的汉语特有的。

汉字是汉语音节的记录符号，但是它不像拼音文字那样按照实际语音用字母拼合而成，而是形音义三者结合而成的书写单位，不但是音节的表音符号，而且成了与语义密切结合的单音词或是语素，古今汉语和南北方言的实际语音总是在不断变化，汉字的形音义却形成了稳定的组合，变化较少。从六朝以来，中古的语文学家就知道用声韵调来分析汉语的字音，创建了研究汉语语音的“音韵学”。从《切韵》到《广韵》，隋唐两代音韵学家用分析声韵调的方法编辑的韵书，体现了中古汉语的语音系统。后来，体现“广韵系统”的“平水韵”“诗韵”还成了科举取士、作诗填词所依据的标准音。唐宋以后，这一套字音的音类，千年之间一直是全国共通的“文言音”，借助着行政和文化的力量，对于各地方言都有深刻的影响。方言语音的演变大体上都按照《广韵》音系的音类，整类或者部分地发生变化，维持着或多或少、或宽或严的对应关系。也正是这种对应关系，巩固了汉字作为古今通语和南北方言通用文字的地位。这是一种独特的表意一致、表音虽不准确却可用系统来折合的文字。

字音和音节一样是由声韵调三者组成的，字音的音类就包括了声类、韵类和调类。不论是懂得“文言音”，还是会说某种方言，这些音类都是使用汉语的人的感性知识。例如，北京话阴平调55，天津话是11，北京人听天津人说话，只要几分钟就知道要用自己的55去折合对方的11，因为这个调类管的字是相同的：“天津、冬天、安心、飞机、公开、边疆”。不仅如此，不同音类的演变也是互相制约的。说官话的人，凭自己的语感就可以判别，下列这些字是古代的浊音声母入声字：“独白、极白、极毒、直白”，因为全浊入声字在官话读为阳平调、声母不送气，从平声来的一定是送气（如“图排、棋牌、歧途、持牌”）。调查方言的人掌握了古音的音类，就可以很快地找到古音和方音的对应关系，了解方言的语音特点，甚至还可以用它来审查所记的音是否正确。因此，调查汉语方言最常用的《方言调查字表》（简称《字表》）就是用代表中古音系的“广韵音系”来编制的。方言调查的音韵训练重点便是要掌握这个字表所展示的声类、韵类和调类，知道各个音类都包含哪些字。20 世纪 50 年代为了培训方言调查工作者，丁声树、李荣专门编了《汉语音韵讲义》（简称《讲义》），简明扼要地说明《广韵》的语音系统和中古音与北京音的对应关系。熟读这本《讲义》，掌握《字表》的音类就成了记录方言字音的基本训练——音韵训练的基本内容。为了帮助这一基本训练，以下分别列出《广韵》系统的声母表、韵母表（声调表和例字见表 3.5）：

表 3.1 《广韵》音系声母表

<table>
<tr><td colspan="3">发音部位</td><td colspan="12">发音方法</td></tr>
<tr><td colspan="2" rowspan="3">旧名</td><td rowspan="3">新名</td><td>旧名</td><td colspan="3">全清</td><td colspan="2">次清</td><td colspan="3">全浊</td><td colspan="3">次浊</td></tr>
<tr><td rowspan="2">新名</td><td colspan="3">不送气清音</td><td colspan="2">送气清音</td><td colspan="3">浊音</td><td rowspan="2">鼻音</td><td rowspan="2">边音</td><td rowspan="2">半元音</td></tr>
<tr><td>塞音</td><td>塞擦音</td><td>擦音</td><td>塞音</td><td>塞擦音</td><td>塞音</td><td>塞擦音</td><td>擦音</td></tr>
<tr><td rowspan="2">唇音</td><td>重唇</td><td>双唇音</td><td colspan="2">帮 p</td><td></td><td></td><td>滂 pʰ</td><td></td><td>並 b</td><td></td><td></td><td>明 m</td><td></td><td></td></tr>
<tr><td>轻唇</td><td>唇齿音</td><td colspan="2"></td><td>非 pf</td><td></td><td></td><td>敷 pfʰ</td><td></td><td>奉 bv</td><td></td><td>微 ɱ</td><td></td><td></td></tr>
<tr><td rowspan="2">舌音</td><td>舌头</td><td>舌尖中音</td><td colspan="2">端 t</td><td></td><td></td><td>透 tʰ</td><td></td><td>定 d</td><td></td><td></td><td>泥 n</td><td></td><td></td></tr>
<tr><td>舌上</td><td>舌面前音</td><td colspan="2">知 ȶ</td><td></td><td></td><td>彻 ȶʰ</td><td></td><td>澄 ȡ</td><td></td><td></td><td>娘 ȵ</td><td></td><td></td></tr>
<tr><td rowspan="3">齿音</td><td>齿头</td><td>舌尖前</td><td colspan="2"></td><td>精 ts</td><td>心 s</td><td></td><td>清 tsʰ</td><td></td><td>从 dz</td><td>邪 z</td><td></td><td></td><td></td></tr>
<tr><td rowspan="2">正齿</td><td>舌叶</td><td colspan="2"></td><td>庄 tʃ</td><td>生 ʃ</td><td></td><td>初 tʃʰ</td><td></td><td>崇 dʒ</td><td></td><td></td><td></td><td></td></tr>
<tr><td>舌面前</td><td colspan="2"></td><td>章 tɕ</td><td>书 ɕ</td><td></td><td>昌 tɕʰ</td><td></td><td>船 dʑ</td><td>禅 ʒ</td><td></td><td></td><td></td></tr>
<tr><td colspan="2">牙音</td><td>舌根</td><td colspan="2">见 k</td><td></td><td></td><td>溪 kʰ</td><td></td><td>群 g</td><td></td><td></td><td>疑 ŋ</td><td></td><td></td></tr>
<tr><td colspan="2" rowspan="3">喉音</td><td>喉</td><td colspan="2">影 ʔ</td><td></td><td></td><td></td><td></td><td></td><td></td><td></td><td></td><td></td><td></td></tr>
<tr><td>舌根</td><td colspan="2"></td><td></td><td>晓 x</td><td></td><td></td><td></td><td></td><td>匣 ɣ</td><td></td><td></td><td></td></tr>
<tr><td>舌面中</td><td colspan="2"></td><td></td><td></td><td></td><td></td><td></td><td></td><td></td><td></td><td></td><td>喻 j</td></tr>
<tr><td colspan="2">半舌</td><td>舌尖中音</td><td colspan="2"></td><td></td><td></td><td></td><td></td><td></td><td></td><td></td><td></td><td>来 l</td><td></td></tr>
<tr><td colspan="2">半齿</td><td>舌面前</td><td colspan="2"></td><td></td><td></td><td></td><td></td><td></td><td></td><td></td><td>日ȵ、ʑ</td><td></td><td></td></tr>
</table>

① 本表所列 40 个声类及“旧名”悉依《方言调查字表》和《汉语音韵讲义》所订。新名和上文国际音标表的说法相同。

② 旧名中发音部位的“牙音”（“气撞牡牙”）、“齿头、正齿、半齿”不太准确，其余都很接近实际；发音方法把送气和不送气区分开来，很能体现汉语的音位特征，名为“全清、次清”却有些含糊，此外都很符合发音原理。

③ 表中为各声类所注国际音标是按照多数音韵学家的共识拟测的，仅供参考。

表 3.2 《广韵》音系韵母表

摄	开合	一等	二等	三等	四等
果	开	歌 ɒ		戈 iɒ	
	合	戈 uɒ		戈 iuɒ	
假	开		麻 a	麻 ia	
	合		麻 ua		
遇	合	模 o		鱼 io 虞 iuo	
蟹	开	咍 ɒi 泰 ɑi	皆 ɐi 佳 æi 夬 ai	祭 iɛi 废 iɐi	齐 ɛi
	合	灰 uɒi 泰 uɑi	皆 uɐi 佳 uæi 夬 uai	祭 iuɛi 废 iuɐi	齐 uɛi
止	开		支 iɛ 脂 i 之 iə 微 iəi		
	合		支 iuɛ 脂 ui 微 iuəi		
效	开	豪 ɒu	肴 au	宵 iɛu	萧 ɛu
流	开	侯 əu		尤 iəu 幽 ieu	
咸	开	覃/合 ɒm 谈/盍 ɑm	咸/洽 ɐm 衔/狎 am	盐/业 iɐm 严/叶 iɛm	添 em
	合			凡/乏 iuɐm	
深	开			侵/缉 iəm	
山	开	寒/曷 ɒn	山/黠 ɐn 删/鎋 an	仙/薛 iɛn 元/月 iɐn	先/屑 ɛn
	合	桓/末 uɒn	山/黠 uɐn 删/鎋 uan	仙/薛 iuɛn 元/月 iuɐn	先/屑 uɛn
臻	开	痕 ən		真/质 ien 殷/迄 iən	
	合	魂/没 uən		谆/术 iuen 文/物 iuən	

（续表 3.2）

摄	开合	一等	二等	三等	四等
宕	开	唐/铎 ɒŋ		阳/药 iɒŋ	
	合	唐/铎 uɒŋ		阳/药 iuɒŋ	
江	开		江/觉 ɔŋ		
曾	开	登/德 əŋ		蒸/职 iəŋ	
	合	登/德 uəŋ		职 iuək	
梗	开		庚/陌 aŋ 耕/麦 ɐŋ	庚/陌 iaŋ 清/昔 iɐŋ	青/锡 ɛŋ
	合		庚/陌 uaŋ 耕/麦 uɐŋ	庚 iuaŋ 清/昔 iuɛŋ	青 uɛŋ
通	合	东/屋 uŋ 冬/沃 oŋ		东/屋 iuŋ 钟/烛 ioŋ	

1. 关于韵类的名称和拟音的说明

①《广韵》有十六个摄。“摄”是相近音类的归纳（“统摄”）。果假遇蟹止效流七个摄都没有鼻音韵尾和塞音韵尾，称为“阴声韵”。其中果假遇三摄应是“开尾韵”（没有各种韵尾的韵），蟹摄应是-i 尾韵，效流两摄是-u 尾韵。其余九个摄都有相对应的鼻音韵尾和塞音韵尾。带鼻音韵尾的古来称为“阳声韵”，带塞音韵尾的称为“入声韵”。其中咸深二摄韵尾为-m/-p，山臻二摄韵尾为-n/-t，其余五摄韵尾为-ŋ/-k。可见，韵摄是着眼于韵腹和韵尾的，同摄的韵，韵腹相同或相近、韵尾相同或相应。表中相应的阳声韵和入声韵用斜线隔开，只标阳声韵的音，入声韵的音可按对应类推。

② 古韵分开合口，和现在的理解相同，凡有 u-韵头（介音）的是合口韵，否则是开口韵。但后来的音在开合口上有变动。

③《广韵》把韵分为四等，“等”也是韵类的归纳，着眼于韵头和韵腹。同等的韵，韵头相同，韵腹相同或相近。清人说“一等洪大，二等次大”应该是有道理的，一、二等韵无介音，韵腹的元音一等韵比二等韵开口度大。三等韵都有 i-介音（也许是带摩擦的 j-，在合口韵便是 ju-，后来变为 y-）。四等韵有无介

音，在音韵学界还有争议，这里采取无介音说。

④ 表中所注音标是综合各家说法拟测的中古音的拟测，比较接近陆志韦、李荣的看法，仅供参考。

2. 关于摄和韵

要掌握广韵音系，必须先练好两项基本功。一是背熟声类和韵类的代表字，包括 40 个声母（帮滂並明，非敷奉微……）和《方言调查字表》"目录"页上的 136 个韵目：平声 81 个（歌戈戈戈，麻麻麻，模鱼虞……，"以平赅上去"），独立去声韵 16 个（泰夬祭废……），入声韵 47 个（合盍洽狎葉业帖，乏，缉……）。二是掌握各个声类、韵类之间的结构关系：各摄的韵类分布在哪些"等"，以及各个声组和哪些"等"有组合关系。熟记这些结构关系也有利于记忆韵类代表字，有利于辨别字音的音韵地位。为了帮助大家记熟这些结构关系，下面的三个歌诀可供参考：

(1) 十六摄的韵母结构

果假遇蟹止效流，　（这七个摄都是阴声韵）
o、a、u、ai、i、au、ou。　（标明主流韵母的读音）
七摄仅有阴声韵，　（阴声韵也只有这七摄）
其余韵尾辅音收。　（其他九摄都有辅音韵尾）
咸深本是闭口韵，　（咸深两摄韵尾是-m、-p）
山臻结尾舌尖音。　（山臻两摄韵尾是-n、-t）
宕江曾梗外加通，　（宕江曾梗通五个摄）
阳、入韵尾收舌根。　（韵尾收的是-ŋ、-k）

(2) 摄与开合四等

果有一三假二三，　（果假有开合，假无合三）
山蟹开合四等全。　（山蟹两摄开合四等都有）
江二深三流一三，　（此三摄只有开口，分布在一个或两个等）
开口四全有效咸。　（效咸二摄四等俱全，但只在开口）

开合一三臻宕曾，　　（臻宕曾三摄有开合一三等）
唯三有止合三凡。　　（止有开合三等，咸摄还有合三凡韵）
梗为开合二三四，　　（梗摄无一等，但二三四等开合都有）
通遇无开一三间。　　（通遇二摄仅有合口一等和三等）

(3) 声类在四等的分布

帮端泥晓精见影，　　（帮端泥晓四组十一母一二三四等都有）
一四等有十九声。　　（外加精清从心、见溪疑影共十九声）
端守两头精缺二，　　（端组只见一四等，精组无二等）
匣母兼往二等行。　　（匣母一四等之外还见于二等）
非章日邪群云以，　　（非组、章组和其他五个声母）
三等专有十四声。　　（以上十四个声母只见于三等）
庄知两家七姐妹，　　（庄组四母和知彻澄七个声母）
二三犹豫意不明。　　（以上七个声母只见于二三等）

下面举几个例子说明如何用这些口诀来辨别字音在中古音的音韵地位（以下标音用汉语拼音）：

"雕"北京音 diao^{55}，是端母（阴平为清），ao、iao 是效摄（效咸只有开口），"端守两头"，洪音为一等，细音为四等，所以"雕"是"端母、效开四、平声"。"冗"北京音 rong^{214}，ong、iong 属通摄，"通遇无开一三间"，日母是"三等专有"，因此"冗"是"日母、通合三、上声"。"魂"北京音 hun^{35}，en、in、uen、ün 来自"深、臻"，h 拼阳平是匣母，匣只见于一二四等，深摄只有开口三等，所以"魂"是"匣母、臻合一、平声"。

四　中古音与北京音的主要对应及演变大势

《广韵》音系就像是个方程式，对上现代方言的音，代进数字就可以"运算"，找出古音和方音的对应，既能理解方音是如何从古音变来的，也可以加深对古音的结构系统的认识。以下先就中古音的各个音类列出少数常见的例字，注上现代北京音的声韵调的读法。“方言音”一栏可以登上自己熟悉的母语以便类推折合。

1. 声类的对应和演变

表 3.3　广韵声类例字及其北京音主要对应

旧名	声组	清浊	声母	例字	北京音
重唇	帮	全清	帮	包半百北边比布	p
		次清	滂	泡判拍配片批普	p^{h}
		全浊	並	袍盘白被便皮曝	p$^{h}_{平}$、p$_{仄}$
		次浊	明	毛满脉每命米目	m
轻唇	非	全清	非	反法分飞夫	f
		次清	敷	泛翻纷肺赴	f
		全浊	奉	凡饭吠乏浮父	f
		次浊	微	万文未袜网无	ø
舌头	端	全清	端	单低到东等督得	t
		次清	透	贪吞体讨通脱铁	t^{h}
		全浊	定	谈屯题同道读度	t$^{h}_{平}$、t$_{仄}$
	泥	次浊	泥	南拿你诺农难奴	n
半舌		次浊	来	蓝冷李老龙乐力	l
齿头	精	全清	精	赞曾子早井即借	ts$_{洪}$、tɕ$_{细}$
		次清	清	次草葱促秋请七	ts$^{h}_{洪}$、tɕ$^{h}_{细}$
		全浊	从	族杂蚕曹贱绝前情	ts、ts^{h}，tɕ、tɕ$^{h}_{洪细,平仄}$
		全清	心	四赛俗伞雪小先	s$_{洪}$、ɕ$_{细}$
		全浊	邪	随寺词徐续谢因	s、ts^{h}、ɕ、tɕ$^{h}_{洪细、平仄}$
舌上	知	全清	知	展猪珍致张中竹	tʂ
		次清	彻	抽畅畜超趁拆耻	tʂ^{h}
		全浊	澄	除陈迟赵直重丈	tʂ$^{h}_{平}$、tʂ$_{仄}$
正齿	庄	全清	庄	争斩壮债扎组邹	tʂ$_{多}$、ts$_{少}$
		次清	初	叉窗炒察创册测	tʂ$^{h}_{多}$、ts$^{h}_{少}$
		全浊	崇	锄愁床栈闸事士	tʂ$^{h}_{平}$、tʂ、ʂ$_{仄}$
		全清	生	沙双数瘦山闩杀	ʂ
	章	全清	章	招战折朱正掌烛	tʂ
		次清	昌	臭充尺厂春出赤	tʂ^{h}
		全浊	船	神顺述蛇射唇垂	ʂ$_{多}$、tʂ^{h}、
		全清	书	叔商深失手烧水	ʂ
		全浊	禅	实上受谁纯成植	ʂ、tʂ^{h}、tʂ$_{少}$

（续表 3.3）

旧名	声组	清浊	声母	例字	北京音
半齿	日	全浊	日	人如入让认二耳	ʐ$_{多}$、ø$_{少}$
牙喉	见	全清	见	干关歌国建决举	k$_{洪}$、tɕ$_{细}$
		次清	溪	开看可宽劝曲契	k$^{h}_{洪}$、tɕ$^{h}_{细}$
		全浊	群	葵柜期渠权掘具	k^h、k，tɕ、tɕ$^{h}_{洪细，平仄}$
		次浊	疑	牙义危外银玉牛	ø、n$_{少}$
	晓	全清	晓	好黑货很喝希歇	x$_{洪}$、ɕ$_{细}$
		全浊	匣	和合寒猴环悬学	x$_{洪}$、ɕ$_{细}$
	影	全清	影	爱要碗温屋一约	ø
		次浊	云	位有园王永域粤	ø
		次浊	以	夜姨摇盐延养药	ø

从上表可以看到各个声类与北京音的主要对应，体会到古今声母演变的基本脉络。如果把所要调查的方言读音也注上，便可以看清古音、国音和方音三者的对应，同时了解方言声母的特征。从上表可以看到中古音和现代北京音之间声类演变的主要事实是：

① 古全浊声母字今读为清音声母，若是擦音声母则清浊合流：非敷奉并为 f，心邪并为 s、ɕ（少数字读为 ts^h），生书禅并为 ʂ（少数字读为 tʂ^h），晓匣并为 x、ɕ；若是塞音塞擦音，则变为相对的清音声母，逢平声送气、逢仄声不送气，拼洪音不腭化、拼细音腭化，如并母逢平声读 p^h、逢仄声读 p，从母逢平声读 ts^h、tɕ^h，逢仄声读 ts、tɕ，澄母逢平声读 tʂ^h、逢仄声读同 tʂ，崇母逢平声读 tʂ^h、逢仄声读同 tʂ，群母逢平声读 k^h、tɕ^h，逢仄声读 k、tɕ。邪、船、禅母另有交混，可参看上文表 3.3。

② 精组声母字和见组声母字今音和齐撮呼韵母（细音）相拼时合流，读为 tɕ、tɕ^h、ɕ，俗称“尖团不分”，如：尖＝兼、瞧＝桥、细＝系。在官话方言，尖团不分的占 80%以上，南方方言尖团不分的较少。

③ 知、庄、章三组声母大合并，读为翘舌音 tʂ、tʂ^h、ʂ。只拼开合呼，不拼齐撮呼。例如：猪＝诸、褚＝楚＝处、梳＝书、耻＝齿、史＝始。只有少数庄组字混入精组，如“森涩责策缩”。

④ 次浊声母“微、疑、云、以”和少数日母字声母也清化为零声母与影母相混。例如:威=微=危、意=异、尾=委、炎=盐、晏=艳、五=武=坞、物=误=恶。

这个声母演变的大势在各地官话方言是大同小异的,在东南方言则有较大的变异,需要另外进行比较。

2. 韵类的对应和演变

为了理解下表的对应,打开《方言调查字表》逐韵逐字读一遍北京音,便可体会各种对应。

表 3.4 《广韵》韵类例字及其与北京音的主要对应

摄	开合	等	韵	例字	北京音
果	开	一	歌	多罗他左我|个可河	uo|ə
	开	三	戈	茄	ie
	合	一	戈	婆|螺坐火|科禾课	o|uo|ə
	合	三	戈	瘸靴	ye
假	开	二	麻	爬马茶纱|家虾下嫁	a|ia
	开	三	麻	姐写谢野|遮车蛇社	ie|ə
	合	二	麻	瓜跨花瓦华|傻	ua|a
遇	合	一	模	补部图炉粗故苦虎	u
	合	三	鱼	女去许语|猪除初助	y|u
	合	三	虞	夫父厨柱树|取区雨	u|y
蟹	开	一	咍	戴台来在改开海爱	ai
	开	一	泰	带太赖蔡盖艾害蔼	ai
	开	二	皆	拜排埋斋楷|阶界械	ai|ie
	开	二	佳	派买牌债晒|街解|涯	ai|ie|ia
	开	二	夬	败迈寨	ai
	开	三	祭|废	蔽弊例际艺|制世势	i|ʅ
	开	四	齐	批米低弟妻西鸡溪	i
	合	一	灰	杯配妹雷|碎恢回|块	ei|uei|uai
	合	一	泰	蜕兑最会|外会会计	uei|uai
	合	二	皆|佳|夬	乖怪坏怀歪拐快|挂蛙画话	uai|ua
	合	三	祭|废	脆岁税卫锐|肺	uei|ei
	合	四	齐	桂闺惠慧|携	uei|ie

（续表 3.4）

摄	开合	等	韵	例字	北京音
止	开	三	支	被碑|离倚|紫刺|知纸	ei|i|ɿ|ʅ
	开	三	脂	眉备|鼻利|自私|指屎	ei|i|ɿ|ʅ
	开	三	之	里起|子字|齿时|耳饵	i|ɿ|ʅ|ɚ
	开	三	微	机几气希衣	i
	合	三	支	累|嘴炊跪毁委为|揣	ei|uei|uai
	合	三	脂	类|醉追龟柜|遗|衰	ei|uei|i|uai
	合	三	微	非肥痱|未尾鬼围挥	ei|uei
效	开	一	豪	报毛刀桃早高好靠	au
	开	二	肴	包茅抄|交巧孝|抓爪	au|iau|ua
	开	三	宵	表小桥要|超招烧绕	iau|au
	开	四	萧	条料鸟尿了箫叫晓	iau
流	开	一	侯	头豆走狗后猴|母|贸	ou|u|au
	开	三	尤	留九牛有|抽臭手|富	iou|ou|u
	开	三	幽	幼纠谬丢|彪	iou|iau
咸	开	一	覃	贪南砍含暗蚕探	an
	开	一	合	答踏纳拉杂|鸽盒	a|ə
	开	一	谈	担篮三滥甘敢喊	an
	开	一	盍	塔塌蜡|磕	a|ə
	开	二	咸	站斩杉|减馅陷	an|ian
	开	二	洽	眨插闸|夹恰狭峡	a|ia
	开	二	衔	衫搀|监鉴岩舰	an|ian
	开	二	狎	甲胛匣压鸭押	ia
	开	三	盐	尖俭钳险淹檐焰	ian
	开	三	葉	聂猎接捷页|摄摺涉	ie|ə
	开	三	严	剑欠腌	ian
	开	三	业	劫怯胁	ie
	开	四	添	点店甜念兼歉嫌	ian
	开	四	帖	跌贴碟协	ie
	合	三	凡	帆犯范泛	an
	合	三	乏	法乏	a
深	开	三	侵	林心锦琴音|针沉森	in|ən
	开	三	缉	立笠习|汁十|入|给	i|ʅ|u|ei

（续表 3.4）

摄	开合	等	韵	例字	北京音
山	开	一	寒	单炭烂伞看安岸肝	an
	开	一	曷	达辣擦撒|割渴喝	a|ə
	开	二	山	办盏产盼|间眼限闲	an|ian
	开	二	黠	八拔抹扎察杀|轧	a|ia
	开	二	删	班板蛮栈|颜奸晏雁	an|ian
	开	二	黠	铡|瞎辖	a|ia
	开	三	仙	变面连浅件|展扇然	ian|an
	开	三	薛	别灭列杰|折舌设热	ie|ə
	开	三	元	言建轩献蔫	ian
	开	三	月	揭歇	ie
	开	四	先	边片天电前肩现烟	ian
	开	四	屑	憋撇铁节切结截噎	ie
山	合	一	桓	搬盘慢|短乱算官碗	an|uan
	合	一	末	拨泼脱夺捋阔活撮	uo
	合	二	山	鳏顽幻	uan
	合	二	黠	滑猾挖	ua
	合	二	删	闩篡关还弯惯患环	uan
	合	二	鎋	刷刮	ua
	合	三	仙	全选权缘|传川船软	yan|uan
	合	三	薛	劣|雪绝阅|拙说	ie|ye|uo
	合	三	元	反饭|万晚|原劝远园	an|uan|yan
	合	三	月	发|掘越	a|ye
	合	四	先	犬悬渊|县	yan|ian
	合	四	屑	决缺血穴	ye
臻	开	一	痕	跟根很恳恩恨	ən
	开	三	真	贫民亲紧|陈神身人	in|ən
	开	三	质	笔密七一|实侄失日	i|ʅ
	开	三	殷	斤勤近劲欣隐	in
	开	三	迄	乞讫	i
	合	一	魂	本盆门笨|顿村困温	ən|uən
	合	一	没	不突骨|勃	u|o
	合	三	谆	轮春准顺|俊均允旬	un|yn
	合	三	术	律恤橘|出述|率	y|u|uai
	合	三	文	分粉坟|问蚊|军群训	ən|uən|yn
	合	三	物	佛|勿|屈|掘	o|u|y|ye

（续表 3.4）

摄	开合	等	韵	例字	北京音
宕	开	一	唐	帮忙汤浪桑康行抗	aŋ
	开	一	铎	博莫|落作索|各鹤恶	o|uo|ə
	开	三	阳	娘想强香|张上让长	iaŋ|aŋ
	开	三	药	略约|着若|脚药|勺着睡~	ye|uo|iau|au
	合	一	唐	广光黄慌汪旷	uaŋ
	合	一	铎	郭廓霍镬	uo
	合	三	阳	方放房纺|王往狂望	aŋ|uaŋ
	合	三	药	镢|缚	uo|u
江	开	二	江	棒胖|讲巷降|双窗撞	aŋ|iaŋ|uaŋ
	开	二	觉	剥握桌捉|学岳|角饺	uo|ye|iau
曾	开	一	登	等能增层恒藤朋|肯	əŋ|ən
	开	一	德	北黑贼|得特刻|墨	ei|ə|o
	开	三	蒸	凭陵兴|澄瞪升胜证	iŋ|əŋ
	开	三	职	逼力息极|食识|色侧	i|ʅ|ə
	合	一	登	弘	uŋ
	合	一	德	国或	uo
	合	三	职	域	y
梗	开	二	庚	彭生省坑更冷|行硬	əŋ|iŋ
	开	二	陌	百白窄|魄帛|泽格客	ai|o|ə
	开	二	耕	棚争耿橙|幸莺|浜蚌	əŋ|iŋ|aŋ
	开	二	麦	脉掰摘|责册隔核扼	ai|ə
	开	三	庚	病平明惊迎影镜|盟	iŋ|əŋ
	开	三	陌	碧戟逆	i
	开	三	清	名领请性轻|正成声郑	iŋ|əŋ
	开	三	昔	僻迹惜益|隻尺石释	i|ʅ
	开	四	青	瓶定听星经形醒宁	iŋ
	开	四	锡	壁滴敌籴析寂击踢	i
	合	二	庚	横|矿	əŋ|uaŋ
	合	二	耕	宏轰	uŋ
	合	二	麦	获|划	uo|ua
	合	三	庚	兄永|荣	yŋ|uŋ
	合	三	清	倾顷营颖|琼	iŋ|yŋ
	合	三	昔	役疫	i
	合	四	青	萤|迥	iŋ|yŋ

（续表 3.4）

摄	开合	等	韵	例字	北京音
通	合	一	东	通动送工红|篷蒙|瓮	uŋ|əŋ|uəŋ
	合	一	屋	木读鹿速谷哭扑独	u
	合	一	冬	统农宗宋松	uŋ
	合	一	沃	督毒酷	u
	合	三	东	风冯梦|中虫众|穷雄	əŋ|uŋ|yŋ
	合	三	屋	腹目竹叔|粥肉熟|六	u|ou|iu
	合	三	锺	峰|浓从重种共|用凶	əŋ|uŋ|yŋ
	合	三	烛	绿曲局玉|足粟辱触	y|u

因为中古音的韵母多，到后来的演变也比较复杂，因此要记熟古音的每个韵类所管的字比较难。有人主张硬背，并不是好办法。最好的办法是逐韵逐字记一遍北京音，牢记该韵古今音的主要对应、条件对应和常用的例外字。例如，歌韵开口一等字今音逢舌齿音读为 uo（多左罗），逢牙喉音读为 ə（可歌河），合口一等字逢唇音读 o（波破磨），其余也读 uo（坐果火）。例外：大那我（开口字），戈课科（合口字）。另一个窍门是注意声韵调（包括声组、韵类、开合口、等）之间的相互制约。例如，北京音唇音除 u 韵之外不拼合口呼，古合口字今读都是开口（半盆饭）；翘舌音不拼齐撮呼，古三等字不论开合口都读洪音（车柴闪然烧正）。以下按阴阳入的顺序说明古今韵类演变的主要事实。

阴声韵的古今对应大多比较简单。果摄上文说过了。假摄二等开口拼牙喉音读 ia，如：家牙下，其余读 a，如：马爬茶；合口则读 ua，如：跨娃瓜，例外：傻。三等只有开口，逢知章组读 ə，如：遮车蛇，其余读 ie，如：姐夜写。遇摄一等读 u，如：都素故，三等逢非组、知章组也读 u，如：夫书猪，其余读 y，如：鱼句雨，例外：模所。效摄一二等字除二等见系腭化为 iau（交巧孝）外，读为 au，如：包到早；三四等倒过来，除翘舌音读 au（超少赵）外，读为 iau，如：表小条。例外：抓。流摄一等主要读 ou，如：后狗头，三等主要读 iou，如：流秋油，但逢翘舌音读 ou，如：周丑受，唇音有读 u 的，如：母拇富妇副，例外：贸茂矛。蟹止两摄多有交混，蟹摄开口一二等多读 ai，如：开台排，三四等字开口读 i，如：祭齐西；合口读 uei 为主，如：对回桂，唇音下有读 ei 的，如：贝配内肺。祭韵混入止摄，读为 ʅ、i、uei，如：世例税，止摄日母读 ɚ，如：二儿尔，唇音多读 ei，如：碑美飞，例外：类。

阳声韵中，咸深两摄古音是-m 尾，混入山臻摄读-n 尾，官话方言大多如此。咸山摄基本对应是 an、ian、uan、yan，深臻摄基本对应是 ən、in、uən、yn。照例唇音下合口变开口，如：凡饭反半本；三四等字逢翘舌音读 an、uan、ən、uən，如：展然船软，真人春润。例外：吞恋。宕江两摄也合流，大体按开合洪细分读为 aŋ、iaŋ、uaŋ。照例宕三逢唇音和翘舌音读 aŋ，如：方房纺放长常让；拼庄组时开口字也读为 uaŋ，如：庄壮窗床双霜。例外：港。曾梗两摄合流，大体按开合洪细分 əŋ、iŋ、uŋ。三四等字逢翘舌音读为 əŋ，如：正郑声升成。例外：贞轰荣兄永琼。通摄主要对应是 uŋ、yŋ，照例逢唇音变为 əŋ，如：风峰奉梦；三等逢翘舌音读为 uŋ，如：中种重茸充；见组三等也读为 uŋ，如：宫弓恭。例外：瓮翁。

古入声韵字的今读最为复杂。究其原因是入声韵类多达 47 个，而现代北京音已经"入派三声"，既没有入声韵，也没有入声调，韵母分别归入阴声韵。还有，北京话的文白异读主要见于入声字，如：血 ɕie、ɕye，没 mei、mo，削 ɕye、ɕiau，觉 tɕye、tɕiau。所以，古入声韵和今音的对应就特别繁复，识别古入声字成为官话方言区的人的大难点。要记熟入声字的古今音对应就得逐韵琢磨。

3. 调类的基本对应及演变

表 3.5 《广韵》调类例字及其与若干方言的主要对应

调类	清浊	例字	北京	上海	广州	长沙	梅州	厦门
平	全清	高猪专尊低边安婚三飞	阴平 55	阴平 53	阴平 55,53	阴平 33	阴平 44	阴平 44
	次清	开抽初粗天偏						
	全浊	穷陈麻才唐平寒神徐扶	阳平 35	（阳去）	阳平 21	阳平 13	阳平 11	阳平 24
	次浊	鹅娘人龙难麻文云						

（续表 3.5）

<table>
<tr><th>调类</th><th>清浊</th><th>例字</th><th>北京</th><th>上海</th><th>广州</th><th>长沙</th><th>梅州</th><th>厦门</th></tr>
<tr><td rowspan="5">上</td><td rowspan="2">全清</td><td>古展纸走短比碗</td><td rowspan="4">上声
214</td><td rowspan="3">（阴去）</td><td rowspan="3">阴上
35</td><td rowspan="4">上声
41</td><td rowspan="3">上声
31</td><td rowspan="3">上声
53</td></tr>
<tr><td>好手死粉</td></tr>
<tr><td>次清</td><td>口丑楚草体普</td></tr>
<tr><td>次浊</td><td>五女杂老暖买
网有</td><td rowspan="2">（阳去）</td><td rowspan="2">阳上
23</td><td rowspan="2">（阴平）
（去声）</td><td>（上声）
（阳去）</td></tr>
<tr><td>全浊</td><td>近柱是坐淡抱
厚社似父</td><td rowspan="5">去声
51</td><td>（阳去）</td><td>阳去</td></tr>
<tr><td rowspan="4">去</td><td>全清</td><td>盖帐醉对变爱
汗世送放</td><td rowspan="2">阴去
34</td><td rowspan="2">阴去
33</td><td rowspan="2">阴去
45</td><td rowspan="4">去声
52</td><td rowspan="2">阴去
21</td></tr>
<tr><td>次清</td><td>抗唱菜怕</td></tr>
<tr><td>全浊</td><td>共阵助贱大病害树谢饭</td><td rowspan="2">阳去
13</td><td rowspan="2">阳去
22</td><td rowspan="2">阳去
21</td><td rowspan="2">阳去
22</td></tr>
<tr><td>次浊</td><td>岸让漏怒帽望用</td></tr>
<tr><td rowspan="6">入</td><td>全清</td><td>急竹织积得笔
黑湿锡福</td><td rowspan="4">（阴平）
（阳平）
（上声）
（去声）</td><td rowspan="4">阴入
5</td><td rowspan="3">上阴
入 5</td><td rowspan="6">入声
24</td><td rowspan="4">阴入 1</td><td rowspan="4">阴入
32</td></tr>
<tr><td>次清</td><td>曲出七秃匹</td></tr>
<tr><td>全清</td><td>割桌窄接搭百
歇说削发</td></tr>
<tr><td>次清</td><td>缺尺切铁拍</td><td>下阴
入 33</td></tr>
<tr><td>次浊</td><td>月入六纳麦</td><td>（去声）</td><td rowspan="2">阳入
12</td><td rowspan="2">阳入
22,2</td><td>（阴入）
（阳入）</td><td rowspan="2">阳入
5</td></tr>
<tr><td>全浊</td><td>局宅食杂读白
合舌俗服</td><td>（阳平）</td><td>阳入
5</td></tr>
</table>

《广韵》的声调有平上去入四类，现代北京话有阴阳上去四声。从古四声到今四声是怎样变过来的？

大约在一千年前，汉语的浊音声母就逐渐减除声带的颤动，变成清音声母了。从浊音变来的字调由于原来浊音“弯头”的影响，调值就变得和来自清音声母的不同，后来清浊声母的区别就变成了调值的不同，后人就把平上去入各分阴阳，成为八个声调。现代方言还有保留这种八调格局的。最常见的情况是清音声母来的调值高，浊音声母来的调值低，例如绍兴话和温州话（两种调

值用|隔开)：

绍兴|温州　阴平52 |44　阴上335|45　阴去33|42　阴入45|323

绍兴|温州　阳平231|31　阳上113|34　阳去11|22　阳入23|212

“合久必分，分久必合”，八个声调的格局后来就开始合并了。最先合并的是阳上和阳去，现代南昌话和厦门话保留了这种格局。其七调的调值如下(仍以“|”隔开)：

南昌|厦门　阴平42|44　上声213|53　阴去45|21　阴入5|32

南昌|厦门　阳平24|24　阳去21|22　阳入21|5

七调并为六调的可以长沙话和梅州话为例，去声和入声的分合不同：

长沙	阴平	阳平	上声	阴去	阳去	入声
	33	13	41	45	21	24
梅州	阴平	阳平	上声	去声	阴入	阳入
	44	11	31	52	1	5

六调并为五调的有太原话和扬州话，平声和入声的分合不同：

太原	平声	上声	去声	阴入	阳入
	11	53	45	2	54
扬州	阴平	阳平	上声	去声	入声
	21	34	42	55	4

为了帮助初学者掌握广韵音系，黄典诚先生曾经在他的《汉语语音史》中提供了一个歌诀，现转录如下(略有更动并加注解)：

中古音声变化多，　(声母变化最大的有以下几项)

全浊尽向清音投。　(全浊声母清化变动范围最大)

知章庄合舌尖后，　(知庄章合并后读为舌尖后音)

精见细音舌面浮。　(精见逢细音读舌面，尖团不分)

摄同一二今归并，　(古同摄一二等韵今音多相混)

三四相从共一丘。　(古同摄三四等韵今音也多相同)

今洪古细知章系，　(知章系声母古拼细音今拼洪音)

古开今齐见二求。　　（见系二等字古拼洪音今拼细音）
塞音脱尾归阴韵，　　（入声韵塞尾脱落后今归阴声韵）
鼻尾三分前后收。　　（阳声韵本有 m n ŋ，今音只剩 n ŋ）
同归一摄决于后，　　（同摄韵腹相近、韵尾相同或相应）
近音分等看前头。　　（同等韵头相同、韵腹相同或相近）
平声清浊分阴阳，　　（古平声今依多声母清浊分为阴阳平）
浊上归去已悠悠。　　（浊上字早在唐末就归入阳去调）
清入派分无定则，　　（今音清入派入平上去无明显规则）
浊开两道去阳留。　　（今音全浊入归阳平、次浊入归去声）
声韵古今有承变，　　（古今语音有继承，也必有变异）
分清主次有范畴。　　（应区分基本对应、条件对应和例外）
愿君记此小歌诀，　　（背诵歌诀，熟能生巧）
来日更上一层楼。　　（音韵学与方言学互动就能双赢）

五　音韵知识在方言调查中的运用

不论是中古音系或是从中古音到现代汉语标准音的演变，对于方言调查，尤其是单字音的调查都是十分重要的，学会运用音韵知识，不但可以培养调查方言的兴趣，而且可以少走弯路、少犯错误。

罗常培先生听游国恩先生说他的家乡是江西临川，“临川”读的是[tim t^huan]的音，立即就决定要记临川音，研究这种方言。因为这个地名的读音反映了三条重要的音韵特征：①来母逢细音读为塞音；②照三的昌母读为 t^h；③深摄仍保留-m 韵尾。这都是现代方言少见的音韵特征。后来就有了《临川音系》。罗杰瑞在台湾调查邵武话时，听到“风”说成[pyuŋ]，立刻大喜过望，原来《广韵》通摄合口三等的拟音，在邵武话竟然“得来全不费工夫”！这就是熟悉音韵学的老手在调查方言时表现出来的优势。

用《方言调查字表》记音的最大好处是每个字都按照中古音排列好了，有时记录不熟悉的方言如果辨音不准或记错了音，也很容易发现问题。一次，我去调查泰宁话，路上遇到去省城参加乒乓球赛的少年，正好是泰宁人，问他"泰宁"读什么音，说是[hai neiŋ]，我以为透母字读成晓母了，开始记音后不久才发现，"何、河"读[xo]，与"桃、涛"读[ho]不同音，"透定"和"晓匣"还是不同音的，立刻改正了错误，获得了新知。

南方人记官话音时，听到"庄疮霜"读为 uaŋ，也许会诧异，宕摄开口三等何以读成合口？经过检验，就会发现，原来是庄组和章组的读音有异。相反，北方人记南方音，听到吴语区的"太、态"不同音、闽语的"保、饱"不同音、粤语和客家话的"寒、闲"不同音，也可能感到奇怪，只要看清楚这是一二等韵的不同读音，就会豁然开朗。又如吴语和闽语的"鱼、虞""之、支"的重韵读音有别，客赣方言的浊上字读为阴平调，也能得到重要的启发。

此外，虽是记的单字音，还得作为单音词去问。当遇到"训读字"时，就很可能会"张冠李戴"记错音。例如记录闽语，如果"到"记成 kau，"脚"记成 $k^h a$，就是"训读音"。当你想到端母不可能读为 k 声母、见母不可能读为 k^h 声母，就会先打个问号，待到考订"本字"时，知道 kau 是"遘"的音、$k^h a$ 是"骹"的音，才能纠正这个错误。

总之，在调查方言时，要善于运用《字表》所提供的中古音类的信息，想想所记的方音和古音类形成什么样的对应，这种对应是常见的或罕见的，是否可以做出合理的解释。

思考与练习

1. 拿你所熟悉的外国语和方言母语与北京话的音节结构进行比较，说明各有什么特点。

2. 从本书所列 40 种方言的调值中找到 20 种，反复听辨并模仿发音。

3. 背诵《广韵》40 声类和 136 个韵目以及本章所列的歌诀。

4. 将你所熟悉的方音记入声类表和韵类表，从它和中古音的对应关系说明方言的音韵特点。

参考书目

R. L. 特拉斯克 2000 《语音学和音系学词典》,语文出版社。
丁声树撰文、李荣制表 1984 《汉语音韵讲义》,上海教育出版社。
黄典诚 1993 《汉语语音史》,安徽教育出版社。
李荣 1982 《音韵存稿》,商务印书馆。
罗常培 1956 《汉语音韵学导论》,中华书局。
王力 2008 《汉语语音史》,商务印书馆。
吴宗济、赵新那编 2002 《赵元任语言学论文集》,商务印书馆。
中国社会科学院语言研究所 1981 《方音调查字表》,商务印书馆。

第四章　方言字音调查

一　声韵调例字的调查

如上文所述,汉语的音节是与单字音重合的,汉语方言的记音总是从单字音的记录开始。单字音是由声韵调组成的,记一个单字的音就得听清楚它的声韵调。初学者记单字音都要经过听辨声类、韵类和调类三个关。声韵调之中调类最少(汉语方言中最少 2 个调,最多 13 个调),韵类最多(最少 20 来个,最多 80 个以上),《方言调查字表》从听辨声调开始是有道理的。

1. 声调的听辨与调类的归纳和定名

现代方言的声调和古四声和古清浊有明显的对应关系,因此,调查声调的例字就要根据四声清浊去找。为了集中精力听辨声调,最好找声母和韵母相同或相近、相应的字;为了让发音人容易想起来的,并且不受多音连读的干扰,最好找能单说的常用单音词做例字。除《方言调查字表》所列例字外,以下例字也可供选择:

诗	时	使	是	试	事	失	石
衣	移	椅	以	意	异	益	翼
东	同	董	动	冻	洞	督	毒
坚	乾	茧	俭	见	健	结	杰
赊	斜	写	社	泻	射	设	舌
兵	平	饼	並	併合并	病	北百	白

听辨声调可以分几步走。首先,看分成几类,上表每横行八个字中有没有

同音或同调的字。如北京话，诗＝失，时＝石，是＝试＝事，加上使，是四个调；绍兴、潮州话的“动、洞”都不同调，是八个调；到了记广州音，就会发现“北—百—白”三者不同调，是九个声调。第二步是分别调形：看某个声调属于平调、升调、降调或者是曲调。用五度标调法表示，各种调形如：

平调：11，22，33，44，55

升调：12,13,14 ,15,23,24,25,34,35,45

降调：21,31,41,51,32,42,52,43,53,54

曲调（包括6个小类，以下只举常见的）

　降升:212,213,214,313,312,323,324,412,535

　升降:121,231,242,241,353,352,453,452

　平升:112,223,224,334,335,445

　平降:554,553,443,442,332,331,221

　升平:122,133,233,244,344,355,455

　降平:544,533,433,422,322,311,211

促调（包括两类）

　短促:1,2,3,4,5；

　长促:23,32,43,34,54,45（通常下加短横）

听辨调值需要有灵敏的耳朵。五度标调法所标的音高比乐谱上的七个音阶的精密度差一些。有人曾提出增加密度的主张。事实上语音音高的幅度和音乐的音阶还是有区别的，五度标调法是足够了。具体调值的起点或终点可能不在五度的点上，如果是三位数的曲折调，起点、拐点和终点就更有可能游移于五度之间。宁波话有七个调，四个不同学者记出来的调值不尽相同：

记音人	阴平	阳平	阴上	阴去	阳去	阴入	阳入
1	51	255	355	223	44	ʔ55	ʔ23
2	42	213	424	55	313	4	2
3	53	22	34	44	13	5	12
4	53	24	35	44	213	ʔ55	ʔ12

现在有计算调值的软件可用，只要选字合理，录音精准，做出比较科学的结论应该不难。不过，声调的实验最好不要只凭一个人的音，而应该多几个采样，取其平均值。其实，调值是为了区别调类的，只要调类不乱，数值有点差异也不是大问题。为了更加接近事实，记下调值之后，可就具体的起点和终点做适当的描写。例如有 34 和 35 之别，就可能终点就在 4、5 之间，或近于 4，或近于 5；有 213、313 的不同记法，就可能是起点在 2、3 之间。

汉语声调的性质是：音节之内，有区别意义作用的相对音高和音长的形式。音高和音长二者，音高是主要的；音高在一定长度中如有变动，只能像连续的弦音滑动。

古人早就知道，“四声”是可以别义的，这就是“音位”的观念；用“宫商角徵羽”来比况声调的音高滑动，与现在的“五度标调法”可谓一脉相承，丝丝入扣；关于四声的调值的描写，先有唐代的“平声哀而安，上声厉而举，去声清而远，入声直而促”（处忠《元和韵谱》）；后有明代的“平声平道莫低昂，上声高呼猛烈强，去声分明哀远道，入声短促急收藏”（真空《玉钥匙歌诀》），虽然不够精密，却也是值得参考的刻画。

几种调型的确定有时很难一步到位，通常要先确定有几种不同的调型（平、升、降、曲、促各有几个），然后比较各调的起始点，选定最高点和最低点，最后才能确定各调的具体调值。例如北京话的四声中，阴平（平）、阳平（升）、去声（降）都含有最高点，上声（降升）和去声含有最低点，于是定为 55、35、214、51 四种调值。又如广州话的声调中，阴平 55、53，阳平 21，阴上 35，阳上 23，阴去 33（无塞尾），阳去 22，上阴入 5，下阴入 33（有塞尾），阳入 22、2，也是逐一做了比较而厘定的。听广州人说话，他们的 22、33、55 和 21 说得那么熟练，而且从来不乱，真是妙语天成。学说广州话是训练声调调查的最佳课堂。

至此，所调查的方言有几种声调，调值如何是清楚了，怎样为各调确定调类的名称，这是声调调查的最后一关。确定调类名称主要要依据古音四声的来源，所以应该按照《方言调查字表》上的例字去推定。先看表 4.1“声调调查例字表”：

表 4.1　声调调查例字表（据《方言调查字表》首页）

诗	梯	方—房	高	猪	专	尊	低	边		安
时	题	天—田	开	抽	初	粗	天	偏		
使矢	体	初—锄	婚		伤	三		飞		
是士	弟	昏—魂	穷	陈	床	才	唐	平		
试世	替	胸—雄	寒		神	徐		扶		
事侍	第		鹅	娘	人	龙	难	麻	文	云
识	滴	碗—晚	古	展	纸	走	短	比		碗
石食	笛	委—尾	口	丑	楚	草	体	普		
		隐—引	好		手	死		粉		
		比:米	五	女	染	老	暖	买	网	有
		九:有	近	柱	是	坐	淡	抱		
		卷:远	厚		社	似		父		
			盖	帐	正	醉	对	变		爱
		付—妇—附	抗		唱	菜		怕		
		到—稻—盗	汉		世	送		放		
衣	移	四—似—寺	共	阵	助	贱	大	病		
椅	以	试—市—示	害		树	谢		饭		
意	异	注—柱—住	岸		让	漏	怒	帽	望	用
一	逸	见—件—健	急	竹	织	积	得	笔		一
		救—舅—旧	曲		出	七	秃	匹		
		汉—旱—汗	黑		湿	锡		福		
		八—拔	割	桌	窄	接	搭	百		约
		发—罚	缺		尺	切	铁	拍		
灯	棉	督—毒	歇		说	削		发		
等	免	桌—浊	月		入	六	纳	麦	袜	药
凳	面	失—实	局	宅	食	杂	读	白		
得	灭	湿—十	合		舌	俗		服		

左边一栏是按照古声母清浊排列的平上去入的例字。平声按清浊分阴阳是全国多数方言的常例，清上和次浊上合流也很少例外；清浊去声和浊上合为今去声是大多数官话方言的状况，古入声字按清浊分为阴入和阳入则是多数保留入声的南方方言的共同特点。

右边一栏列了更多的例字，是为了提供确定调类名称的依据。古四声按清浊分为阴阳调之后，又发生了哪些归并，从这里可以看出个大概。去声的六行读为同调（不分阴阳）的方言不少，除了官话之外，客赣方言多见。就大方言说，官话方言多数是阴阳上去四声，只有三个声调的见于西北和冀鲁一带，或平声分阴阳、上去合并（如沧州、青岛、银川）；或平声不分阴阳，上去分调（如侯马、吐鲁番、滦县）。西南官话大多是阴阳上去四声，古入声归阳平。江淮官话大多数和部分晋语（如包头、交城）是阴阳上去入五个调，晋语若是四个调则多是上声归阴平（如忻州、代县）。湘语较多是六个调，平、去分阴阳，上入不分阴阳（如长沙、岳阳）。赣语七个调的较多，浊上归去（如南昌、修水），少的只有五个（如宜春、景德镇），多的达八、九、十个（如都昌、永修），有些是全清次清分调的。客家话也多为六调，上、去不分阴阳（如梅州、上杭），闽西赣南也有五个调的（如长汀、赣州）。吴语、闽语大多是七、八个调（七调则“浊上归去”）。粤语多在八个以上（入声再分长短）。

为调类定名时，若是清浊不分，直称平上去入最好办，“浊上归去”是字少的小类并入字多的大类，而且由来已久，所以称为去声。“入派三声”也是中古以来的发展趋势，也比较好办，总是取消入声调，归入哪调是哪调。但要注意声母清浊不同的字有没有不同的走向。平声历来字多势大，哪怕是只有两个声调，也少不了它。因此，凡上、去声字与平声交混的都可以用平声命名，如保德、绥德的晋语清上归阴平，上犹、大余的客话清去归阴平，敦煌浊去归阴平，掖县（今改作莱州市）清去和阴阳平合一，海宁吴语浊去归阳平。反向的情况很少，威海、乳山的浊平归入去声，可能因为去声为大类，浊平是小类。总之，就古四声的演变趋势而言，平上去入是前者依次吞并后者：上去归为平，入声派入三声。也可以说：按入、去、上、平做回归式的演变。

此外，有的方言是四声分阴阳后再分为两调的，可加用甲乙来区分，例如闽语建阳话浊平字分为阳平甲、阳平乙两类。有的方言上去声合流按清浊分为两类，可以称为“清上去、浊上去”比较合理，如闽南的九峰、秀篆客话。有的方言点把三个小类的字归为一调，可参考周边方言的情况定名，如新派上海话浊音声母的平、上、去都合成一类，可定为阳平（理解为仄混入平）；闽西长汀客家话浊音声母的上、去、入也混为一类，可定为阳去（浊上部分归阴平，其余归阳去，入声已脱落塞音韵尾，也归阳去）。《汉语声调论》（刘俐李，2004）附录二有 1186 个方言点的《汉语方言声调总表》，都是经过专家们调查时琢磨过的，可供参考。

为方言调类定名可参考以下歌诀：

为方言调类定名称

中古四声分阴阳　阴清阳浊是总纲

次浊上声随清母　全浊归去已久长

送气分调多涉赣　入声除塞道康庄

管字较多定调类　四声逆转是返航

确定了调类系统之后，排列声调表时不论和古音对应整齐与否，最好按古音类多列一些口语常用的例字。例如：

浙江龙游吴语的八个单字调（曹志耘等，2000）是古四声各分阴阳相当整齐的典型：

阴平	434	东天山西新秧	阳平	21	皮田房名南来
阴上	45	等九口水火影	阳上	213	稻动棒买岭有
阴去	52	对菜盖四送暗	阳去	231	步洞害面路硬
阴入	5	八铁脚拆出一	阳入	23	白独局六月药

湘西古丈瓦乡话五个单字调（伍云姬等，2010）则是分化比较复杂的另一种典型：

高平调	55	阴平	天开多猪甘，毛聋麻鱼油，侄白凿贼十
低升调	13	阳平	长平田台渠，来梨盐羊园，舌活食
中升调	25	上声	水手少口等，老五买雨履，是柱簟重件，背抱垫轿
中平调	33	去声	半笑去岁盖，卖望漏嫩右，病汗树地住，蒁淡罪
高降调	41	入声	百骨竹黑脚，日额麦肉六

此表例字逗号之后原来还用小字注有“清平、次浊平……”等古音类。这种对应复杂的方言列出这么详细的例字，不但充分地展示了各调类的不同来

源，也说明所定调名的依据。

苏南丹阳话文读音四声不分阴阳，白读分阴阳，独具特色，各调归字有的也不整齐，有自己的特点（吕叔湘，1993，第8页）：

四声	调值（文）	（白）	例字
阴平	33	33	包分东天新高花毛南凉人鱼
阳平	33	24	皮房田前茶床船求河黄王羊
阴上	55	55	宝粉董土走小手九口好有五
阳上	55	24	马米晚女暖老冷软我眼引也
阴去	24	24	报到灶四告化抱稻坐是近混
阳去	24	11	慢烂硬夜病大笨待在跪夏限
阴入	4	3	北福搭秃七捉尺说来刻黑一
阳入	4	4	麦禄肉月药薄服读食十局学

2. 声母的听辨和声类系统的归纳

《方言调查字表》的声母例字表用"—"隔开的是提醒记音的人注意看看前后字有没有不同的发音。例如：布—步是否 p—b，飞—灰是否 f—h，女—吕是否 n—l，修—休是否 s—ɕ，糟—招—焦有无 ts—tʂ—tɕ 之别，记音时这些地方都应该仔细听辨。同音和不同音都应该标出记号（等号＝和不等号≠）。另一个重要的事是随手记下所听的辅音的特点，包括发音部位和发音方法方面与众不同的地方。同一个发音部位，不同方言有可能接触面不同，例如 ts、ts^h、s，有的舌尖抵住上齿背、有的在下齿背；tʂ、$tʂ^h$、ʂ，舌尖翘起接触上腭也有前有后；舌叶音 tʃ、$tʃ^h$、ʃ 舌叶的状况和与上腭接触的情况更是变化多端；清擦音在 x 与 h 之间游移的空间也很大；送气音有的方言很强，有的较弱。诸如此类发音特点都需要做出详细的描写。以下举些名家关于语音描写的例子：

对于汉语特有的送气音，高本汉（1995）是这样描写的："p‘，不带音双唇强 p 的送气音……照严式音标的办法是分别[h]跟[‘]的。h 是喉部摩擦音，声带有点靠近，使人听见轻微的摩擦而听不见乐音。[‘]算是送气音的一种特别发音作用,例如 p‘,声带是完全大开着的;所以,[‘]随着塞音除阻之后只有气吐出来并没有什么摩擦。”(第 173 页)关于汉语的塞擦音,他说:“是一个单独发音作用所产生的结果,而不是两个连续的发音作用所生的结果……一个半塞音的发音作用,持阻时是塞的,除阻时是摩擦的,都是所有这两个音都是在同一器官同一地点所弄出来的结果。”(第 159 页)关于 pf,他说:“是一个清齿唇塞擦音,p 的发音很轻,其实,用 p 代表齿唇的塞音是大不准确的,不过这个错误并不重要。这个塞擦音在西安可以当作声母,例如‘猪’西安 pfu。”(第 174 页)

关于吴语的浊音,赵元任说:“在大多数地方这些字都用一个带音的气流就是[ɦ]音。假如是个破裂音,那音的本身并不带音,换言之,当它闭而未破的时候,声带并不颤动,等开的时候,接着就是一个带音的 h,就是[ɦ],因此听起来觉得像很‘浊’似的。”(赵元任,1956,第 27 页)

罗常培(1956,第 6 页)关于厦门话的 l 声母的说明也很精彩:“[l]是舌尖中带音的边音。但是舌头极软用力极松,两边所留的通气空隙很小,听起来并不像北平的[l]音那样清晰,几乎有接近[d]音的倾向,所以厦门人用‘老’字音注英文的 d 母。”

关于吴语的紧喉音,王福堂(2008)这样描写他的母语绍兴话:“声母发音时具有喉头作用。阴调字零声母和边鼻音声母前带有一个相当明显的喉头闭塞 ʔ。”郑张尚芳(2008,第 90 页)描写家乡(温州)话时说:“响音各母分两套声母,读阴调时是[ʔm ʔn ʔȵ ʔŋ ʔl],读阳调时是[mɦ nɦ ȵɦ ŋɦ lɦ]。”对于这类方言声母的特殊读音要及时记录下来,最初的印象很新鲜,过后再回忆记录就可能不准确。与此同类的紧喉音,在海南闽语有 ʔb、ʔd 两个声母,曾有人称之为“吸气音”,其实并没有把气往里吸,只是因为喉头紧张和声带颤动,没有气流从口腔出来而已。我曾用薄纸放在口腔外观察过,既不向外吹,也没往里飘。

声母系统确定之后就要整理声母表。声母表必须按照发音部位和发音方法排列,最好多列一些例字,把方言声母和古音的主要对应都展示其中。下面再举两个方言为例:

闽语将乐话声母表(李如龙,2001,第 324 页):

p 包边八风	p^h 破薄蜂饭	m 磨满麦尾	f 方房花红	v 往未亡黄
t 刀点灯答	t^h 吞潭抽虫	l 南纳林流		
ts 酒枣井接	ts^h 刺慈草蚕		s 三西雪苏	
tʃ 纸真汁展	$tʃ^h$ 出春深鼠		ʃ 书是篮笠	
k 柑角鸡芥	k^h 溪确茄共	ŋ 鹅雁牛人	x 好瞎鞋闲	ø 鸭儿羊有

广东乐昌长来土话声母表(张双庆等,2000):

p 播婆步袍盘	p^h 破怕部被棒	m 麻墓冒门目	f 火府虎枯户
		v 无碗温鸭	
t 多大逃图住	t^h 拖挑替谈痛	l 罗奴炉暖鹿	
ts 左租绝进集	ts^h 蔡邪池贱座	z 移姨油以异	s 锁写洗自雪
tʃ 渣主柱罩照	$tʃ^h$ 抽茶除赵轴	j 爷雨要又员	ʃ 沙蛇瘦书深
k 歌家举穷脚	k^h 可去群近局	ŋ 鹅艺二人耳	h 下休喉贤坑
ʔ 应$_{\sim 当}$应$_{\sim 对}$		ø 禾哑爱屋	

3. 韵母的听辨和韵类系统的归纳

记韵母例字时同样要注意用区别号"—"相连的字音,注意听这些字是否同音。例如,"资—支—知",上海话韵母都是[ɿ],广州话都是[i],福州话则分属[y、ie、i]三种韵母;又如"心—新—星",苏州话韵母都是[sin],广州话分读为[sɐm、sɐn、seŋ];"落—鹿—绿"苏州话都是[loʔ],福州话分读[lɔʔ、luʔ、luoʔ]。

汉语的韵母结构很复杂,有韵头、韵腹和韵尾,开始听音时可以请发音人说得慢一些,把音节读得长一点;自己模仿发音时注意韵头韵腹和韵尾都到位,让发音人辨别是否模仿得像,或者分别发两个不同的音让发音人选择一个正确的。例如福州话"铁—踢"读为 t^hieʔ—t^heiʔ,前者比较容易辨别,后者的韵母是 eiʔ 还是 eʔ,就不容易判断,只好发两个音让发音人选择和检验。

韵母中包括所有的元音和一些辅音,组合之后互相牵制,就会产生各种变化，例如 iau 韵的韵腹就可能有种种变化：[iæu、iɛu、iɐu、iɑu、iʌu]，再加上韵头韵尾弱化为[ɪ、e、ʊ、o]，花样就更多了。

韵母的结构，尤其是其中的音的强弱、长短，在不同的方言里常常有不同的表征（就是通常说的“风格”）。例如，就 i 作为韵头和韵尾说，吴语是强韵头、弱韵尾（上海“天台”读为[tʰi　de]），闽语是弱韵头、强韵尾（莆田话“天台”tʰɛŋ lai），粤语是韵头韵尾皆强（广州“天台”[tʰin tʰɔi]）。就鼻音和塞音韵尾说，吴语是弱鼻尾、塞尾也不强，例如“半角”，上海话读为[pø kɔʔ]、温州话读为[pø ko]。闽语是强塞尾、鼻尾也不弱（厦门话[puã kak]），粤语是鼻尾塞尾皆强（广州话“半角”[pun kok]）。

在韵母中各地方言还有不少怪异的组合，记音时如果发现，就要及时地记录并加以描写。例如，许多浊辅音都可以单独做韵母（l、v、z、m、n、ŋ），有的鼻音韵还可以带塞音韵尾（厦门话[sŋʔ]$_{倒吸气}$、[hãũʔ]$_{干涸后脱皮}$），个别清辅音的组合也可以自成音节（江西石城话“食”口语可说[st]），舌面音也有直接拼低元音的（温州有 tɕ、tɕʰ、dʑ、ȵ、ɕ 与 a 韵的组合：脚、雀、着、鸟、晓），福州话有元音韵尾和塞音韵尾并存的（“八”[paiʔ]），也有元音韵尾和鼻音韵尾共现的（“办”[paiŋ]）。此外，还有中塞音，也就是塞音出现在音节中间，把声调分隔成两段，比如余干赣语“别”[pʰiet^{21}-n^{1}]、“雀”[tɕʰiɔk^{21}-ŋ^{5}]，韶关大村土话“窟”[fʉ^{2}ʔʉ^{23}]、“穴”[hɵ^{4}ʔɵ^{45}]。

《字表》所列例字只有 81 个，显然太少，尤其是用来调查南方方言，就很难把韵母都记全。闽语粤语有的点韵母就有八九十个。本书附录一附有另编的包括更多例字的调查表。

记完韵母例字，就可以列出韵母表。列表时同样要按照韵头、韵腹和韵尾的顺序排列，体现方言韵母的系统性，例字也应该反映与古音类的主要对应。再列两种整理得较好的方言韵母表供参考：

例一：温州话韵母表（北京大学中国语言文学系语言学教研室，2003，第 20 页）

ɿ 资事鸡吃	i 衣千切匹	u 普河火谷	y 女全干术
a 妈反闲获	ia 丫晓脚药	ua 挽挖	
ɛ 行杏鹦亨	iɛ 标生略	uɛ 誉	
e 开来赛黑			
ə 刀保浮剖			
ø 半暖寸突			
		uɔ 包咬光浪	yɔ 恭窗种用
o 马沙化昨			yo 足曲浴
ai 杯灰北十	iai 吃吸翼	uai 威	
ei 比体谢力			
au 斗口牛	iau 扭久优		
əu 拖罗初毒	iəu 就周竹		
øy 布磨类鱼			
aŋ 枕本灯含	iaŋ 琴巾宁兴	uaŋ 温	
eŋ 兵丁星程			
oŋ 东风送翁			yoŋ 兄中宠顺
m 姆	ŋ 儿吴鹅		

例二：湘南东安土话韵母表（鲍厚星，1998，第 11—14 页）

ɿ 之十刺做	i 比未得入	u 布饱货喝	y 主水旅举
a 霸匣来蛮	ia 加柴爹插	ua 要怪关啄	ya 瘸豺撮栓
o 波马白冷	io 遮清爷踢		
e 儿去半北	ie 标边灭直	ue 汗短活国	ye 全砖县雪
ai 摆米低铁色		uai 筷洒喘帅	
ei 杯灰桃保		uei 堆雷盖开	
au 帽胶头牛	iau 飘小招扰		
əu 邹茂读兔	iəu 流周猪竹		
	iu 脚药弱雀		
an 甘蛋限		uan 观款创玩	
ən 闷吞俊衡	in 今兵神虫	uən 困混魂昆	yn 军准永营
aŋ 帮硬葱粉	iaŋ 良商张掌	uaŋ 广王仓嗓	

		uŋ 风糖寸人	yŋ 弓雄均顺
	iē 电展钳严		yē 铅川远玄
	iũ 枪唱秧装		
m 鹅磨梧饿	ŋ 五伍他		

二　单字记音与审核

汉字有双重身份，它是一个音节，又是一个语素。作为音节，它在整个语音系统中都有一个位置，这就是它的“音韵地位”；作为一个语素，它在整个词汇系统中也有一个位置，这就是它的“意义网络”。每一个字的音韵地位和意义网络就是它在语言系统中的坐标。记录汉语方言的单字要随时检验这两个坐标，才能防止差错，保证质量。

1. 在语音系统中记音

汉字是从古代走来的，绝大多数汉字在反映中古音的《广韵》音系中都有它的音韵地位。现代通语和各地方言都和中古音系有一定的传承和对应关系，因此，我们可以用《方言调查字表》（以下简称《字表》）去调查方言，不必在调查了数百数千条词汇之后再去归纳声韵调系统。但是在记录字音的时候，我们不能就字论字、听到什么音就记什么音，而应该随时在字音系统中检验字音和它所属的音韵地位是否相对应。

每一个字音都属于三个系统：古音的系统、现代通语（普通话）的系统、方言的系统。记音的时候要逐字理解这三种音的关系。例如第一页果摄开口一等歌韵的平声字，中古音都是[ɒ]，在普通话，“多拖驼挪罗搓”读⌊uo⌋，“歌鹅河”读[ə]，如果记的是西南官话，大多也读[o]，记的若是客家话的音读[ɔ]，和中古音都相近、和普通话不同；如果记的是吴语的音，许多地方读[u]或[əu]，和二者都不同，但都存在对应。

又如《字表》第 40 页山摄开口一等寒韵，古音和普通话都是[ɒn]，逢“单摊弹难兰”上海读[ɛ]、广州读[an];逢“干肝刊寒安”上海读[ø],广州读[ɔn]。两处方言都按“舌齿音”和“牙喉音”一分为二,吴语鼻音脱落了,粤语保留-n 尾。在入声曷韵,古音应该都是[ɒt],在普通话“达辣擦”读[a],“割渴喝”读[ə],在广州话读为[at-ɔt],在上海话都读[aʔ]。

这样记完了《字表》的音,如果逐韵随手把古音、方音和普通话的音的主要对应都记录下来,就能对古今语音的演变有了初步的理解,对于方言语音也就有了立体化的了解。

在古今音的对应中,除了以上的“基本对应”和“条件对应”之外,还有“个别对应”,例如歌韵的“大那他”普通话读为[a],厦门话的“拖、大、箩、可”白读为[ua],这是保存了更早(汉代)的读音的结果,可以用来理解更多的语音史的事实。

记单字音的时候,应该把记声韵调例字时整理过的声韵调表做成小卡片,摆在案头,将记下的方言音和它“对号入座”,不但可以防止随听感记音、脱离已定的声韵调,也可以用来核对所整理的声韵调表有没有差错。如果有明显的出入,就要考虑是所定的声韵调表有问题或是记音有误。可见,只能在语音系统中记音,不能不顾系统跑野马。

2. 在语言系统中记音

所谓“在语言系统中记音”,就是要把字作为语素或者作为单音词来问,看看在“意义网络”中的表现。还以歌韵字为例,头一个字“多”在闽语,口语读[to]或[tɔ](多数、差不多),作为单音词去问,在闽语区,发音人就可能说是[sa^6](福州)或[$tsue^6$](厦门),声母明显不是端母的读法,声调也不是平声,而是去声,可见这个音不是“多”的音,而是另有来源,这就是“训读音”(同义字)。与此相类似的还有“他”的说法,闽语说[i](阴平调),吴语说[ɦi](阳平调),也是训读音,在闽语这个音的本字应该是“伊”,这是《世说新语》的第三人称的一般说法;在吴语这个音是“其”,是上古的说法。要问“他”的音,只能用“其他、他人”去问。又如“饿”在厦门话用作动词说[go^6];用作形容词则说[iau^1],也是训读，另有本字“枵”，是“空虚”的意思。

还以歌韵字为例，“大”在“大家、大学”这些词里，上海话说[da^6]，福州话、厦门话说[tai^6]，这是书面语的读音，称为“文读音”；在“大的、好大”的口语中，上海话说[dou^6]，福州话说[$tuai^6$]，厦门话说[tua^6]，这是口语的说法，称为“白读音”，这就是通常所说的“文白异读”。一个字有文白读，许多方言都很常见，有的还不止两个音，在福州话中，“拖”文读[t^ho^1]，白读有两个：[t^hua^1]（拖延）、[t^hai^1]（拉车）。记单字音的时候，都要尽量把不同的音问出来、记下来。除了文白读，还有别义异读，例如“得到，得走了”“目的，我的”这类异读在不同方言中也常有不同的表现。

可见，在语言系统中记音，把单字放在语词里问，才能符合语义网络的要求，才能问出文白对应和别义异读并且排除“训读”，不能就字问字。

经过音韵地位的考察和语义网络的考察，这就是字音的审核。只有严格的审核，才能保证字音的高质量。关于字音的审核，以下再做些补充。

3. 字音的审核

汉语方言的调查只要用少数字便可以整理出语音系统，相当简便，大多数字音存在古今南北的对应，便于理解方言语音的特点，这是用《字表》调查方言的便利之处。然而字音作为语素也给语音的调查带来不少困难。

字音作为语素，就使字音的调查等同于词汇的调查。单字在方言中由于用作不同的语素，常常有不同的读音。在普通话里，常用的多音字大约有十分之一，在方言中更多，如闽南方言，单是有文白异读的字就有半数以上。调查单字音时，应该尽量把字的不同读音都问出来。

多音字中最重要的是有文白异读的字。上文讲歌韵字记音时已经举了一些例子，因为重要，这里再做一些说明。同一个字，用在书面语的读音称为文读，用在口语词的音是白读。北京话薄（弱）读[po]，薄（纸）读[pau]，（剥）削读[ɕye]，削（皮）读[ɕiau]。这种文白读常常是成对应的，例如与“薄削”同为“铎|药”韵的“落凿着|嚼约虐”也[uo-au]或[ye-iau]的对应；有些字有文无白

(如“博莫泊”只有[o],“酌绰若作索洛”只有[uo],“略爵却跃”只有[ye]),有的字有白无文(如“勺焯郝”只有[au],“药脚”只有[iau])。这种文白对应反映了语音演变的不同历史过程,是研究语音史中的“历史层次”的好材料。

方言里的白读音通常是方言固有的音,文读音则是比较接近古今通语的读音。例如山西平遥晋语:

盆	盆地[p^{h}əŋ],盆子[pəŋ]	头	带头[t^{h}əu],头发[təu]
想	思想[ɕiaŋ],想要[ɕyə]	生	学生[səŋ],生日[ʂʅE]
髓	精髓[suei],骨髓[ɕy]	柜	衣柜[kuei],柜柜[tɕy]
躲	躲避[tuə],躲开[tuei]	过	过关[kuə],过日[kuei]

又如福建泉州闽语:

富	富贵[hu],真富[pu]	芳	芬芳[hɔŋ],真芳[p^{h}aŋ]
天	天平[t^{h}ian],寒天[t^{h}ĩ]	青	青年[ts^{h}iŋ],青色[ts^{h}ĩ]
马	马上[mã],白马[be]	家	专家[ka],家里[ke]
流	上流[liu],流去[lau]	九	九归[kiu],第九[kau]

文白异读在汉语方言中是一个复杂的现象。所谓“异”,是从字音来说的,放在词里,读文或读白往往不能任意改变。北京话“疟疾”只能说[nye],“发疟子”只能说[iau]。所谓“文白”也未必都分别用在书面语和口头语,书面语也用白读、口语也用文读。泉州话文读音“分数[hun^1 sɔ^5]、数目[sɔ^5 bɔk^8]”也已经进入口语,和白读音构成的方言词[pun^1 siau^5](分开账目)和[siau^5 bak^8](账目)并行并用,本地人是完全可以分清的。对于晋语和闽语这类方言,文白异读很值得作专门的研究。

除了文白异读,还有别义异读。别义异读就是因音别义,这种现象古来就有,但是古今之间、方言与通语之间不一定都相同。《广韵》“过”有“古禾切”一读,注:“经也,过所也”,这个单音词有些江淮官话还可以单说,读为阴平调的[kuo],走过头了,瓜果熟过头了都这么说。北京话似乎就没有保留这样的单说,只说“过逾”[kuo^1 yu^0](过分)。在泉州话,这个反切读为[kua^1],也用作单音词,表示“顺路停脚”和“瓜菜过时”。又如“长”,《广韵》有去声的直亮切,注“多也”,今闽语还用作动词“剩余”,如福州话说“有长”[u⁶ tuɔŋ⁶](有剩余),保留这个异读的方言可能不太多。

除此之外,方言的异读还有借用外地口音的异读,新老两代人之间的异读,有的还是明显的误读。不过,这些都比较少见,是深入调查后才会发现的。

三 语音系统的确定和音位系统的分析

记完字音,并不是单字记音的结束,而只是确定语音系统的开始。记单字音的时候,只有一个尚待确定的声韵调表,这个声韵调表在记单字音的时候是要被检验、被修改的,到了单字音记完了,就可以着手制作同音字表。

1. 整理同音字表

同音字表就是把全部记过的字音,逐个地过录到表上。现在已经有设计好的软件,只要把字音都过录到预先设计好的数据库,计算机就可以自动把所有的字音制成同音字表,再用另一个预设的软件,还可以从这份同音字表的初稿中把误记、误登的、重复的字音选出来,以供修改。不过,如果用手工把记好的字音登进同音字表,登的过程就能发现问题,包括原来所定的声韵调表的差误和记音时的笔误或听音时的失误都能发现。一般说来,登好同音字表后,还得请发音人再从头到尾读一遍,检验每一个声韵调组合中有没有误登不同音的字。只有记音人和发音人合作检查过的同音字表,才是过硬的材料。

同音字表就是把同韵的字音登在一张表上,横目是调、有几个声调就隔成几格,竖行是声、有几个声母也隔成几格。摆在同一个格子里的都是同音字(就像《方言调查字表》一样,每一格的字都是《广韵》系统的同音字),每个小格中有个不同音的字,一读就能发现。因此,同音字表是方言语音系统的“全身镜”,是字音最全面、最准确的展示,也是检验方言调查成果的最重要依据。

下页表 4.2 是摘自《汉语方言调查手册》(李荣,1957,第 55 页)北京话同音字表[i]韵的样张。

表 4.2　北京话[i]韵同音字表

	i			
	阴平　55	阳平　35	上声　214	去声　51
p	㊀逼	㊀鼻	彼俾鄙比㊀笔	蔽敝弊币毙闭箅火炉~子陛~下裨~益婢臂避鄙庇痹麻~篦㊀毕必弼愎碧璧壁
p^h	批披丕坯$_2$㊀匹劈霹	皮疲脾琵~琶枇~杷	痞㊀劈~柴癖	譬屁㊀僻闢
m		迷谜糜瓕	米靡	祕泌㊀密蜜觅
t	低堤提~溜㊀滴	㊀的~确笛敌狄籴嫡覿	底抵牴用角~	帝第递弟悌蒂地㊀的目~
t^h	梯㊀踢剔	堤题提啼蹄	体	替涕剃嚏
n		泥倪尼呢	你拟	腻㊀暱匿逆溺~死
l		犁黎离籬璃麗高~梨蠡狸	禮李里裏理鯉	例厲勵麗美~隸荔~枝利痢吏㊀立粒栗力曆瀝瘰~
tɕ	丨雞稽羈几飢~餓肌基姬幾~乎機譏饑~荒㊀积迹绩丨激擊屐木~屐	㊀集輯即疾脊籍藉狼~寂$_2$丨急級及吉棘极	挤丨己紀$_2$幾~个㊀脊丨給供~戟	祭际穄济薺丨計繼繫~鞋帶寄技妓冀記紀$_1$既忌季㊀鲫寂$_1$
$tɕ^h$	妻凄悽沏丨溪$_2$欺㊀緝~边七漆戚	齐臍丨奇騎岐祁耆鰭其棋期時~旗麒祈畦	丨启企起杞岂㊀丨乞	砌丨契~約器棄气汽㊀緝~拿丨泣訖迄
ɕ	西犀丨溪$_1$奚兮犧嘻嬉熙希稀㊀悉膝析淅息熄惜夕丨吸	㊀习襲媳昔席錫	洗璽徙丨喜	細丨系係繫連~戏入丨隙
O	伊医衣依㊀揖一	儀移夷姨胰懿疑怡貽沂~河遺宜	蟻倚椅矣已以㊀乙	艺囈刈詣縊瞖目~誼义議易难~懿肆异意毅㊀邑逸忆亿抑弋翼益溢亦譯易交~疫役

通过方言同音字表不但可以看到这个方言中哪些字同音，还可以看到各个声韵调的组合中，哪些字多、哪些字少。南方有些方言[m、n、ŋ]单独做韵母

都只有一个字。不仅如此，如果你古音系统熟悉，还可以看到，那些字都是从古代的什么音类来的，如上页的北京话[i]韵字中，小圆圈里标有“入”字后面的字就是来自古代的入声字。可见，同音字表还是研究方言与古汉语的演变关系的好材料，也是研究语音史最有用的方言实证材料。同音字表是方言学和音韵学可以共享的宝贵成果。

记完单字音所制作的同音字表，可以肯定地说是不齐全的，因为调查的字有限，《字表》全记了也只有三千多字，一字多音在记单字音时也很难做到不遗漏。等到记完词汇和长篇语料之后，还会有新的字音可以补充进同音字表，方言词中的俗字、训读音，有音无字的方言词，都应该补充进去。对于这些从词汇记录中补充进来的“字音”，还必须加注说明是文读音、白读音、训读音或是俗字、同音字、代用的符号字。

2. 制作单字音表

同音字表制作好了，就可以回过头来制作“单字音表”。单字音表就是声韵调组合的一览表，每一个音节只列一个字，也就是方言的音节表。在《广韵》，一个音节取一个代表字，就叫“小韵”。

下面表 4.3 是选自《汉语方言调查手册》第 39 页的北京话单字音表中[a、ia、ua]的样张。

表 4.3　北京话[a、ia、ua]单音字表

韵 / 调 / 声	a				ia				ua			
	阴	阳	上	去	阴	阳	上	去	阴	阳	上	去
	55	35	214	51	55	35	214	51	55	35	214	51
p	巴	拔	把	霸								
p^h	趴	爬		怕								
m	媽	麻	馬	罵								
f	发	乏	乏	法								
t	搭	達	打	大								
t^h	他		塔	踏								

（续表 4.3）

韵/调/声	a				ia				ua			
	阴	阳	上	去	阴	阳	上	去	阴	阳	上	去
	55	35	214	51	55	35	214	51	55	35	214	51
n		拿	哪	納								
l	拉	旯		辣			俩					
ts	咂	杂										
ts^h	擦											
s	仨		灑	薩								
tʂ	渣	閘	眨	詐					抓		爪	
$tʂ^h$	叉	茶	衩	詫					刷		耍	
ʂ	沙		傻	廈						挼		
ʐ												
tɕ					家	裌	假	架				
$tɕ^h$					掐		卡	恰				
ɕ					蝦	霞		夏				
k	旮		生						瓜		寡	掛
k^h			卡						夸		垮	跨
x	蝦	虾							花	华		化
ø					鴉	牙	雅	訝	蛙	娃	瓦	襪

从这个样张可以看出哪些声母和哪些韵母和声调有组合关系，哪些不能组合。如上面的样张所示，北京话 tɕ、$tɕ^h$、ɕ 只能拼齐齿呼（当然还有撮口呼）、不能拼开、合呼的；根据单字音表，也可以统计出这个方言里总共有多少个音节。不仅如此，从单字音表还可以看到，凡是左邻右舍字少的音节往往有特别的地方，例如“俩”是个合音字，“生、旮”（还有噶、尕）都是口语用字，不是文言传承的。可见，单字音表是同音字表的浓缩，它在说明方言声韵调组合规律上简明扼要，也有特定的用途。

3. 音位系统分析

有了同音字表和单字音表，便可以进行方言音位系统的分析。

音位是印欧语学者提出的辨别音素异同的系统性原则。一组语音相近的音素，如果彼此不能区别意义，没有对立关系，便是语音系统中的基本单位——音位，而那些音近而不别义的音素称为“音位变体”。不同的音位除了能区别意义、即有对立关系之外，常常还是在分布上是互补的，而且音位之间也形成了一个简单的系统。这就是赵元任所概括的归纳音位的三个基本条件：音值相似、分布互补、系统简单。他以此所下的音位的定义是：“一个语言里，凡是一个音群，其中各音的性质相似而成对补分配，又跟其他合乎以上条件的音群成为一个简单整齐的系统，这个系统就叫这个语言里的音位系统。”（赵元任，1980，第 33 页）例如北京话[p、pʰ、m]都拼阴平调的 a，“巴、趴、妈”是能区别意义的，三个声母都是不同的音位，但是“班、帮、编”[an、ɑŋ、iɛn]中的元音[a、ɑ、ɛ]可以随便读，不能区别意义，三者都属于同一个[a]音位；苏州话的[maʔ]（袜）和[mɑʔ]（麦）就是靠[a]和[ɑ]来区别意义的，是两个音位。在英语[p]、[pʰ]是不能区别意义的，所以是一个音位。又如，北京话[i-ɿ-ʅ]三者是互补的（出现在三组不同的声母之后），所以是一个音位；[ts、tsʰ、s]只拼开合呼，[tɕ、tɕʰ、ɕ]只拼齐撮呼，是互补的，上述[i-ɿ-ʅ]虽然也是互补的，但两组塞擦音和三个元音在中国人的感觉中并不相近，所以处理为两套不同的音位。

音位的归纳对于为语言制定拼音方案是很重要的，不同的音位应该设立不同的拼音字母；对于记录语音也很重要，相同的音位只要采用一个记音的符号就够了，用一个符号记录一个音位，这就叫“音位标音法”，通俗的说法是“宽式记音”，开始记音时尚未归纳音位，可以先用“严式记音法”，听到什么样的音位变体就记什么音。归纳音位系统之后，用宽式记音不但简便快捷，而且体例统一、系统清楚。只要归纳音位时把每个音位所包含的音位变体说清楚了，就不会妨碍记音材料的阅读和理解。音位的归纳和音位变体的分析，对于语言教学也很有用，学习一种语言时，先掌握较少的音位是必要的，才不会发生意义的混淆，但是要把每一个发音都学得精确就要掌握音位变体的各种读法。

关于普通话的音位系统，许多现代汉语的教科书已经有详细的说明，这里不再介绍。为方言归纳音位只要有已经做好的同音字表和单字音表，就可以根据各种音韵组合考察有哪些音位变体，哪些能区别意义，只要记音人和发音人认真讨论就可以定夺。

有了同音字表、单字音表和音位及音位变体的分析，就可以为方言语音系统做出科学的表述了。表述的内容包括：

① 该方言有哪些声母、韵母和声调。

② 各声韵调的组合规律如何，组成了多少个音节。

③ 构成音节的声韵调及其中的元音、辅音和调素可以归纳成多少个音位，每个音位有多少个变体。

这样的表述，就让人们明白了方言语音结构系统的基本特征。方言语音的调查就正是为了探明系统、了解特征的。

四 方言语音对应规律的整理

所谓方言语音的对应规律指的是方言音类和普通话及古音(《广韵》系统)的对应关系。整理方音、国音和古音三者之间的对应规律有以下的重要意义和实际用途。

① 从方言语音系统和古音的对应关系可以看出方言语音是怎样演变而来的，这是我们常说的古今语音对应。

② 从方音和普通话语音的对应关系可以看到二者的语音演变有什么不同的规律。

③ 明确了方音、古音和国音三者的关系就可以为方言做历史和现状的定位：哪些现象比中古音更古老、哪些是接近的、哪些是后来发生变异的？和普通话有哪些不同，差异的大小如何？

④ 从方音和古音和国音的对应，可以体会如何通过方音去推知古音的音类和掌握普通话的音类。前者有利于音韵学的学习，后者则可以指导普通话标准音的学习。

整理方言语音对应规律并不难，只要方言的同音字表做得准确、详尽，就可以做好。对应规律可以按照声母、韵母和声调分别整理，先列出对应字表，再观察对应的条件，分清对应的类型是“基本对应”“条件对应”或是个别的例外。基本对应是音类演变过程中的主流，大多数字音的对应变化；所谓条件对应往往是声韵调之间的相互作用：韵类的演变可因声组的不同而分道扬镳，如歌韵在北京音逢舌齿音读[uo]，逢牙喉音读为[ə]；声类的演变也会受韵类的制约，如见系声母逢二、三等韵腭化为[tɕ、tɕʰ、ɕ]；声调也会影响声母的变化，如全浊声母清化后逢平声读为送气音、逢仄声读为不送气清音。如果是用《字表》记的音，从记音的字表上就可以看清方言音类和古音音类的对应，至于普通话读音，如果还没掌握好也很容易查检。以下按声韵调各举一种方言为例列出一组音类的对应。

表 4.4　厦门话唇音声母与普通话及中古音的对应规律

方言	普通话	例字	中古音	对应条件
p	p	包布表变不‖拔病白	帮‖並$_{仄}$	基本对应
	pʰ	盘赔旁平	並$_{平}$	多数对应
	f	房肥腹缚‖痱	奉‖非	唇音，白读
	m	秘	帮	个别对应
pʰ	pʰ	破怕普潘匹‖皮评彭袍	滂‖並$_{平}$	基本对应
	p	伴稗抱	並$_{仄}$	方言白读
	p	标编波	帮	少数对应
b	m	米明帽卖慢母目麦密	明	基本对应
	ø	无味文物网袜万	微	基本对应
m̩	m	棉鳗满毛冒	明	方言鼻化

表 4.5　广州话部分韵母与普通话及中古音的对应规律

方言	普通话	例字	中古音	对应条件
an	an	难山反办丹‖凡范	寒山删元‖凡	基本对应
	ian	间简闲眼	山删	见系开口
	uan	万弯关还幻	山删	见系合口
ɐn	ən	根很恩分陈身人	痕魂文真	基本对应
	in	斤勤因亲宾民贫	欣真	帮组见系
	un	吞魂褪温昆滚困	痕魂	合口一等

（续表 4.5）

方言	普通话	例字	中古音	对应条件
	yn	训薰云军裙群运	文谆	合口三等
at	a	八杀达辣‖发法	黠鎋‖乏	二三等
	ia‖ua	压瞎‖刮滑	鎋黠	二等
ɐt	i‖ɿ	一七笔密乞膝‖失日室	质栉	三等
	u	物突窟忽弗	物没	合口
	a‖ua	拔‖伐罚筏	黠‖月	少数对应
	y‖o	屈郁橘‖佛	物术‖物	合口三等

表 4.6　长汀客家话声调与普通话及中古音的对应规律

方言	普通话	例字	中古音	对应条件
阴平 33	阴平 55	刚知专丁开初天飞	清平	基本对应
	上声|去声	买满岭软|被弟坐社	浊上	少数对应
阳平 24	阳平 35	娘鹅龙麻|穷寒时唐	浊平	基本对应
	阴|阳|上|去	一七|急得|百尺|各却	清入	基本对应
上声 31	上声 214	古展走纸|五女老手	清|次浊	基本对应
阴去 54	去声 51	盖正对变靠世送唱	清去	基本对应
阳去 21	去声 51	部跪善罪|共助大树	全浊上去	基本对应
	去声	漏望用料卖|热密药	次浊去|入	基本对应
	阳平	食白读合局杂服舌俗	全浊入	主要对应

思考与练习

1. 汉语声调的调类和调值之间是什么样的关系？为什么不依照调值用顺序号定调类？

2. 根据本章所列各个声母表、韵母表和声调表，说说这些方言在声类、韵类和调类上有哪些不同的特征。

3. 根据本书所列三种方言的声韵调对应规律，说说这些方言的声韵调和中古音及普通话有哪些不同的特点。

4. 记完《方言调查字表》的前 29 页（阴声韵），把你记录的方言的多音字抽出来做一番分析，并找出文白对应的规律。

参考书目

鲍厚星 1998 《东安土话研究》，湖南教育出版社。
北大中文系语言学教研室 2003 《汉语方音字汇》(第二版重排本)，语文出版社。
曹志耘等 2000 《吴语处衢方言研究》，(日本)好文出版。
高本汉 1995 《中国音韵学研究》，商务印书馆。
李荣 1957 《汉语方言调查手册》，科学出版社。
李如龙 2001 《福建省县市方言志》(12种)，福建教育出版社。
李如龙 2009 《汉语方言研究文集》，商务印书馆。
刘俐李 2004 《汉语声调论》，南京师范大学出版社。
罗常培 1956 《厦门音系》，科学出版社。
吕叔湘 1993 《丹阳方言语音编》，语文出版社。
王福堂 2010 《汉语方言论集》，商务印书馆。
伍云姬等 2010 《湘西古丈瓦乡话调查报告》，上海教育出版社。
袁家骅等 2001 《汉语方言概要》(第二版)，语文出版社。
张双庆等 2000 《乐昌土话研究》，厦门大学出版社。
赵元任 1956 《现代吴语研究》，商务印书馆。
赵元任 1980 《语言问题》，商务印书馆。
郑张尚芳 2008 《温州方言志》，中华书局。

第五章　连读音变的调查

现代汉语，包括通语和方言虽然都还是以单音词为核心，但是词汇的多数（或者说基础）已经是双音词，还有不少三音节的惯用语和四音节的成语。据《现代汉语频率词典》统计，三音节以上的词语不算，单音词是 3751 个，占 12%，双音词是 22941 个，占 73.6%，双音词是单音词的 6 倍。多音词在词汇系统中占了绝对优势之后，为了把多音的语素之间的意义关联得更加紧密，音节之间陆续就出现了一种“胶合”作用，这就是许多方言先后发生的各式各样的连音变读。连音变读通常也叫连读音变，它是双音词、多音词带来的变化，邻近的音相互影响而引起变读是形成音步、固化词义的需要。多音词语占了优势和随之而来的连读音变正是现代汉语和古代汉语的根本区别之一。

因此，字音的结构及其特征还不能完全反映方言语音的整体面貌，考察多音连读后所发生的语音变化，是现代汉语方言研究的新课题。在记录词汇之前必须先调查方言的连音变读，整理出方言中存在的音变规律。

各类连音变读是用改变字音中的某一部分，使多音节之间的结合更加紧密，形成浑然一体的新的语音段落，以固化语素之间的意义关联，有的音变还会引起词义的变动。各种音变包括变声、变韵、变调、轻声、儿化、小称、合音，不同的方言有不同的连音变读，可以变其中一项，也可以几项都变；有的变化刚刚发生，花样不多，有的已经成熟，规律很繁。以下分类举例说明已经发现的各类音变，以供调查新点时参考。

一　变调和轻声

连读音变中最常见的是变调和轻声。轻声也是一种变调。单说时读出的声调是本调，连读后变读的声调是变调，绝大多数轻声字也能单用、读出本调，所以轻声也是一种变调。但是跟变调相比,轻声造成了更多的词内元音辅音的变化和词义的变化。先说变调。

1. 变调

变调,最常见的是连读变调。连读变调首先表现在双音词,其他多音词语的变调通常也以双音词的变调规律为基础加以延伸或调整。

两个单音语素合成双音词,双音词的意义并不一定是两个语素的意义相加。小米不是小粒的米,白菜不是白色的菜,国家只指国不指家,东西指的是物件,与方位、方向都没关系。两个语素义合成词义,在语音上就形成了相适应的一个音步。从音节到音步,时间长了,音节之间就会失去原来的平衡。"富,贵,你要啥?""富贵你要么?""最近又富贵了?"说起话来,意思不同,语音也不一样。连读变调就是调整一个音步之内的两个音节的强弱关系,使之成为一个和谐的整体。读本调的音节是重音,有人称为"调核",决定着另一个音节的变调;读变调的音节是依赖重音而存在的,或者按重音音节的规定变调,或者自定方向变调。普通话和多数方言都以双音词的后音节为重音、读本调,前字读变调。如"领导、领袖、领头"变调的是"领",在普通话是后字的调类规定了前字的变调(逢非上声变为半上);在厦门话是不论后字为什么调,都按自身的本调依次类推变成别调(上声变为阴平)。以下略举一些方言的变调作为示例。

普通话只有上声和去声在二字组前字时变调,上声逢上声变为阳平(如:浅水=潜水),逢其他调变为半上,如"浅滩、浅薄、浅近"的"浅"读 21 调,去声在前都变半去(51 变 53),这是大家熟悉的。许多官话方言的变调和北京话类似,大体上凡是两个曲调相连,后字不避曲,前字多变为斜调,和后字调形异化成拱形。例如:郑州的去声 312,去去相连(去声+去声)前者变为 24;灵宝阳平 213,阳阳相连(阳平+阳平)前者变为 35;青岛平声 213,平平相连(平声+平声)前者变为 55;长治、通化、丹东上上相连(上声+上声)前者变:535 变 35、213 变 24、214 变 25;保定、烟台上上相连和北京一样前者变 35。两个曲调相连,前字不变、后字变的较少,如荣成上声(213)+上声,后字变阳平 42,成都阳平(213)+阳平,后字变阴平(44),毕节去声(213)+去声,后字变阴平

(44)。总的看来,官话方言的变调还比较简单。

徽语的变调也比较简单,也是曲调变斜调,变调的调类各自变换调型,变出新调,不以后字为条件。例如绩溪话,本调 6 个,二字组后字不变,前字阳平(44)、入声(32)也不变,阴平 31 变 33,上声 213 变 31,阴去(35)和阳去(22)同变为 53(参阅平田昌司,1998,第 37 页)。绩溪话的变调方向比较常见:本调中缺乏的调型会用变调来补充,缺平调变出平调,缺降调变成降调,这显然是为了增强语言的音乐性。

闽方言内部比较复杂,闽北连读一般不变调,多数闽语二字组也是前变后不变,属于前轻后重型。福州话前字的变调主要受后字的调值高低所制约。阴平(44)阳平(52)阳入(5)属于高调类,上声(31)阴去(213)阳去(242)阴入(23)属于低调类,阴平和低调逢高调变阴平、逢低调变阳平;属于高调的阳平和阳入逢高调变上声,逢低调变为低降调(21,是阴去本调的前半截);上声另有变化。列成变调简明表如下(例词详见李如龙、梁玉璋 2001,第 55 页):

表 5.1　福州话二字组变调规律表

<table>
<tr><td colspan="2" rowspan="2">上字调
变调
下字调</td><td colspan="3">I</td><td>II</td><td colspan="3">III</td></tr>
<tr><td>阴平 44</td><td>阳平 52</td><td>阳入 $\underline{5}$</td><td>上声 31</td><td>阴去 213</td><td>阳去 242</td><td>阴入 $\underline{23}$</td></tr>
<tr><td rowspan="4">甲</td><td>阴平　44</td><td colspan="3" rowspan="4">阴平　44</td><td colspan="4" rowspan="4">阳平　52</td></tr>
<tr><td>阴去　213</td></tr>
<tr><td>阳去　242</td></tr>
<tr><td>阴入乙　$\underline{23}$</td></tr>
<tr><td rowspan="2">乙</td><td>上声　31</td><td colspan="3" rowspan="2">半阴去　21</td><td colspan="2" rowspan="2">半阳去　24</td><td colspan="2" rowspan="2">阴平　44</td></tr>
<tr><td>阴入甲　$\underline{23}$</td></tr>
<tr><td rowspan="2">丙</td><td>阳平　52</td><td colspan="5" rowspan="2">上声　31</td><td colspan="2" rowspan="2">半阴去　21</td></tr>
<tr><td>阳入　$\underline{5}$</td></tr>
</table>

说明:① 两字格下字不变,上字变调。下字七调分 I, II, III 三种类型,上字七调分甲、乙、丙三种类型变调。

② 阴入字变调格式有两种:阴入甲变调后仍保留塞音韵尾-ʔ;阴入乙变调后丢掉塞音韵尾。阴入甲字多,阴入乙字少。口语中仍保留-ʔ、-k 的人,阴入甲读-k 韵尾,阴入乙则读-ʔ 韵尾。

③ 一部分福州人的口音,下字是 I、II 类(阴平、阳平、阳入、上声)的,上字丙类的阳入调变调格式有时和上字是甲类(阴平、阴去、阳去、阴入乙)的相同,即不读上声调而读成阴平或阳平调。

厦门话变调以二音节变调规则为基础，后字不变、前字都按一定顺序自变，不以后字为条件，没有变出新调：阴平阳平在前变阳去（如：东山、铜山，前字变为同音 $taŋ^{22}$ $suã^{44}$），上声变阴平、阴去变上声、阳去变阴去，如"顶"[tiŋ]，53 变 44，"顶头"听起来就像单说的"钉一头"，入声调类似福州话也分两类，逢塞音韵尾阴阳入互变，如"失"[sit]，32 变 4，"实"[sit]，4 变 32（"失业"和"实业"前字本调和变调互换），逢喉塞尾阴入变上声，阳入变阴去，如"八字"[pueʔ]，32 变 53（字 22），"白字"[beʔ]，4 变 21（字 22）。列成简表如下：

表 5.2　厦门话二字组前字变调表

阴平 44、阳平 24	同变为	22（阳去）
阳去 22	变为	21（阴去）
阴去 21	变为	53（上声）
上声 53	变为	44（阴平）
阴入 32	分变为	53（上声，收 ʔ 尾），5（阳入，收 p、t、k 尾）
阳入 5	变为	21（阴去）

吴方言的连读变调更加复杂。大多数是前变后也变，但各变多少、调型按什么方向变，各地有很多差异。上海话二字组连读变调按结合紧密和松散分为"广用式"和"窄用式"。"广用式"连贯无停顿，前字都变为与本调相近的平调，后字则顺着前字的斜度延伸，听起来整个二音组的调型就和前字的本调调型相仿；"窄用式"主要用于动宾词组，结构比较松散，当中可有小停顿，前字也变为和本调相近的平调（和"广用式"前字的变调稍有差别），后字则读为原调不变（参阅许宝华、汤珍珠，1988，第 24—29 页）具体地说，广用式阴平（53）在前是 55＋21，阴入（55 短）在前是 33＋44，阳入（12 短）在前是 11＋23；阴去（34）在前变为 33 或 55，后字则变为 44 或 21；阳去在前变为 22 或 55，后字则变为 44 或 21。各种组合中，后字若是入声调仍读短调，二入连读都读短调（参阅游汝杰，2004，第 77 页）。

浙南吴语温岭话也是前后皆变，但规则多有不同。平上去入各分阴阳，加上只出现在后字的升降两个变音是 10 种单字调，80 种二字组组合中，43 组前后都不变，27 种前变，4 种后变，6 种前后皆变。阴平、阴上、阴去、阴入作为后字都不变，阴去(55 长)和阴入(55 短)做前字同样变为 33；阳平字几乎前后皆变，在前多变为 13，在后多变为 51(参阅李荣，1985，第 66 页)。

晋语二字组也是前后都会发生变调，但没有吴语复杂。例如山西离石 6 个调，3 个高调(阳平 44、去声 52、阴入 4)做后字不变、做前字也大多不变，3 个曲调(阴平 224、上声 423、阳入 213)在前在后大多变为斜调，其中不乏新调(参阅刘俐李，2004，第 284 页)。例如：

阴平 224 作为前字，在曲调前变为 24(如花生、风雨、单薄)，在高调前变为 22(如砂糖、山地)；上声 423 在阴平及高调前都变为高降调 52，例如：雨衣、老人、海带、手镯；在上声之前异化为 24，例如：水果、举手。在高调(阳平、去声、阴入)之后的曲调都变为低调(22 或 21)，例如：毛巾、行李、提拔、饭庄、历史、字典、历史，但阴平在阴入后变为 24，例如：铁箱、吸收。

客家方言发生变调的不多，有变调也比较简单，如闽西上杭话只有部分调类作为前字时，以后字调值高低为条件而发生变调：阴平(35)逢后字高调值变 33，去声(53)逢后字去声也变 33、逢后字低调值变为 55(参阅邱锡凤，2012，第 13 页)。

湘赣方言二字组很少发生变调。

各地方言的三字组连读变调大多和二字组的变调有关。例如温岭话首字大多不变(阴平、阴上、阳上、阳去、阳入)，其他要变的都和二字组的前字变法一样。厦门话按二字组变调规则，先变前两字、再变后两字，变化规律都是一样的。例如"大头菜"$tua^{22\text{-}21}$ $t^{h}au^{24\text{-}22}$ $ts^{h}ai^{21}$。福州话以后字为重音，首字最弱，后两字大体和二字组变法相近。详情仍可参阅上述文献(李如龙、梁玉璋，2001)，总之，调查过二字组，三字组就比较容易考察了。

汉语方言中还有一种变调不是因多音连读而发生的变化，而是为适应语义的需要而发生的变化，一般称之为"语义变调"。例如浙江汤溪吴语，"前后"读成不同的声调组合，表示的词汇意义不同：[33＋133]表示"前和后"，[33＋24]用作副词，表示"反正"。在粤语，多音词语没有一般的连读变调，单音词或双音词的后字却有不少表示特有意义的变调。例如"糖"[t^{h}ɔŋ]读为阳平 21

指一般的糖，读为上声 35 指的是“水果糖”。有些常用的双音名词后音节也读变调，如“今年”读[niŋ²¹⁻³⁵]（这里的数字指调值，下同），“乞儿”（乞丐）[i²¹⁻⁵⁵]，“独睡”（单人床）[ʃøy³³⁻³⁵]。“烧鹅”（一种菜肴）[ŋɔ²¹⁻³⁵]。这类变调在吴语里也有，李荣先生把这种不是语法变化的变调成为“变音”（李荣，1985，第 55 页）。

2. 轻声

轻声和变调一样，都有本调，但是不论是二字组或三字组，首字都不会轻读，轻声字多数是后字、少数中字也轻读。从性质说，轻声与字义关系更大。如普通话的轻声往往与词汇语法有关（后缀“子、儿、头”、虚成分“得、地、的”、代词做宾语都读轻声）；在吴、闽方言中，变调还受词汇（是词或成词的词组）和句法关系的制约，例如上海话“炒饭”作为名词说[tsʰɔ³⁴⁻³³ vɛ¹³⁻⁴⁴]，作为动宾结构说[tsʰɔ³³⁻⁴⁴ vɛ¹³]，变调不同。在汤溪吴语和泉州闽语中，“后日”按一般规则变调（前字读变调、后字读本调），意为“往后的日子”，这是泛指；前字读本调、后字读轻声，指的是“明天的明天”，这是特指。轻声和语法、语气有关系还可以举厦门话的例子来说明。厦门话一种并列复句，前句读正常的变调和语调，后句从第二个音节开始读为长串轻声，表示强烈的辩驳语气。如：“汝唔知影，我阁卡唔知影”（你不知道，我更是不知道），第二句除主语“我”之外可以全读为轻声，调值都是 21。这类现象我们也管它叫“语用变调”。

除此之外，轻声和变调还有一个重要的区别。变调只是声调的变读，轻声则常常因轻读而引起声母或韵母的弱化音变。例如北京话“一个站着，一个坐着”，其中“个、着”轻读后变成[gə、dʐə]，声母浊化，韵母也从后元音[ɤ]和复合元音[uo]弱化、央化为[ə]；厦门话的轻声甚至会造成双音节合为一个音节，如说“伊嘟者行出去咯”（他刚才走出去了），最后三个音节都读为轻声，“出去”合音为[tsʰui¹]。

3. 关于变调与轻声调查的提示

变调和轻声在全国各大方言的表现有很多不同。官话变调较为简单，有变调的也只有少数调类变，有些官话没有轻声。粤客湘赣诸方言，有的完全没有变调和轻声，即使有，管的字也很少。在吴语和闽语，普遍都有连读音变，而且音变规律还很复杂。总体上看，三十多年来关于汉语方言连读变调的研究已经不少，据刘俐李统计，2004年前就发表过专论一千多篇。可见已经发掘了大量材料，但是多半还停留在单点的描写，而类型的归纳和规律的探索则很不充分，有的还存在着一些不同看法，有待进一步研究。看来，多做调查，把语言事实发掘得更充分，对于进行理论上的分析和总结是有一定好处的；然而，进行必要的类型归纳和理论探讨，对于进一步提高调查的水平也是很有好处的。

从以上介绍的样例看，造成变调和轻声的因素很多，调查时应该从多种视角进行考察，以下就此做一番提示。

（1）变调首先与前后字的调类和调值有关。就调类说，或平上去入同类齐变，或以阴阳调分类变调；就调值说，变调的音节往往和调值的调型及其高低、平曲、长短有关。曲调多变、平调少变，多数方言如此，舒与促、升与降何者多变，不同方言则各有其道。

（2）变调的方向有同化（前后调趋同），也有异化（前后调从异），双字的调型或造成拱形，或消除拱形，或由平而斜，或由斜而平、高低趋近。前后调往往一轻一重，或前轻后重，或前重后轻。从已有的材料看来，不同的方言分歧很大。这些歧异也应该是不同方言的语音系统的重要差异，既有音值的差异，也有结构的差异。

（3）调查连读变调和轻声一定要进行比字，看连读后字调有没有变化，意义和语法关系有没有不同。例如，普通话“浅水、潜水”同音，说明确实是上声在前变为阳平。厦门话“无去”，前字变调，后字读为21是本调，意为“没去”；前字读为本调，后字的调值和21也很相近，却是轻声，意为“丢了，没了”。因为轻声之前必是本调。

（4）变调、轻声有的与字义无关，有的则受词义和语法制约。普通话的上声变调和多音词的读轻声的音缀（如“稀巴烂、花里胡哨”），都是与字义无关的音变，可以称为语音变调；轻声与词汇多有关系（如“东西、地道”）可以称为词汇变调；普通话代词宾语读轻声，上文所说的“炒饭”的两种变调，“后日”的变调与轻声以及厦门话的“长串轻声”则是语法变调。语音词汇语法是相关联的系统，在变调与轻声上，三者又一次聚焦了。

（5）从汉语方言语音的层级系统看，变调与轻声把两个以上的音节组装成一个连续体，一般称之为“连音组”，这个“连音组”包括“二音组、三音组、四音组”，至今还没有一个准确的术语来表达它。这个单位里有几个重音，轻重音的搭配和词、词组、句子又是什么样的关系，这是应该由音系学和语法学协同研究的重要课题。汉语方言的研究不能一味地求细，总停留于罗列微观的事实。现在发掘的材料不少了，需要在调查的基础上做一番宏观的思考，并按宏观的思路做崭新的调查。只有这样，我们的调查实践才能不断地得到新知，从而指导更出色的实践。

二　变声和变韵

汉语方言多音连读后不但声调会发生变化，声母、韵母也会发生变化。除了上节所说的因轻声而发生的声母韵母连带弱化之外，还有几种声母韵母自生的音变。以下逐一介绍。

1. 变声

1930年陶燠民发表的《闽音研究》报道了福州话的变声。这种变声不是变调的伴随现象，而是一种与变调并行的音变现象：用声母的弱化、同化来标示“连音组”的和谐，有时还能用来区别异构词语的意义。陶氏把这种变化称为“类化”。福州话有15个声母，除了[m、n、ŋ、l]这四个次浊声母，有11个清音声母，读清音声母的字若处在双音词的后字，如果是口语中的常用词，连读之后清音声母通常就变为相对的浊音。就清变浊说，是“弱化”；就受前字的影响说是“同化”。在连读变调方面，福州话前字都必须变调，变调规则受制于后字；在声母类化上，福州话后字清声母都要浊化，浊化规则受制于前字。凡前字是阴声韵尾，后字的声母 p、p^h变为 β，t、t^h、s 变为 l，ts、ts^h变为 ʒ，k、k^h变为零声母；凡前字是阳声韵，p、p^h变为 m，t、t^h、s 变为 n，k、k^h、ts、ts^h都变为 ŋ。总之，后字的变声是受前字的韵尾的"顺同化"。这样一来，福州话的双音词除了首字是清音声母，全都是浊音相连了，连音组显然更加贯通和谐了。略举数例：

皮包 $p^h ui^{52-44}$ p-$βau^{44}$	面包 $mieŋ^{242-44}$ p-mau^{44}
有心 u^{242-44} s-$liŋ^{44}$	空心 $k^h øyŋ^{44}$ s-$niŋ^{44}$
台中 tai^{52-44} t-$loŋ^{44}$（当中）	甜汤 $tieŋ^{52-44}$ t^h-$noŋ^{44}$
西风 $sɛ^{44}$ h-$uŋ^{44}$	中风 $tyŋ^{213-44}$ h-$uŋ^{44}$（未同化）
芥菜 kai^{213-52} ts^h-$ʒai^{213}$	青菜 $ts^h aŋ^{44-52}$ ts^h-$ŋai^{213}$

有时声母类化与不类化可以区别词与词组或者区别不同的词义，例如：

"依嫂"类化为[i^{44-52} s-$lɔ^{32}$]是对女佣的称呼，不类化读[i^{44-52} $sɔ^{32}$]指的是嫂子；"头头"不类化读[$t^h au^{52-32}$ $t^h au^{52}$]意为"头目、头子"，类化读[$t^h au^{52-32}$ t^h-lau^{52}]，意为"初始"；"骹手"不类化是词组"手和脚"，类化了是"人手"；"有声"不类化是"声音好"，类化了是"有了争吵"；"火把"类化了成了"麻花"；"做风"不类化是刮大风，类化后是大发脾气。

不过，也有不少情况是不能类化的，其中有语音方面的原因，有词汇方面的原因，如方言固有、新词、借用等，也有语法、语用、语体等方面的条件制约。李如龙（2001，第 270 页）曾对此做过专题讨论。

2. 变韵

福州话不同类声调下存在的韵母变体也是陶燠民首先提出来的。高元音[i、u、y]为韵腹的韵母只与高调值的阴平（44）、阳平（52）和阳入（5）共现，在低调值的阴去（213）、阳去（242）、阴入（23），高元音韵腹变为复合元音，有点像藏缅语的"松紧元音"：

i—ei　　　　u—ou　　　　y—øy

iŋ—eiŋ u—ouŋ yŋ—øyŋ

iʔ—eiʔ uʔ—ouʔ yʔ—øyʔ

在高调值的声调下出现的开二度、开三度的元音，到了低调值的声调，元音的开口度也降低一度，例如：

ɛ—a œ—ɒ o—ɔ ie—iɛ uo—uɔ yo—yɔ ɛu—au øy—ɔy ɛiŋ—aiŋ ouŋ—ɔuŋ øyŋ—ɔyŋ oʔ—ɔʔ øʔ—œʔ eʔ—ɛʔ ieʔ—iɛʔ uoʔ—uɔʔ yoʔ—yɔʔ ɛiʔ—aiʔ øyʔ—ɔyʔ ouʔ—ɔuʔ

因为声调和韵母的组合是固定的，所以，如果因为连读变调，高低调值变了，韵母也得跟着变化，这就是福州话的变韵。例如：

机器[ki$^{44-52}$ k^{h}-ei^{213}]、器具[k^{h}i$^{213-52}$ køy^{242}]，“器”阴去变阳平，低调变高调，复韵母跟着变为单韵母；代替[tai$^{242-52}$ t^{h}a^{213}]、替代[t^{h}ɛ$^{213-52}$ t-lai^{242}]，“替”，低调变高调，韵母元音升高一度；故事[ku$^{213-52}$ s-løy^{242}]、事故[sy$^{242-52}$ kou^{213}]，“事”本音[søy^{242}]，低调、宽韵，变调后音[sy^{52}]，高调、窄韵；“故”本音[kou^{213}]，低调、宽韵，变调后音[ku^{52}]，高调、窄韵。

可见，福州话的变韵是韵母的声调变体，本韵和变韵是互补的。就这一面说，是语音结构的现象；在多音词里，因为发生了变调，如果是高低调的互变，就要伴随着变韵，这又属于连读音变了。关于福州话的变韵，《福建省志·方言志》(黄典诚主编，1998)和《福州方言志》(李如龙、梁玉璋，2001)均可查阅。

晋语也有“变韵”，有时称为“子变韵”，是属于语音和词汇相结合的现象，具体的内涵和形式跟闽语都有许多差异。先介绍豫北晋语获嘉话的变韵(据贺巍，1989，第9—14页)。

获嘉话有基本韵母47个，多数韵母都有变体：儿化韵母32个，相当于官话的“子”尾词的变韵40个(贺巍称为“Z变韵”)，还有一些见于常用的处所词、动词、形容词、副词、象声词的变韵33个(贺巍称为“D变韵”)。有些韵只有“子变韵”，有些韵两类变韵都有。变韵的韵母对应规律大体是：逢阴声韵，Z变韵都变为唇形圆的元音，D变韵变为不圆的较低元音；逢阳声韵都变为鼻化韵(若韵腹是高元音,在 Z 变韵的韵腹变为长元音);逢入声韵,Z 变韵变为圆唇舒声韵,D 变韵变为低元音韵腹的促声韵。同一个基本韵母不一定都有 Z 变韵和 D 变韵。见表 5.3(凡开齐合撮并有的只举开口呼):

表 5.3　获嘉话变韵举例

基本韵母	Z 变韵	例词	D 变韵	例词
a	ɔ	鞋拔 pɔ^{31}		
ɤ	o	洋铁盒 xo^{31}		
aʔ	o	牛鞔 ko^{33}		
ɐʔ	o	手折 tʂo^{33}		
au	ɔ	帽 mɔ^{13}	ɔ	炒 tsɔ^{53}
an	ā	盘 p^{h}ā^{31}	ā	担 tā^{33}
aŋ	ɔ̃	菜帮 pɔ̃^{33}	ɔ̃	纺 fɔ̃^{53}
ai	io	带 tio^{13}	ɛ	带 tɛ^{13}
ɿ	ɿou	树枝 tsɿou^{33}	ɐ	死 sɐ^{53}
ʅ	ʅou	侄儿 tʂəʔ^{33} lou^{13}	ɐ	耳 lɐ^{53}
i	iːou	鸡 tɕiːou	iɛ	离 liɛ^{13}
u			uɤ	锄 tʂ^{h}uɤ^{31}
y	yu	驹 tɕyu^{33}	yɛ	锯 tɕyɛ^{13}
ou			ɔ	走 tsɔ^{53}
ei	iːou	痱 fiːou	ɛ	背 pɛ^{13}
ən	iːŋ	盆 p^{h}iːŋ	ɛ̃	针 tʂɛ̃^{33}
in	iːŋ	银 iŋ^{31}	iɛ̃	寻 ɕiɛ̃^{31}
un	yːŋ	棍 kyːŋ^{31}	uɛ̃	存 ts^{h}uɛ̃^{31}
yn	yːŋ	裙 tɕ^{h}yːŋ	yɛ̃	均 tɕyɛ̃^{33}
əŋ			ɔ̃	蒸 tʂɔ̃^{33}
iŋ	iːŋ	蝇 iːŋ	iɔ̃	请 tɕ^{h}iɔ̃^{53}
uŋ	yːŋ	粽 tɕyːŋ	uɔ̃	种 tʂuɔ̃^{13}
yŋ			yɔ̃	用 yɔ̃^{13}
əʔ	ĩou	面汁 tʂ ĩou^{33}	ɐʔ	织 tʂɐʔ^{33}
iʔ	iːou	毛栗 liːou^{33}	iɐʔ	踢 tiɐʔ^{33}
uʔ	u	秃 t^{h}u^{33}	uɐʔ	出 tʂ^{h}uɐ^{ʔ3}
yʔ	yu	麯 tɕ^{h}y^{33}	yɐʔ	捋 lyɐʔ^{33}

从实际语言事实考察，晋语的变韵首先是词汇现象，属于Z变韵的“子尾”词都有“表小指爱”的词汇意义，D变韵也大多有动作的减量（短暂）或状态的淡化（轻微），应该是“小称”的扩大化。从语音变异的方向看，有多个元音归为一种的“混化”（如ɤ、a、ɐʔ混为o）；有紧元音变松（如i变iou、iɛ，iʔ变iou、iɐʔ）；有复合元音变单元音（如au、ou变为ɔ，ai、ei变为ɛ）；大量的鼻音韵则变为鼻化韵。这些变异都是适应小称意义的语音的弱化。存在变韵的词汇都是口头常用语，从这一点说，基本韵母和变韵的对应又和文白读音的对应很相似，不少方言鼻音尾韵和鼻化韵的对应不就是文白的对应吗？可见，获嘉话的变韵也是多种原因造成的，是语音、词汇特征交集的表现。

在山西的晋语中心区，也有跟获嘉方言类似的变韵。乔全生的《晋方言语法研究》有概略的报道。这里也略举数例。

东南区阳城话有12个子变韵来自27个基本韵母，韵腹或介音的元音变为长元音，例如：

房 fãŋ—fɐːŋ　鞭 pie—piːɔ　椅 i—iːu

又如和顺话：

蹄 t^hiː—tiː　袋 tai—taːi　刀 tɔu—tɔːu

更多的晋语入声韵的“子变韵”都脱落了塞音韵尾，有的还把中间的元音读成长元音。例如：

陵川　蝎、勺 ɕiəʔ—ɕie　　裂 liʌʔ—lie

阳城　褡 tʌʔ—tɔː　　园 ye—yːɔ

晋城　碟 tiʌʔ—tiːa　　鼻 piəʔ—piːɤ

三　小称音变

小称音变是汉语方言中分布最广的连音变化。原来，在官话区的民间文艺中称为“小辙儿”，赵元任在《新国语留声片课本》中称为“卷舌韵”，黎锦熙改称“儿化韵”。1949年初，开明书店就出版了张洵如的《北平音系小辙编》，收了北京话儿化词三千多条。1979 年李荣研究温岭方言时又就它的表示“语法变化”称之为“变音”。如上文所说，研究晋语的学者把“子”尾引起的韵母变化称为“子变韵”，研究闽语的称为“囝尾”。从全局来看，把这种表示语法意义的后缀及其造成的音变称为“小称音变”最有概括力。因为，从来源说，这些“小称”主要来自“儿、子、囝”（官话区“今儿个”的“儿”来自“日”，“这儿、那儿”的“儿”来自“里”）；从音变结果说，有作为后缀的“儿尾、子尾、囝尾”，有发生了“合音”的“儿化”（包括吴语的“鼻尾化”、闽语的“囝尾化”），有引起变韵的“子变韵”，还有引起变调的“小称变调”。从它的表意功能说，则是由“表小”开始不断引申出“量少、时短、指爱”以及“抽象化、名物化、生动化”等。以下择要介绍一些方言的小称音变，供初学方言调查的人考察方言现象时参考。

1. 儿尾和儿化

儿尾和儿化是官话方言的特征。没有儿化韵的江淮官话和一些西北官话大体都有儿尾，官话方言的中心区（北京、东北、中原、冀鲁、胶辽）儿化最发达，晋语和冀鲁官话中，儿尾和儿化韵都有，有的方言二者并存，如河北顺平话“桃儿”说[tʰau uər]，“皮儿”说[pʰiər]。

自成音节的儿尾有读平舌音的，如兰州的[ɯ]、洛阳的[əɯ]、文水的[ɛ]、神木的[ʌɯ]；也有读为卷舌韵尾的，如昭通的[ər]、延川的[ur ᴇr ɯr]（延川话 39 个基本韵母都有相应的卷舌韵尾）；卷舌化之后往往使韵母发生音变、合并为较少的儿化韵，如北京 40 个基本韵母合并为 28 个儿化韵、大同 37 个并为 14 个、长治 36 个合为 8 个；还有小称变韵后卷舌、平舌兼有的，如江淮官话的红安话，基本韵母 41 个，小称变韵 27 个中只有 4 个卷舌韵。除了卷舌化之外，小称变韵也有边音化为[l]的，例如中原官话阜阳 39 个基本韵母，有 20 个小称[l]尾韵；晋语平定话的小称变韵更怪，以[ɭ]为韵头、[r]为韵尾，如[a aʔ ia]合变为[ɭar]。有些方言儿化韵还伴随着变调。《汉语官话方言研究》（钱曾怡主编，2010）有专章介绍官话方言的“儿尾和儿化韵”，调查官话时可作为参考。

关于晋语平遥话的儿尾和儿化并存，侯精一（1999，第 360 页）说："老年人多保留儿尾的读法，中青年人'儿尾''儿化'常自由变读。青少年学生多把儿尾急读成儿化。由此看来，儿尾变读儿化是近三四十年的事情。"看来，探讨儿尾、儿化的演变史还值得提倡。

东南方言的儿尾和儿化，主要分布在徽语和南部吴语，其表意功能上和官话大同小异，具体形式则不是卷舌化，而是鼻尾化。

在徽州方言，儿尾和儿化都只有少量的词，主要是加在量词之后表示数量少，例如绩溪方言的儿尾是自成音节而轻读的[n]，其前面的儿化音节声调发生固定的变化：阴平（31）、上声（213）之后变为 44，阳平（44）之后变为 22，阴去（35）、阳去（22）之后变为 55，入声（32）之后变 54。例如："（几）张儿"[tɕiõ$^{31-44}$ n^{0}]，"（一两）瓶儿"[pʰiã$^{44-22}$ n^{0}]，"（几）个儿"[kɵ$^{35-55}$ n^{0}]，"（几十）只儿"[tɕieʔ$^{32-54}$ n^{0}]。不用儿尾，直接把儿化音节读为变调也可以表示小称，例如"细鸭"[sɿ$^{35-53}$ ŋɔʔ$^{32-54}$]，"细猪"[sɿ$^{35-53}$ tɕy$^{31-44}$]。在休宁方言，儿尾[n]和小称音节合音并变调，例如"饼儿"[pan^{13}]（← 饼 pa^{31}），"核儿"[uɤn^{35}]（← 核 uɤ^{35}），"索儿"[son^{35}]（← 索 so^{212}）。详细情况可参阅《徽州方言研究》（平田昌司等，1998）。

在南部吴语有发达的儿尾词。郑张尚芳估计温州话有两三千条。儿尾读[ŋ]，语法上可以使单音语素、单音词或多音词组成小称词（饺儿、丐儿、虾儿、桃儿、包儿、呆儿、钓鱼竿儿），语义上可以表小（猫儿、镬儿），表微量（小半升儿），表轻蔑（笑面虎儿），表亲昵（老老娘儿），表生动（好好儿）等，详细情况可参阅《温州方言志》（郑张尚芳，2008）。处衢方言的儿尾和温州类似，只是读音不同，如遂昌为[ȵie^{212}]，龙游为[ȵi^{0}]，开化为[ȵi^{53} 或 n^{53}]，常山为[n^{52} 或 n^{0}]。可参阅《吴语处衢方言研究》（曹志耘等，2000）。

2. 子尾和囝尾

南方方言中，湘赣客粤诸方言，小称大多不用"儿"而用"子"作为后缀，读为轻声。常见读音是[tsɿ]（如长沙、南昌、长汀）、[tsi]（如湘乡、宜丰、连南）和[tʃai]（如广州、阳江）。在赣语，有的读为入声调[tsi、li]（宜春）或[tɛ]（醴陵、阳新），应该也来自“子”。梅州客家话读为轻声的[ɛ]是从“儿”变来的，还是从“子”变来的，则还没有定论。

“囝”是闽语特有的小称，《集韵》收了这个字，注“九件切，闽人呼儿曰囝”。至今沿海闽语，从福州到海口，儿子都还说“囝”。福州、福安音[kiaŋ]，厦门、潮州音[kiã]，海康、海口音[kia]，都和“九件切”相对应。用作小称的后缀，潮州、雷州、琼州都还保留本音；在闽东、闽南则声调不变，还读上声，声母脱落、韵母也弱化了；福州音[iaŋ]，泉州音[ã]，厦门音[a]，到了尤溪话变为[ŋ]。“小牛”都说“牛囝”，“椅子”都说“椅囝”；闽南话还有“慢慢囝”（慢慢儿）、“两下囝”（两下子）等说法。关于“囝”的来历及其演变，李如龙（2009）有《闽语的“囝”及其语法化》专文讨论（第286页），可供参考。

四 连读音变的调查和方言语音特征的提取

关于连读音变，现有的方言调查表格还设计得不多，常见的只有连读变调调查表、轻声调查表。鉴于各大方言在这方面差别不小，要设计一个覆盖全面的调查表目前还办不到，最好分区编制这类调查表。例如官话区可设计儿化调查表格，吴语区可把变调调查表格细化，闽东方言的变声、变韵也得编制专门的表格。在还没有完整的调查报告之前只能先找找已有的调查成果做参考。即使有了专用的调查表格，在调查整理出音变条例之后，还得在词汇和长篇语料的调查中进行检验和核对。在记录词汇的案头上就应该摆出音变条例表。

记完字音，调查了连读音变，就可以着手研究方言的语音特征了。就认识论说，研究一个事物的基本任务就是要理解该事物有别于同类事物的特征。从最广义的方面说，方言语音还应该包括词组内外的连音变化和语句、段落的语调。这些方面的特征还有待词汇、语法例句的调查才能了解，这里先讨论字音层面的语音特征。

字音层面的方言语音特征的提取可以从以下两个方面入手。

其一是语音学、音系学方面的特征。这方面的特征又包括音素和音节两个层面的考察。

在音素层面，应该注意的是该方言有多少元音音位和辅音音位。辅音的音位多就是声母多，元音的音位多，韵母的结构必定比较复杂。汉语方言的声母少的只有 15 个，多的可达 30 多个；韵母少的不满 30 个，多的可达 90 个。元音和辅音中有没有特殊的音素，例如辅音中的[pf tθ ɬ ʔb ɸ θ ʔd dz]等，元音中的[ø œ ʉ ʮ ɶ ʌ]等，就是音素层面的特征。

在音节层面差异大的主要是韵母的结构和声调的类别。韵类的多少与韵头韵尾的多少直接相关。四呼齐全、三个鼻韵尾和塞音韵尾也齐全，加上三个高元音都当韵尾（如广州话、福州话），韵母就不可能少。有些韵母结构也很特别，如徽语的[uːə iːə]、吴语的[yua øʏ]就很有特色。调类是越往北越少、越往南越多，少的只有两类，多的可达 10 类。

其二是更重要的音韵学方面的特征，也就是和中古音、普通话语音相关的语音发展上的特征。如果说，前一方面的特征是共时结构的、相对微观的特征的话，这方面的特征则是历时发展的、宏观的特征。根据这方面的特征可以为方言定性和定位，判断它和现代通语的关系，在诸多方言中的属辖和远近关系，也说明它与古代汉语的演变关系。在这些方面应该着重考察的有以下的问题：①声母方面，古全浊声母是否清化，清化后是什么走向？这是牵连到很大面积的音变。知庄章三组声母的分合，见系声母是否腭化，也牵动全局。此外，非组声母的分化或扩大化，泥来日母的分合也值得注意。②韵母方面，阳声韵和入声韵的分合是关系全局的，鼻韵尾或合并，或鼻化，或脱落，塞音韵尾也有合并或脱落的。三等和二等的重韵是否读音有别，四等韵有无介音等。有些特征管的字不多，却很能说明方言语音的历史层次。③入声韵和入声调的表现如何，二者都有、都无，或仅存其一？有几个独立的入声调类，阴阳调类是否划界整齐，则是声调方面的主要特征。

诚然，方言语音特征的提取，在方言调查的初级阶段也只能先开个头、摸个底，只有进行大规模的古今通语、南北方言的比较研究，才能彻底弄明白。

这里也只是提个头，增加方言调查初学者的一个思路而已。

关于多音连读的特征也值得研究。不过，因为这些现象发生的历史还比较短，有的演变还没有定型，加之调查研究不足，初学者要深入揭示其特征还有难处。考察的方向大概有这样几个：①应用实验语音学的仪器测定元音、辅音和声调在连音变读中音质有什么样的变化，变调音节、轻声音节和合音音节的音长值得考察，看看它们和单音词、双音词有无差别，连音之后音步应该如何划分？②各种连读音变的类型应该如何归纳？是否应该先把纯语音音变和词汇、语法音变区别开来？变调、轻声、儿化和多音词的重音以及音步的构成是什么样的关系？③多音连读发生音变的动因是什么？语音上的省力作用？语义上的固化、语法上的虚化？还有没有音节结构上的“内因”？例如韵类、调类的多少、音节数的多少与连读音变的发达与否有没有关系？在连读音变调查表的调查过程中，在词汇调查的检验复核中，多想想这些问题也许是有帮助的。

思考与练习

1. 本章所介绍的各种连读音变在你的母语中有几种？经过对母语或其他方言的初步调查，请整理一份简明的音变条例。

2. 在连读音变的项目和模式上各个大方言有哪些不同？哪些音变比较成熟，哪些还不太稳定？你所熟悉的方言应该多注意哪些项目？

3. 连读音变和声韵调音类的分合承变有没有性质上的不同？这两种音变的基本动因是什么？

4. 全面地看，你可以思考一些汉语（包括现代的通语和方言）的语音结构和你所学过的外族语、外国语的语音结构有什么不同？

5. 试就你所熟悉的方言，在经过初步调查之后，提出你所理解的方言语音特征。

参考书目

曹志耘等 2000 《吴语处衢方言研究》,(日本)好文出版。
贺巍 1989 《获嘉方言研究》,商务印书馆。
侯精一 1999 《现代晋语的研究》,商务印书馆。
黄典诚主编 1998 《福建省志·方言志》,方志出版社。
李荣 1957 《汉语方言调查手册》,科学出版社。
李荣 1985 《语文论衡》,商务印书馆。
李如龙 2007 《汉语方言学》(第二版),高等教育出版社。
李如龙 2009 《汉语方言研究文集》,商务印书馆。
李如龙、梁玉璋 2001 《福州方言志》,海风出版社。
刘俐李 2004 《汉语声调论》,南京师范大学出版社。
平田昌司等 1998 《徽州方言研究》,(日本)好文出版。
钱曾怡主编 2010 《汉语官话方言研究》,齐鲁书社。
邱锡凤 2013 《上杭客家话研究》,福建人民出版社。
陶燠民 1956 《闽音研究》,科学出版社。
伍云姬等 2010 《湘西古丈瓦乡话调查报告》,上海教育出版社。
许宝华、汤珍珠主编 1988 《上海市区方言志》,上海教育出版社。
游汝杰 2004 《汉语方言学教程》,上海教育出版社。
郑张尚芳 2008 《温州方言志》,中华书局。

第六章　方言词汇调查

一　方言词汇调查的重要性和困难

现代汉语方言的调查是从语音调查开始的。因为汉语方言之间语音差别大，但系统性强，与通语语音（包括现代音和古音）也存在对应，可以跟音韵学研究相互为用。其实，方言词汇的调查更加重要，因为词汇是语言的建筑材料，是语言的最为现实的载体，离开词汇，既没有语音，也没有语法。尤其是使用汉字的汉语，每个音节都和字融为一体，都是有意义的词或语素。词汇是皮，语音是毛，皮之不存，毛将焉附？我国古代的方言研究着重于词汇，是有道理的。不仅如此，音节之间的连音变化也只能在多音词语中才能体现出来。可见，汉语的语音特征都是通过词汇表现出来的。就词汇和语法的关系说，汉语的词语的构成和句子的创造，使用的规律大体相同，语法意义的主要承担者是实词转化而来的虚词，句法关系中的词语组合经常与词义相关。因此，没有词汇也就没有语法，语法的特征也体现在词语之中。

词汇是人类认知世界的劳动成果，是认识世界的工具，也是交流思想的凭借，它反映人类思维的发展，记录社会生活的各种状态和变革是全方位的，也是快速的。词汇一旦生成，进入交际生活，就会融入历史文化的积存。因此，不论是口语或书面语，词汇的增长是开放性的、无止境的。就这一点说，词汇是语言发展的不绝的源泉。

总之，作为语言结构系统的底座，语言发展的源泉，词汇的重要性是不言而喻的。调查方言只能从词汇入手。

以往的方言调查往往是从字音的调查入手的，因为挑选了合适的字记音，可以很快整理出方言的音系。尽管问字音时，把字作为词或是语素去问，也可以得到词汇的调查目的，但还是问不出多音词的连读音变的情况。因此，调查字音只能是开始阶段的一种办法，如果认为字音的调查可以代替词汇的调查，就大错特错了。

然而词汇的调查又是很困难的。首先，词汇系统庞大，数量繁多，大小类别，层次重叠，即使是长时间调查也不可能穷尽。一般的调查只能从常用的词汇入手，重要的先调查。哪些词最重要、最有特色，在不同语言、不同方言都是不同的，刚开始调查时往往难以判断。如果没有重点，即使旷日持久，调查工作也很难有大的收获。其次，记录词汇不但要标注读音、注释词义，还要考究用字。就标音说，进入词语就与字音不同，不只是声韵调，还有轻重音、连读变调、抑扬顿挫；就词义说，有本义、引申义、比喻义、褒贬义、色彩义、语用义，还有语法意义，不一而足；至于用字，本字、俗字、同音字、训读字，花样也不少。要样样记得准确很不容易。第三，每一条词语都有它的出生依据——造词法和构词法；有它的来历——固有的自创或先前的传承，后来的变异或外来的借用；有它的发育史——在使用中定型和演变的过程；还有历史在它身上打下的烙印——所反映的社会文化特点。要透视其历史，理解其内涵就更加难了。第四，在多语并用（古语、通语、方言、外语）、语言接触频繁的现代社会，方言处于急剧演变之中，有些发音人都难以辨别哪一种说法是本方言所固有的地道说法。这是新的社会现实所提出的难题。对于以上各项困难，词汇调查者都应该有充分的思想准备。

因为方言词汇系统庞杂、数量又大，已有的词汇调查往往择要举例、浅尝辄止。近三十年间，编了一批方言词典，大多也只是罗列词条，词义的分析和词汇系统的研究很不够。为了提高方言词汇的研究水平，还必须进一步扩大调查，为了提高调查质量，更需要讲究词汇调查的方法。

二　方言词汇的搜集

方言词汇调查的首要工作是搜集词条。如何才能在有限的时间内搜集到最多、最好的方言词汇材料，需要关注以下三个问题。

1. 工作步骤

为了提高搜集词汇的效率，必须遵照循序渐进的原则，先易后难，从重要的入手。

任何语言的词汇系统都是一个同心圆系统，居中的核心词使用频度高、构词能力强，而后是基本词汇、一般词汇、专业词汇。常用词和生僻词频度差异很大。据统计，英语常用 500 词覆盖率是 75%，常用 1000 词的覆盖率是 85%。汉语 500 和 1000 常用词的覆盖率则是 63. 2%和 73. 1%；常用 500 个汉字和 1000 个汉字的覆盖率是 79. 76%和 91. 36%。学话要从常用词入手，调查方言也一样，必须先调查常用词。汉语各方言的常用词可能有所不同，但是差别不会太大，凭调查者的语感是可以判断的；从发音人的反应快慢也可以发现，凡是该方言常用的，一定是不假思索就说出来了。从常用的词汇开始调查，发音人说得出、说得准，既能加快记音的速度，也能增强双方的信心。汉语的词汇中，最常用的都是单音词。前 100 个常用词中，单音词和双音词的比例是 85∶15，前 500 个是 333∶165，直到第 1500 个，单音词与双音词才持平（759∶754）。用《字表》调查时，对于常用字，就应该作为词去问清词义和用法。从长短说，调查的顺序应该是从单音词、双音词、多音词组、惯用语、成语、谚语到完整的句型，最后才调查长篇的故事、对话等语料。

从难易度说，应该先从名词开始调查。因为名词的意义比较明确，多义、歧义的比较少，风、云、山、水、鱼、房子、糯米、西红柿，一问就明白了。名词之外，依次是数量词、指代词、动词、形容词、副词，最难的是虚词，只能放到后阶段调查。动词要问可以带什么宾语，如“盖房子、盖被子、盖盖子、盖图章”未必都说“盖”。形容词要问和哪些名词、动词组合，如“好人、好看、好红、坐好、看好、想好再说、好一个老把式”。虚词则要放在句子中去问，注意还能不能当作实词用，如“把他请来、把住门、把他一把米”。

目前进行方言调查的人都是先选用某种调查表格，这是无可厚非的，但是一定要有清醒的头脑，任何调查表格都只能供参考，除非是为了某个统一规格要求的对照表所限定的条目。调查表格可用，不一定每条都问，也可以随时增加条目，问不出来可以放弃。最好是针对调查点，先搜集前人记录过的词条（本区或邻近区域的），根据时间、人力的条件编制专用的调查表。如果所用的调查表问完了，或者是有宽裕的时间，还要深入调查，就可以按照义类一项一项地仔细做调查。例如，关于人体，从头顶、头发开始，一直说到脚板底、脚后跟；关于房屋，从屋脊、屋檐到墙角、门槛、门洞；关于动物有家禽、家畜、飞禽、走兽、虫蚁、宠物；关于植物有树木、花卉、草刺、果子、蔬菜、五谷；关于人体动作有登（山）、涉（水）、挑（担）、驾（车）、踢（球）；关于性状有热（汤）、凉（水）、酸（梅）、苦（瓜）、清甜、麻辣、浓香、腐臭，如此等等。总之，常用的要挑大类的词问，若要过细，还要区分各种不同的小类。

如果缺乏详尽的调查表，可以按照生活的系列一串一串地问，比如人的一生经历的过程：生老病死、婚丧喜庆、顺逆吉凶；一年到头的习俗节庆，包括各种仪式、祭祀供品、器材用具；春夏秋冬，四时农事，种植收获、作物肥料、耕作农具；城乡百业，社会生活，手工技艺、商业运作，文化教育、戏曲说唱，乡规民约、亲友往来，土特出产、风物食品。后期语料采集则有谚语成语、童谣儿歌、山歌情歌、传说神话、口传故事、历史典故、人物故事、俚语戏文等。只要深入实地虚心动问，一定能够收集到独特而翔实的材料。

2. 调查方式

就工作方式说，无非是访谈、观察和文献搜集。

记录字音的时候，只要选择合格的发音人，不妨就选定一两位发音人做调查，而搜集词汇时，访谈的对象最好要广泛些，因为任何人掌握的词汇都是有限的。除了一两个基本调查对象以外，最好多约请不同行业、不同专长的老年人做调查。访谈又分两类，一是引导式调查，选好基本调查对象之后，把调查的内容和要求告诉他们，发挥其主动性和创造性，按照工作计划有序开展调查。例如调查词汇、成语、谚语和其他长篇语料都可以这样进行。另一种是采访式的调查，就是向不同的人做专题采访，这种调查最好事先制订具体而详细的计划，集中时间完成。例如农事、农具、作物只能采访老农，而老中医、草药师、泥木工匠、风水先生、拳师、媒婆也都有自己的专门知识，都可以提供咨询。词汇调查如果只依靠一两个人，就会受到局限，甚至出现由于发音人理解不确切而造成的错误。

观察是实地调查最有利的条件，一定要充分利用。要观察当地的地形地貌、天气变化和风土民情，千万不能整天关在小房间埋头记音，而应该尽量抽出时间看看山水田园、街巷墟集、祖祠庙宇；访问发音人的家庭，看看他们的厨房、卧室的陈设器具，听听祖孙几代人的对话；到祠堂看看对联、族谱、神主牌，能知道一些当地的历史；在墟集上可以看到许多本地特产以及买卖双方如何讨价还价；如果遇上对歌、唱戏、婚礼丧事，则是了解民俗活动的难逢机会。地名人名含有大量土音特词、雅称俗字，常常可以发现一些书本上看不到的趣事。

近些年来，地方文献引起了本地政府和有关人士的重视，有的重新搜集地方戏的传抄手稿、山歌唱本，有的在续修族谱，小学里则组织编写乡土教材，有些退休人员还组织起来整理地方史料，编写本地乡土志，甚至编起本地方言的词典。方言调查工作者一定要热心支持这些事业，尽可能参与各种群众文化工作，努力搜集有关材料。

3. 注意要点

这里还要提醒一下在方言词汇调查过程中需要随时注意的要点。

(1) 方言存活于社会生活之中，它具有语言的一切属性，只是在分布地域、规范程度上，以及社会地位上和通语有区别。方言的本体也是一个完整而严密的系统。调查词汇时不能只考虑词汇的问题，而要随时注意词汇的语音形式与已经记过的字音是什么关系？是否文白异读或别义异读？是否新发现的音节或声韵调的特殊组合？多音连读之后是否发生音变、合不合已经归纳的连音变读规律？词有构词法，不仅有词汇意义还有语法意义，有不同的语法组合功能，总之要注意词语的语法表现。在语体上要考察所记录的词语是纯口语或书面语、是否行业专用语？在调查过程中有了多方面的考察，记下来的词条就是立体化的，在语言系统中地位明确，就是高质量的语料。

(2) 方言是从属于共同语的，尤其在现代化的社会，方言已经进入消磨、萎缩的时代，通语对方言的影响越来越大，而这个影响最敏感、最大量的就是词汇。调查词汇时一定要问清楚，同一个意思有哪些说法？哪个是方言固有的，哪个是从普通话转借的？哪个更常用？转借的并不一定不常用，上海话的“铜钿、洋钿”应该是方言固有词，但是如今可能已经是“钞票”更常说了，因为现在用的是纸票。“封建”在普通话已经引申为形容词，厦门话可以重叠说“封建封建”，表示“有点儿封建”，这就说明已经是地道的方言了。方言中有从邻近方言借用的词汇，有从外族、外国语借用的词汇，这些借词也有是否已经方言化的问题。借用早的可能已经很土，上海人从英语的 modern 借用的“摩登”，已经说惯了，可能比“时髦、时尚、时兴”更常用。这些情况都要问清楚，并随手记录在草稿上。不随时记录，过后就会淡忘以至无从查考。

(3) 方言既是一方之言，在一方水土中生长，并且一般都已经经历过千年的风雨沧桑，方言词语中一定有许多条目，记录了当地的地形地貌、土产土货、风物风情、习语习俗、古迹古话、故人故事，所有这些都是最重要的方言词，因为它反映了方言的历史文化的积淀，决定着方言的结构特点和发展路向。调查者不能鄙视它，以为是陈规陋俗，而应该兴趣盎然，还要培养对这类词语的敏感。福州有一种味淡的烤制得略硬的小面饼叫“光饼”，另一种略大的、发过酵蒸制的松质饼叫“征东饼”，中心都有个示意的小孔，相传是戚继光的抗倭士兵用线穿成串背在身上的干粮，至今本地人都还很喜欢吃，有时还“当饭”(作为正餐的主食吃)。这样的词条调查表上是不会有的，外地人来调查福州话，如果不上街，或者上街见到了也不问，就记不下来了。

(4) 方言的本性就是口里说的话，早先有的地方也曾编过“杂字”、韵书或词典，写过山歌，大多并没有登过大雅之堂。方言调查无疑应该把注意力集中在口语词的调查上。越是“土得无字可写”的口语常用词，越是重要的方言词。

淮河一带的人说“那坨泥[$t^h uo^4$]大，[pia^4]到墙上，[$tʂ^h ua^4$]的就掉了”。一句话就有几个写不出的字。有时写的是常用字，意思却是很偏的方言义，例如“海”是个常用字，北京人说“海了去了”意为“极多”，“海说”是“无限制地说”，“海拿”是“广泛搜捕”，“海话”是“无稽之谈”，“海[$p^h ur$]”是“瞎忙乱”，“海上[$p^h ian$]”是“奇闻”。有时，有些外地人以为是文言味十足的书面语，在方言里却是土得很，倒是十分重要的方言词。例如广州话“卒之”意为“终于”，福州话的问候语“何如”(怎么样啦)如今的教授也不说了，反倒是出于不识字的老年人之口。

三　方言词汇的记录和注释

1. 方言词汇记音

记录方言词汇第一步就是记音。前面已经提到，字音和“词音”其实有很多不同：字音可有多读(一字多音)，一个词大体上就是一种读音；字音只有一个音节，现代方言词多数是多音节的，多数方言多音连读之后都会发生种种音变。因此，记录词音一要注意辨别多音，尤其是辨别文白读、别义异读。同时要注意连读音变，验证是否符合已经调查归纳过的音变规律。除此之外，还有几种情况需要注意，这里做个大略的介绍。

(1) 例外对应

前面第四章说过，方言和古音的对应有基本对应、条件对应，也有个别例外的对应。但是不同的方言与古音属于何种对应可能有区别，甲方言符合某种对应、乙方言则不同，调查别区方言时如果碰到这种情况就会诧异而举棋不定，是例外对应，抑或另有别字，还是发音人说错了？其实，例外对应各个方言都有，只要多问几个本地人，确实无误，就可以记下来。语音对应的例外很多都是有原因的，李荣(1985)写过《语音演变规律的例外》就列举了七种，要准确地理解这些例外对应并不容易，考证起来需要功力。这里只举数例：“杉木”北京话读为[ʂa^{1} mu^{4}]应该是“杉”的古韵尾-m 和“木”的声母异化而脱落;“糙米”的“糙”原是“七到切”,许多南方方言都还读去声,北京话读阴平,是因为避脏字“操”的讳。与此同理,广州话的“钩”不读[kɐu^{1}],而读[ŋɐu^{1}],也是避讳不雅字造成的。不少方言把单数三身代词读为同调:郑州、南昌为上声,梅州为阳平,长汀为阴平,广州为阳上,建瓯为阳入;福建邵武话连声母也同化了:[xaŋ^{6}、xieŋ^{6}、xu^{6}](应是“卬、贤、渠”的类化音变)。这都是因为人称代词是一个语法上的封闭性小类,语音上相互“感染”而雷同了。北京话里这种例外对应还有不少,例如:帆[fan^{1}]、殊[ʂu^{1}]、耶[ie^{1}](浊平不读阳平),癣[ɕyan^{3}](开口三等读为撮口)、俭[tɕian^{3}](浊上读为上声),这就造成了许多外地人学习标准音的困难。

还有少数例外对应其实是误读。例如岛屿的“屿”本是“徐吕切”,北京话不读[ɕy^{4}]却读[y^{3}],显然是读的半边字。广州话“纠正”的“纠”读为[tɐu^{3}],是不知什么年代的塾师把右边写为“斗”,成了错字,后来连读音也就以讹传讹了。

(2) 词内音变和词间音变

有些多音词因为音节之间的相互影响而发生跟一般的连读不同的音变,例如北京话“亲家”的“亲”读去声,本是收-n 的读成了-ŋ 尾,这是受到后字旧声母 k-的影响,加上变为轻声,读为“庆”的音。北京郊县平谷话的词内变读,据陈淑静(1998)所列就有百余条,例如:

高粱[kau^{1} ləŋ^{0}]	铃铛[ləŋ^{2} təŋ^{0}]	可能因为轻声
闺女[kuei^{1} ni^{0}]	知足[tʂʅ^{1} tsu^{1}]	可能因为同化
恐怕[p^{h}əŋ^{3} pa^{4}]	埋怨[man^{2} yan^{0}]	同上
欢喜[huan^{1} tɕi^{0}]	早起[tsau^{3} ɕi^{0}]	不明

在福建泉州话,“差不多”慢读是[ts^{h}a^{1} put^{7} tɔ^{1}],如果是快读,在邻县和乡镇就有如下多种音变(包括合音):[ts^{h}am^{1} bun^{1} tɔ^{1}],[ts^{h}am^{1} tɔ^{1}],[ts^{h}ap^{7} tɔ^{1}],[ts^{h}ap^{7} but^{7} tɔ^{1}]。

词间的音变主要是合音,两个音节合成一个音节。最常见的合音是否定词和能愿动词的合音，如普通话的“甭”“别”，吴方言的“覅”“𣍐”，广州话的“唔好”“唔系”（不是）。人称代词的复数说法在好多方言都是合音的结果，例如：阳江话是“我—我们”[ŋɔ^{3}—ŋɔk^{3}]，“你—你们”[nei^{3}—niɛk^{3}]，“其—却”[k^{h}ei^{2}—k^{h}iɛk]，可能是“我各”等的合音；厦门话是“我—阮”[gua^{3}—gun^{3}]，“汝—恁”[li^{3}—lin^{3}]，“伊—因”[i^{1}—in^{1}]，应该是“我侬”等的合音。

2. 方言词语的调查和注释

每一条词语的调查都可以从词义、词形（结构）、用法三个方面入手，先向发音人问清楚，理出条理了再动笔写下注释。词语的注释应该写得让当地人听了觉得准确、不含混，外地人听了觉得明白、好懂。以下分项说明。

（1）词义的分解与追寻

词义是语词立足的基础，词义的不同是由词义分化引起的。因此，调查方言词汇首先要致力于词义的追寻。

上古汉语单音词占绝对优势，早期传下来的方言词大多是单音词，常用的单音词由于使用时间长了，往往衍生出许多义项。这些词反映了重要的方言特征，是词汇调查的重点。调查时要尽量详细地问清楚。例如：“鼻”，在闽语和客家话，作为单音词，兼指鼻子、鼻涕和鼻子的功能——嗅；“水”是几千年的老词，各地方言都说，但是在粤语有一串独特的意义：“水路”（路程）、“水脚”（运费）、“水货”（走私货）、“水客”（走私者）、“纸水”（币值）、“睇水”（放风）、“通水”（通风报信）、“放水”（舞弊）、“心水”（心绪）、“西水”（洪水）；“厚”，各个方言共有的义项就有：不薄、忠厚、深厚、价值大（厚礼）、厚实（家底），在山东，济南还指地肥，牟平还指粥稠、水里鱼蟹多；在闽南话，不愉快的事物太多也说“厚”，如“厚话”（多嘴）、“厚事”（多病、多灾）、“厚癖”（多怪癖）、“厚工”（费事）、“厚虫”（菜里虫多）、“厚沙”（米里沙多）。又如，“肥”，各地都指肉肥、地肥、肥缺，南方方言又指人胖，北方方言则指衣服宽大。官话一般不说人“肥”，但也用于贬义的“肥仔”（柳州）、“肥嘟嘟”（哈尔滨）。许多常用的单音词在组合能力上也常有区别。例如，喝酒喝多了，有“喝高了、喝大了、喝伤了”等说法。山高、楼高、人高普通话都说“高”，而“人高”在吴语多说“长”，在山西临猗、浙江宁波和湖南浏阳都说“觘”（《集韵》土了切：身长貌），闽南则说“躼”（《集韵》郎到切：身长）。可见，调查常用单音词时要尽可能细地问，才能得到好材料。

有些古汉语的单音词，普通话里已经不单用了，但在方言里还作为单音词活跃着。例如“耀”陕西商县照镜子就说[ʐao⁴]；晋语绥德话与此同音，作为单音词表示“眼热、羡慕”的意思；厦门话有“火萤担灯来耀路”的童谣（《天乌乌》），音[tsʰio⁶]，也是照明的意思；福州话则用来表示“夸耀”，音[sieu⁶]。各地的读音都符合“以母、笑韵、去声”的音韵地位。这类古语的传承，由于语音的层次和词义的分化不同，有时就不能一目了然地判断、辨析，需要一番查勘和思考。

有些字在通语和方言都很常用，而在有些方言用得很广泛，也就引申了多种意义。例如“翻”在广州话中，“翻来”是回来，“翻学”是上学，“翻工”是上班，“翻风”是刮风；北京话“翻儿”是翻脸，“翻斥”是斥责，“翻蛮”是不讲理，“翻腔”是抵赖；“翻水”在海康闽语是游泳，在诸暨吴语是泉水。广州话还有个常用字“爆”，可以说“爆火”（发火）、“爆芽”（发芽）、“爆水”（滚水）、“爆斥”（开裂）、“爆棚”（爆满）、“爆窃、爆格”（失窃）、“爆煲”（泄密）、“爆冷”（“爆冷门”来自此）。记录这种方言词，字义和词义的对应不明显，语素的组合也有些特别，但只要仔细琢磨意义之间的联系，也还不难理解和识别。

有些常用词在一个区里有特征意义，也有共同的用法，但在不同小区或方言点还会有各种不同的说法。例如“熬”，在官话区，大家都说“熬夜、熬粥、熬药、煎熬、苦熬”，有些说法就只见于小范围的方言，如北京还说“熬心”（闷）、“熬困”（忍住睏），成都还说“熬火”（耐火）、“熬劲”（耐力），陕北还说“熬人”（累人）、“熬活”（干苦活），山东则说“熬油”（熬夜）、“熬喝”（忍渴）。调查常用词时，如能耐心地盘问这类单音词的各种组合，就能发现许多调查表格里没有罗列的词条或义项。

有些在古代汉语是常用词，在现代通语已经不用，但还保留在一些方言之中。例如“箸”，宋代以来就已经改说“筷子”了，但是在南方的吴闽客粤诸方言还有“箸子、箸双、箸隻、箸笼、箸篓、箸筒”等说法，在江淮、兰银、中原、西南等官话方言也偶有所见。再如“籰”(也作篗，《集韵》王缚切:《说文》收丝者也)，这种古老的绕丝的竹器，是织丝绸的重要器件，后来织布时也用，如今还可以在许多方言里听到它的读音:晋语济源[yɔʔ⁵]、闽语潮州[ak⁸]、官话镇江[uaʔ⁴]、赣语黎川[iɔʔ⁵]、吴语苏州[yɔʔ⁸]，音义都对齐了。又如“翼”，古汉语称“翅膀”，现代通语只用在“机翼”，但方言中还用它造词表示翅膀，除闽语可以单用外，各地的说法还有:“翼股”(莆田)、“翼甲”(长沙、梅州)、“翼膀”(绍兴、温州)、“翼臂”(莲花)、“翼翅骨”(临武)、“翼翅膀”(杭州)。调查词汇时，发现这类方言词很能说明方言与古汉语的关系，一定要认真记录。

(2) 核心词的扩充调查与考察

每个方言都有自己的核心词。凡是反映最重要的概念，或最常用而又构词能力很强的方言词，就有可能是核心词。一旦发现这样的词，就要抓住不放，尽量对这些词进行深入的考察。做法上应该着力于追问和这个词相关的义类系列。义类系列建立了，核心词也就成立了。例如广州话的“嘢”，虽然至今还无法断定它的本字，也无法判断它的来历，但仅就它的系列词就足可证明其重要性了。“嘢”有三个基本义项:东西、事情、话语，这都是最重要、最基本的概念，它还可以构成很多词语:乜嘢(什么)、好嘢(好东西)、平嘢(便宜货)、打两嘢(打两下)、做嘢(干活)、无嘢讲(无话可说)、识嘢(懂事)、个嘢唔得(那家伙不行)、无嘢做(无事可做)、有嘢(有本事)。

“骹”是闽语的特征词，覆盖全部闽语，组成大量词语。基本义是腿脚的合称，引申为物体的下部。衍生出来的词语也很多:骹腿(腿)、骹臁(胫骨)、骹川(屁股)、骹目(脚踝)、骹心(脚心)、骹板(脚底)、骹肚(小腿肚)、骹帛(裹脚布)、骹球(足球)、骹桶(脚盆)、骹手(手脚、人手)、骹筒(小腿)、骹缝(胯下)、骹步(脚步)、骹巾(擦脚布)、骹踏车(自行车)、山骹(山下)、桌骹(桌腿)、下骹(下面)、顶骹(上头)、壁骹(墙根)、铺骹(床下)、骹兜(地板)。《汉语方言大词典》用四页半的篇幅收了一百多条带“骹”字的词，除了与闽语区交界的吴语、赣语、客家话的个别方言点显然是受闽语的影响之外，都是闽语的说法。

“侬”看来是从吴语转移到闽语的核心词。现代北部吴语“侬”用作第二人称代词，但在金华地区依然是称人为“侬”。古代的吴语就是称人为“侬”的。汉末南朝的吴歌有许多相关记载，如《寻阳乐》“鸡亭故侬去，九里新侬还”，指的就是“故人、新人”。宋代的《六书故》还说：“吴人谓人侬。”后来吴语又把“侬”用作第一人称代词。北魏的《伽蓝记》说过：“吴人自呼阿侬。”这个说法至今还保留在金华、武义的老人口中。明代的冯梦龙则说：“乡人自称曰吾侬、我侬，称他人曰渠侬、你侬，问人曰谁侬。”如今各地的闽方言则无例外地称人为“侬”，如：“大侬”是成年人，“侬团”是小人儿，“呆侬”是坏人（福州）；“侬头”是人头，“侬客”是客人，“看侬”是相亲（泉州），“拍侬”是打人，还有“新人、旧人、古人、好人、活人、死人、外人、本地人、外江人、外国人、工人、作田人、乡里人”都是说的“侬”。在福建沿海的闽语，“侬”还可以读为变调，用来称“我”，如说“侬唔去，唔通安侬去”（我不去，别硬要我去）。

“瞎”是官话方言的核心词。《汉语方言大词典》罗列了 26 个义项，用 10 整页的篇幅收入了 200 多条方言词。其义项从“眼瞎”弱化为“闭目、凹陷、阻塞”，引申为“丑陋、败坏、变质”以至儿童夭折，最后成了表示“胡乱”的副词。单是“胡说”这个意思，就有数十种说法：“瞎掰、瞎白、瞎哈、瞎聊、瞎蒙、瞎吧、瞎诹、瞎讲、瞎嚼、瞎款、瞎咵、瞎白话、瞎白唬、瞎胡叨、瞎胡勒、瞎胡吧、瞎扯淡、瞎咧咧、瞎淘淘、瞎乒乓、瞎嘚嘚、瞎嘞嘞、瞎打混儿、瞎讲白讲、瞎说连篇、瞎三话四、瞎七八搭、瞎七搭八、瞎话三十、瞎话白舌、瞎诹白咧”等。大多数是官话方言的说法，有些是吴语和其他方言的。还有，“嘎”也是南方方言少见的官话方言词。“嘎”见于《集韵》，是鸟鸣声的拟声词，后来引出了四个义项，应该是后起的口语词。《汉语方言大词典》收了 89 条含“嘎”的词。这类单区密集使用的词也应该引起注意。

还有些在某个词类中极为常用的“万能词”，其功能也离核心词不远了。这些词数量不多、能量却很大，调查时应该引起注意。例如北京话的万能量词“个”就很典型。再如万能副词在普通话是“很”，在广州话是“好”，在潮州话是“雅”；万能动词在官话是“弄、整”，在湘语是“搞”，在赣语是“舞”，在福州是“做”。

(3) 语词结构的分析与辨别

语词总是有一定结构的。单音词单独成词，也是一种结构特征。复音词的结构，从语法学的角度说是“构词法”，从词汇学的角度说是“造词法”。记录方言词汇时，不管是为了理解词义还是为了解释词义，都必须分辨其结构。

从记单音词开始，就得经常问发音人，这个字能不能单说。能单说就是单音词，不能单说就是语素或语缀。北京话的“们”是不能单说的，只是个语缀，使用时必读轻声（同学们）或合音（我们[wom]、你们[nim]、他们[tam]）；广州话人称代词复数式说“我哋、你哋、佢哋”，不是语缀、也不读轻声；福州话说“我各侬、汝各侬、伊各侬”，也不是语缀，还能单说“各侬”（大家）、重叠“各侬各侬”（各自）；上杭的客家话“我们”还说成更复杂的“我大家人”呢。只有问清结构才能正确理解和注释，如果随便套用什么“词尾、后缀”的概念，就难免说错了。

说到方言词的特殊结构，人们很容易想起晋语的“圪字头”和“分音词”。调查方言词汇应该注意此类有特色的现象。“圪”字头只能读入声，字无定写（还有“咯、硌、胳、疙、屹”等写法），本身意义很虚，也很多样，作为构词成分倒是很有力的。可以构成名词（圪台、圪渣、园圪堆），量词（圪瘩、圪撮、圪丝丝），动词（圪团、圪截、圪糊、圪扇圪扇），还能构成形容词和象声词（圪合适、圪流不直底、圪保底）。这类“圪头词”在官话方言也有，《汉语方言大词典》占了 35 页，约有 800 条。温端政、张光明所编《忻州方言俗语大词典》收了忻州俗语 22000 条，其中的“圪头词”就有 482 条。分音词是把单音词分成两个音节造成的，前音是原声拼入声韵[ʌʔ]，后音是原韵原调拼[l]。例如“薄拉（扒）、薄来（摆）、薄浪（拌）、圪懒（杆）、得楞（瞪）、特罗（拖）、郭拢（滚）”。这类圪头词和分音词，究竟有多少？形成于什么年代？现在是在扩展还是收缩？为什么前字总是读为入声？都是很能体现晋语特征的，也是很值得研究的问题。

中古以后的汉语词汇双音词占了优势，其中语义合成的复合词又占了大宗，尤其在书面语更是如此。但是在口语中，还有一些用语缀构成的派生词，包括双音的单纯词、三音的形容词生动形式和四音节的“俗成语”（为了与来自文言的成语相区别，温端政用了“俗成语”这个术语是有道理的）。以下再举些例子（摘自许宝华、宫田一郎主编《汉语方言大词典》，1999）。

表示“反复地说个不停、故意纠缠、行动缓慢”的意思，在各地官话有“蘑菇”的说法，但是各地读音很多，除了双音的，也有三音以上的，写法也很多样：磨故、磨唧、磨烦、磨叽、磨咕、磨陀、磨拖、磨拧、磨喃、磨捱、磨叨、磨道、磨腾、磨缠、磨蹭、磨磨达达、磨来蹭去、磨牙斗嘴、磨磨唧唧、磨磨喃喃、磨磨丢丢、磨磨丢儿。

表示潮湿的状态有：潮乎乎（获嘉），潮搭呼（冀东），潮滋滋（溧水）、潮渌渌、潮漉漉（东北），潮哒哒（南通），潮兮兮（乌鲁木齐），潮塌塌、潮喃喃（忻州），潮打呼的、潮的呼的（东北），潮不拉叽（徐州），潮圪渍渍（洛阳），潮落落（上海），潮腻腻（苏州），也以官话居多。

表示酸的感觉的就更多了：酸乎乎、酸咕叽、酸咯咯、酸唧唧、酸滋滋、酸叽溜、酸得溜、酸淋淋，酸了吧唧、酸不唧唧、酸不叽儿、酸不叽叽、酸不拉基、酸不哩叽、酸不叽溜、酸不溜丢、酸不叽儿、酸里不叽、酸啦吧唧、酸不溜丢。

《忻州俗语志》收了 894 条俗成语，就其占主要比例的构成方式举些例子列为下表（参阅李如龙，2009，第 87 页）：

表 6.1　忻州话俗语、成语构成方式

构式	条数	占百分比	例　　词
重叠	60	6.71%	毛毛草草，圪咕圪咕，圆里圆里
动宾	182	20.35%	丢三落四，少人没手，知古通今
偏正	162	18.1%	三般两样，黑蹄黑爪，凉汤剩水
加缀	305	34%	圪里圪捣，叽里哇啦，白不溜丢，灰不处处，二里八气，圪扭圪捏

汉语的语缀有纯粹的音缀，如上例中的“圪、不、溜、丢”等，也有一些是有词汇意义的，如“婆”（媒婆、巫婆）、“者”（学者、作者），还有些是有语法意义的，如“化”（机械化、现代化）、“着”（看着、等着）。关于语法成分的调查留待下一章讨论。这里先说说词汇意义的类词缀（也叫准词缀）。之所以称为“类词缀”

是因为它跟西方语言的词缀、语尾都不一样，它们的意义并没有很多虚化，使用范围也往往很窄，不能大面积类推，不宜把它们“拔高”。例如普通话的“家”（画家、旅行家）还是有明显的“专家”的含义，“电脑专家”就还不能说“电脑家”，再高明的理发匠也不能称为“理发家”。遇到这类后附成分，不妨问问，还能有多少类推的余地，不宜轻易地做出“后缀、词尾”之类的概括。例如客家话方位词之后有个“背”，可以说“上背、下背”，“里、外、前、后”也能加“背”，但“中、旁、这、那”就不能加。“牯、嫲”可以加在许多动物之后表雌雄，有时也加在人名或称人的名词之后，如“贼嫲、戆牯”，但也很有限。有些特殊结构的词语，外地人很难理解，调查时也有必要问个明白。例如有些客家话和闽南话都可以把“来去”用在行动动词（如“看戏、洗浴、开会”等）之前，外地人觉得诧异，究竟是表示来还是去？进一步问个仔细，发音人就会告诉你，“来去”表示的是“将去未去之际，已经有了去的意向”，姑且称之为“复合动词”吧。

造词法就是词语的“命名之由”，有人称为词的理据。调查方言词汇时，一般是不必要追问命名理据的，从字面上大多就可以看到造词的思路。例如“台阶儿”，说“步级、石级、阶座”是着眼于层级；说“坡子、崎子、坦子”是着眼于坡度；说“踏步、踏步子、踏步层”则是就行人走动时的感觉。理解起来并不难。但遇到有些语素的组合不合常态或字义的组合跟词义有距离、外地人不好理解时，就需要查问一番。例如“洪水”广州话说“西水”，因为珠江的三大支流中，从贵州发源的西江流量最大，广州发大水决定于西江；而在福州话中，“发大水”说“做溪水”，因为福州在闽江口，闽江下游没有大的支流，发大水都是上游的沙溪、建溪、富屯溪、尤溪等溪流涨水带来的。

因为造词法的不同，有些双音词，同样的语素会造出不同意思的词，这种“同形异义”的词很有必要问清楚命名之由。例如“白话”，在现代书面语指的是与“文言”相对的口语，在两广指的是粤语，在官话方言多指空话（空口说白话），在上海话作为词组表示“白说”，在福州可指“俗语”，在丹阳指的是无根据地冤枉人的话。又如“天光”，有的地方意为“天亮”，有的地方指的是“清晨”或“明天”，因为天刚亮的时候就是清晨；距离现在最近的明天，就是明天的清晨。

所以，这些说法都不难理解。还有“生活”，在吴语常指“活计、活儿”，有时还说：不老实就叫他“喫生活”，意为“挨打”；扬州话还指“生产的产品”（做不出生活）；在西宁和乌鲁木齐，写字用的毛笔也说“生活”，后字读为轻声[xuə]，音义就有点费解，难道说会用毛笔就能讨生活？西宁话又说“松毫”，难道是由此发生多次音变的结果？

四川有一种面饼叫“锅盔”，相传是诸葛亮时代士兵用头盔烤的，还有白味、椒盐和糖锅盔三种。成都说人土里土气就说“苕”，红苕就是红薯，是粗俗的杂粮，常做饲料，由此造出了一系列形容词：苕气、土苕、苕眉苕眼、苕兮兮、苕宝儿、苕干、苕相、苕儿花。还有因同音而附会为旧时从湖南宝庆府来的、有点土气的“邵阳”人。与“苕”意思相近的还有“广”，本地人把清代“湖广填四川”时来的外地移民统称为“广”“广广”“土广广”，逐渐便成了“无见识、孤陋寡闻、土里土气”的代名词。

东南沿海数百年间走向海洋，跟东南亚各国的原住民打交道，引进了许多外国的作物和制品，在东南方言中留下了一串带“番”字的词语。例如：番仔、番婆、番邦、过番（下南洋）、成番（同化于当地）、番仔性地（粗暴蛮横）、番布（洋布）、番椒（辣椒）、番柿（西红柿）、番薯（白薯）、番仔火（火柴）、番仔楼（洋楼）、番仔灰、番灰（水泥）。

中原晋陕大地盛产红枣，在枣乡调查方言，单是数十个品种的名称（金丝枣、葫芦枣、板枣、长枣、圆枣、脆枣、团枣、狗头枣、铃枣、尖枣）就应接不暇了，还有各种用枣的原料制作的食品（含保健食品），加工为商品的包装工艺（枣排排、枣囤儿、枣串子、枣塔），以及种植、管理、收成、储存全过程的农活名称、使用的工具等，其用词一定充满方言色彩。

有些方言词字面上的意思不大好理解，顺着民间的移民传说，追寻方言的源头，往往可以得到很好的解释。海南岛闽语管桌子叫“床”，供神祭祖的长案叫“神床”，赴宴入席说“坐床”。那里乡间口口相传都说“祖上来自福建莆田荔枝村，经过潮州、雷州而来”，后来经过沿途方言的调查，果然海南岛和广东的雷州、潮州一带都和莆田话一样，称桌子为床；还有肥肉说“白肉”，开水说“沸水”，花生说“地生”，衣兜叫“帕”，都是莆田话跳过本省的泉州、漳州，到了粤琼之后就有潮州、雷州及海口等地的相同说法。这和民间传说的数百年间的移民路线是完全符合、可以相互论证的。这是一个通过方言特征词的调查而证实地方史的生动事例。

甘肃南部的白龙江流域有些方言词和当地的中原官话不同，按照移民史的途径一查，果然和明代李实所编的《蜀语》所说相同：平原曰“坝”，追赶曰“碾”，欠缺、稍差曰“争”，干脆利落曰“撇脱”，糊涂曰“颠东”，村市曰“场”、入市交易曰“赶场”，男巫曰“端公”，没本事、品行差的人曰“瘖人”。（莫超，2004）

可见，考核方言词汇的造词法，对于了解地理环境、社会生活以及地方历史都会有很多的启发。因为这些方言词正是生长在当地的居民世代创造出来的。

（4）词语的语用、语体差异

方言词语和通语的差异一样，在语体、语用方面也会有不同的特征，调查时也必须注意问清楚。不过，在这方面，方言词汇不像通语的词汇那样差别大，重要的是脑子里要有这根弦，随时问问就是。

语体方面的差异最主要是书面语和口语的不同，方言少有书面语，只有少数一些方言能用文读音朗读文言文或白话文，例如广州话和厦门话。广州话的字音，文读和白读并没有很多不同，只有厦门话文白读音有较大差异，但这种差异是语音的差异，并非词汇的差异。

庄重场合的正式语体和一般场合的随便语体在语速方面、语词的长度方面应该有不同的分工。庄重场合说得慢，轻声、儿化、合音等连读音变少。更多的语用手段是选用同义词，例如上海话的“尴尬、尴里尴尬、勿尴勿尬、尴里勿尴尬、半山勿尴尬”，“开心、捂心、称心、适意、惬意、舒服”就可以选用于不同的语用环境。

语体方面差异较大的是一般语体和文艺语体。民间歌谣讲究押韵、用字整齐，用词上也应该更加讲究形象化等，就不仅仅是词汇的选择了。

（5）为方言词语选注汉字

记录方言词汇时如何选用恰当的字去记录，多数情况下应该是问题不大，但是遇到的麻烦也一定不少。主要有以下原因：①方言历来缺乏书面记录的形式，很少人致力于为书写方言词统一用字，即使有民间学者编过地方韵书，因为韵书并不普及，用字也就未能广泛通行。②方言词语是在大众之中用方言词在口头生成和传播，用方音来造词的，与文人学士按字造词截然不同，尤其是那些拟声词、音缀、形容词生动后缀，本来就无字可写。③上文说过，古音和方音之间有例外的对应，也有方音的变读，这就使本来有字可写的也闹不明白了。例如客家话“我”读为阴平调，韵母是白读[ŋai]，本地人就另造新字“偓”。再如“过”《广韵》有平声的“古禾切”，义注“过所也”。“瓜果蔬菜过时，老了”，徐州一带说的[kuo¹]，福州一带说的[kuai¹]就是这个字，徐州不知写为何字，福州常写同音字“乖”，这就切断了方言词和古音义的联系。④如果方言词是民族语言的“底层”、外族语言的借用，或是方言的新创，另造一个新字，也无可厚非。但是，汉字的造字法经过数千年的变迁，古今南北各行其是，有人说得很生动：“新字不必报户口，老字也永不退休，死字也没有注销户口。”不但汉族人造汉字，少数民族也造过；中国人造汉字，日本人、韩国人、越南人也会造。因此，历史上积累下来的异体字、俗字、错字就需要一番鉴别和选用。

记录方言词语最重要的是标音准确、释义明白，做到这两条，就基本站住脚了，但是能够恰当地标注汉字也不是无关紧要的，因为正是恰当的汉字，体现了古今汉语和南北方言的异同。

对于这些难于注字的方言词，现有的写法有如下几种。

第一，民间俗字。

民间俗字各地都有，古来许多字都起源于俗字，普通话的许多已经进了规范字典的字本来也就是民间俗造的，用的时间长了，就约定俗成了。例如“甭、啥、咱、咋”等合音字，“咚、呱、嘿、呃、呃、哦、嗡”等拟声词用字，“啦、咯、啰、哎、呐、嘞”等叹词用字，“垵、坜、垴、坂、坳、坨、圳、坞、垱、坻”等地名用字，“咖啡、咖喱、钙、钒、钠”等译音用字，开始时都是俗造的。近年来研究方言语法的文章用了许多表示虚词的用字如“哒、咧、哩、唻、咯、噜”等，官话区的“旮旯、嘎啦、轱辘、窟窿、库伦、扒拉、嘟噜、崚嶒”这类联绵字也都已经不“俗”了。早年记录方言词时也是经常使用俗字的。扬雄的《方言》就有未收入《广韵》的字，到章太炎的《新方言》，也不乏拿古籍上的字，用“音转”去套用的。例如《释器》就引用过《说文》的“噤”：“食辛噤，火沃切也。今人谓味过厚烈为噤，转平为‘蒿’。”应钟《甬言稽诂》说：“俗称俯首示意音如咄。”1917 年《林县志》：“呼鸡曰呱。”也都是这类例子。可见，用俗字来记录方言词，是很正常的事，不必大惊小怪。

但是既然是俗字，就应该在当地有一定的通行度，或者在地方上的字典、杂字、唱本上用过，不能随意造一个就算俗字。有个“奄”字，广州郊外的斗门“乳房”[ɐm³]注这个字，广州话的[ɐm tʃʰɐm](唠叨)，山西临汾[niɛn niĕr](悄悄地)也用这个字作注，福建福清话的[aŋ maŋ](生病)也写为“奄病”，恐怕都不可能是已经通行的俗字。已经通行的俗字一般都是在字音或字义上存在着一定的联系。也因为有章可循，才能通行。

俗字造得最多的是粤港的粤语，总数量应该在 300 个以上。就其造字法说大概可以分为带口字旁的声符字、形声字、同音字和会意字四类。以下依照这个顺序举些例子。

带个“口”字的方言词俗字最为常见。例如：嘢[iɛ](东西)、咗[tʃɔ](相当于普通话的“了”)、唔[m](不)、呢[ni](这)、啯[kɔ](那)、嚟[lei](来)、啱[ŋam](合适)、呔[tai](领带)、唛[mak](商标)、咭[kʰɐt](卡片)、哋[tei](我哋：我们)。

新造的形声字，声旁与方音相近，形旁与词义相关。例如：佢[kʰøy](他)、煲[pɔu](久煮)、脷[lei](猪脷：猪肝)、鎅[kai](割)、餸[sɔŋ](下饭菜)、腩[nam](动物内脏)、瞓[fɐn](睡)。

另造的会意字。例如：冇[mɔu](没有)、乸[na](雌性动物的词尾)、嬲[nɐu](玩)、孖[ma](成双的)。

使用同音字。例如：晒[sai](饮晒：喝掉)、点[tim](点样：怎样)、窦[tɐu](老窦：父亲)、揾[wɐn](寻找)、恤[ʃut](恤衫：衬衣)。

第二，训读字。

训读字就是借用同义的通语常用字来标记方言词。吴语区的第三人称代词本是“其”[ɦi]，鲁迅用“伊”写进《祝福》之后用开了，其实是训读字；闽语称人为“侬”，一般人也写为“人”；客家话称乳房为[neŋ]，通常写为“乳”，闽语音[lin]，则写为“奶”；闽语的“骹”在民间一般也写为“脚”。这都是些训读字的例子。

训读字最多是在海南闽语，据海南学者梁猷刚、陈鸿迈统计，有157个之多。以下就以海南闽语为例说说训读字的两个特点。

① 之所以需要写训读字，往往是因为方言词用的是古字、僻字，但又是方言中的常用词。换用的训读字则是字义相同的通语的常用字。例如：“骹”[xa]写为“脚”，“糜”[mue]（粥）写为“饭”，“冥”[me]（夜晚）写为“夜”，“厝”[siu]（房屋）写为“室”，“瘖”[taŋ]写为“瘦”，“床”[so]写为“桌”，“悬”[koi]写为“高”，“塗”[tʰou]写为“土”。

② 反过来，对于通语书面语中的不太常用的字，就用同义的方言词的音去读，即书面语用字的方言词训读音。例如：“思”的意思在方言里说“想”[tio]，就用这个音去读“思”的音，“思想”二字连起来就读为[tio tio]。与此同理，方言把“书”说成“册”，就用“册”[se]的音训读“书”，“字”不如“书”常用，又用“书”的音[tu]训读“字”，“识”字不常用，方言里说“八”[pat]，就把“识”读为“八”的音。于是，“看书识字”就读成了[mo se pat tu]按音写出来的字就成了“望册八书”，外地人只能莫名其妙了。

总之，海南闽语的训读词，出发点是方言词，训读的是书面语的常用字，对应书面语的非常用字则用方言词读成训读音。这种训读制度是用方言词的音义去认读通语的书面语的，在学习通语的书面语的时候，是可以减少一些识字的负担；但是遇到都是常用字，音义互训，有时就搞乱了。例如把“年幼”说成“年细”、“心细”说成“心幼”；“小雨”说成“幼雨”、“小事”又说成“细事”，难免造成了文白、书口的混乱。

第三，同音字。

同音字的出现往往是因为字义发生变化、字音也跟着变，字形和原来的音义失去了明显的联系，于是写成了同音字。例如："招数、这一招"的"招"本来是"着"的音，后来"着"的音太多了（zhao¹、zhao²、zhuo²、zhe⁰），读成阴平的"着"就写成同音字"招"；又如"标识"写成"标志"，"得当、的当"两种读音、两种写法都行，意义不变。这种现象本来是写了"别字"（或称白字），后来就约定俗成，别字也成为正字了。记录方言词时这种按音写字的现象是很常见的。例如："姑个"（这个）、"姑呢"（这里）（以上粤语），"姑都"（蹲下）、"姑容"（爬动）、"姑录"（轱辘）（以上官家话），"姑倒"（蹲下）（以上客家话），"姑歇"（现在）（以上吴语），其中的"姑"显然都是同音字。只要不引起意义的含混，这种写法是可以接受的，有的学者比较认真，在同音字的周边加上某种记号，当然更好，在科学论著中值得提倡。有些常用字，用来标记意义上毫无关系的方言词，如果未加记号和说明，就难免费解，因而是不值得提倡的。例如："姐佬、姐叽"（姐姐）（以上赣语），"姐公、姐婆"（外公、外婆）、"姐老"（母亲）（以上客话），"姐的"（怎么的）、"姐手"（左手）（以上吴语），"姐溜猴儿、姐了鬼子、姐了龟子"（蝉幼虫）（以上官话）。

第四，古本字。

早期研究方言词为音韵学和训诂学做论据时，曾经重视考求方言词本字的工作，例如章太炎的《新方言》、罗翙云的《客话本字》。因为当年还没有用国际音标准确地记录方音，也没有经过严格的音韵演变规律做比较，常常用"一音之转"来解释方言词语的"古本字"，虽然用意甚好，可惜考得成功的并不多。后来音韵学研究发展为语音史的比较，古今音的演变得到越来越科学的解释，尤其在1979年《方言》杂志创刊初期发表了一批为方言考本字的文章之后，这个工作有了更多的进步。这是音韵学和方言学的研究相互为用、相互推动的成功标志。

为方言词考求本字，主要不是为了给方言词找个合适的字来写，而是为了追究方言词的来历，考察古今语音和字义演变的规律，既是方言词的历史透视，也是汉语史的规律验证。不过，这是一项艰巨的工作。在方言调查的初级阶段是不能作为基本要求的，因为牵连到多方面的学识，要投入很多时间，只能放在调查工作完成之后再慢慢做。这里只做个大略的介绍。

爱造俗字的粤语，其实也用了一些古本字。例如：[pei³]写为“畀”（给），[tsaŋ]写为“踭”（脚后跟），[hiak]写为“喫”（吃）；[fɐt]写为“揔”，呼骨切，楚谓击为“揔”；[mam]写为“餢”，母敢切，吴人谓哺子曰“餢”。这就可以作为方言史的参证。

为方言词考求本字首先必须经过严格的音韵论证，拿古本字的声韵调和方言的读音做比较，看是否符合音类对应和文白对应；其次要看本字的义注以及古籍中的用例和方言词的意义是否相符。最后再看看周边的方言有没有类似的说法，早期的文献中有没有用例，能找到旁证最好。例如李荣所考的几个本字都很过硬。“敨”，他口切，展也。印证了《水浒》的“不敢敨气”，符合北京音的[tʰou³]、广州音的[tʰɐu³]，都是通气、歇息的意思。在闽语还用作“解开绳索”[tʰau³]，吴语、徽语也表示“展开”，南昌还说“敨凉”（乘凉），贵阳单说可表示“搂”，建瓯“敨子”是钥匙，海口“敨茶”是沏茶。可见还有不少不同意义和用法的例证。

湘西深山里濒危的“瓦乡话”，本地人已经无法读出汉字的音了，经过考证，可以肯定他们嘴里说的很多是上古汉语，例如：“履”（鞋）、“啼”（哭）、“澡”（洗）、“褌”（裤子）、“犬”（狗）、“铁鼎”（锅）、“炙”（烤火）、“望”（看）。简直令人难以置信（详见伍云姬等，2010）。

方言毕竟是几千年来独立发展过来的，在演变过程中必定有创新，但是也不能认为方言词“无一字无来历”。如果未经严密考证，认定了许多“古本字”，有时反倒把事实说糊涂了。李荣先生说过，本字考得好是锦上添花，考得不好，就会画蛇添足。

最后一种做法是没有办法的办法，不为方言词注字，打一个框框“□”。俗话说“开天窗”。这是一种最简便、最聪明的办法，但也是最不负责任的办法，可以永远立于不败之地，却是无所作为的行为。偶尔开开天窗，还能忍受，天窗开多了，阅读都有障碍。个人的初次调查，最后可以经过整理，为方言词用字做个总结。如果是集体的区域调查，为了对齐，应该先立章程，为方言词注字,首选什么,其次采取什么,专门列个方言词用字表,以便统一规格。书成后作为附录。

四 方言词汇系统的整理与分析

记完方言词汇之后,有必要进行几个方面的系统分析。有了系统分析,才能理解方言词汇的特征。

1. 共时的方言词汇系统分析

共时的方言词系统分析最重要的就是提取核心词,考察核心词和基本词、一般词的关系。把表达最重要概念的常用方言词提取出来,逐一理清他们的多个义项之间的联系和区别,沿着这些基本词汇的义项衍生,追寻其语义系列。例如,官话的特征词"丢"虽然历史不长(未见于《集韵》),但是繁殖很快,分化了十几个义项,不仅单说频繁,还构成了大量的双音、三音、四音词。仅"丢脸"这个意思就有许多说法:丢人、丢面、丢格、丢底、丢相、丢逊、丢架、丢份、丢讯、丢勾、丢祖宗、丢人现眼、丢底八怪、丢人卖相。又如"找",除了"寻找"之外,还可以用作动词表示"挑拣、挑剔、挣得、雇请、推脱"等意思:找职业、找毛病、找钱、找保姆、找借口;编制了不少惯用语:找没趣、找野食、找岔子、找别扭、找邪碴儿、找不顺序;还进一步引申为介词:找人逮住了,找他借钱,找车撞了。

"拍"是闽语的核心词,以海口话为例,普通话的"打"海口大体都可说"拍":拍门、拍战、拍包袱、拍金器、拍伞、拍井、拍电话、拍架。还有更多其他说法:拍平(扯平)、拍叭(闲扯)、拍罢(糟蹋)、拍药(抓药)、拍费(浪费)、拍铺(搭床)、拍点(盘点)、拍签(抽签)、拍色(上色)。

方言里这些常用的、多义的核心词派生出一串串的多音词语,就像一座城市里的宝塔、宫殿、广场、楼群,形成了系列的一条条有趣的风景线,成为识别这座城市的特征。

2. 历时的方言词汇系统分析

方言的语音、词汇、语法的演变不外乎自变和他变。从历时的角度看，方言词有同源自变的传承词、变异词、创新词；也有同源他变和异源借用的底层词、转借词、外来词。

同源自变是从古代汉语传承下来而有所变异，同源他变是从现代汉语通语或其他方言转借的，底层词是早年原住居民语言留给方言的非汉语词，外来词是近现代从外国语言借用的。

记下了相当数量的方言词语之后，想要立刻分清每一条词语的来源和层次，是不现实的。这个工作更多地要放在研究阶段去做，因为还需要许多古今汉语、南北方言乃至汉语和外语的比较。但是，如果记音的过程中就有这样的历时考察的思路，有词汇的来历和层次的观念，记完词汇之后，做一番初步的整理，大概还能获得一些初步的认识。

例如，一般都认为，南方方言留存古代汉语的单音词较多：目—目珠—眼—眼睛、腹—腹肚—肚子、足—脚、鼻—鼻头—鼻子—鼻哥、行—走、食—喫—吃、立—徛—站、睇—望—觑—看—瞧、鼎—镬—锅、炊—蒸，越是往前就越古老，这是一般中等程度以上的青年人都知道的，调查方言时要着力训练自己对方言词的历史层次应有的判断力。

至于各地方言的词语中，哪些是方言固有的，哪些是从普通话转借的，就比较容易判断，问问发音合作人，他们大多能说清楚。更难的是底层词和外来词的判断。不过这些词语在方言词的总量中并不会占很大的比例。

3. 不对应词的整理和解说

单就一个方言而言，词就是词，无所谓对应不对应，不对应词是就不同的语言或方言的词汇比较说的，两种语言或方言中，一方是词，一方不是词而必须用词组来表达。成词的已经形成了独立、稳定的概念，不成词的则还没有。有时，双方都成词，一方是一个词，另一方必须分解为两个词。这里所说的“不对应词”指的是通语和方言之间的不对应词。因为目前的方言调查词表大多是用普通话立的词目，遇到普通话和方言的不对应，调查时就会遇到困难。

例如，“告诉”在南方的一些方言中就没有这个词，“你告诉他”要说成“汝共伊讲”（闽语，指：你跟他说）或是“你讲佢听”（客家话，指：你说给他听）。前者是个“状谓结构”，后者竟是个“兼语式”。“谁告诉你的？”要说成“啥人同侬讲格”（吴语，指：什么人跟你说的）。又如“回家”，不少方言也没有相对应的说法，分别说成“回去、回来”。广州话说“翻来、翻去”，“回家”还可以说“翻屋企”[fan uk kʰe]，已经不是单词了；上海话说“转去、转来”，非要说“回家”只好说“转到屋里向去”，只能是个词组；厦门话说“倒去、倒来”，明末的《荔镜记》里还有“转厝”[tŋ tsʰu]的说法，如今闽南话不说了，只保留在闽东话。官话里的“闭嘴”成了单词了，许多南方方言说起来就得翻译成“闭上你的嘴”。

也有不少是方言成词、普通话不成词，尤其是动宾结构或偏正结构成词的，在普通话还没有成词，因而造成不对应。例如：

上山：忻州话专指“上山开凿石头的工种”。

上水：温州话专指“龙舟竞渡开始”，哈尔滨指“水上运动开始”。

上岸：苏州话专指“船离开水进行大修”。

上身：厦门话指“神灵附体发出异常动作”。

上棚：上海话指“家禽傍晚归棚”。

下茶：扬州话指“到女家送定亲的礼金和礼物”。

下茬：银川话指“不讲情面地下力气办事”。

下堂：娄底话指“女人离婚”，柳州话指“改嫁”。

下话：成都、西安、银川都指“说好话向人求情”。

下门：徐州话指“商店开门营业”。

如果方言里形成一定结构的方言词系列，就会出现成系列的不对应词。例如闽南话“有”和“无”是一对多义的反义词，构成了一系列意义相反的双音词：

有影：确有其事；无影：没的事。

有势(厦门)、有事(泉州):势力大,有本事;无势、无事:势力不大,没本事。

有路:对某食物特别爱好;无路:没有特别的兴趣。

有空:家境富足或有趣;无空:不富足,没趣味。

有卜(pok):有得拼,有希望;无卜:没得拼,没希望。

有胆:胆大,无胆:胆小;有量:气量大,无量:小气。

有变:有变通的余地;无变:毫无办法。

用修辞造词法造的方言词也常常成为普通话的不对应词,例如广州话就有不少:飞鼠(蝙蝠)、吊钟(一种花)、火烛(火灾)、放水(私下给人提供方便)、豆皮(麻脸儿)、白鼻哥(应考落第者)、大嘢(态度傲慢)、赖猫君(耍无赖者)。

调查方言词汇时应该重视不对应词。因为这类词语特别有方言特色,在词义的概括和提炼上,在语素的组织方式上,或在附加的意义色彩上都跟通语或其他方言不同,也是外地人不易理解的方言词。记录了不对应词之后,必要时还要就造词之缘由做必要的解说。

如果用普通话编好的调查表做调查,普通话成词,方言没有对应的词很快就能发现,但是,方言成词、普通话不成词的就不容易发现。只有从事物名称、动作、性状等概念出发,才能问出方言特有的不对应词。一旦发现这类方言词,就应该扩展去问,把同类的不对应词尽量调查出来。

4. 专题词汇语料的整理和分析

若是较大规模的调查,得到的词汇比较丰富,就可以选择某些专题做一番整理。初步整理之后发现问题还可以继续做进一步的考察和调查,做好深入研究的准备。值得整理的专题有三个方面:语言方面、地理环境方面和历史文化方面。

(1) 语言方面主要是一些封闭性词汇可以立为专题,例如方位词、指代词、数量词、称谓词(包括亲属称谓和社会称谓)。有的方言用动词、形容词语素做方位词,如“高头”(武汉话,指:上面)、“出面、入面”(广州话,指:外面、里面);有的指示代词分为近指、中指、远指(如山东、山西、湖北等地方言就有过许多报道);有的数词连读有特殊的变调规则(如闽北的建瓯话“十”和“二十”的“十”读为阳去,“十二”中的“十”读为阴平);有的把有些亲属称谓套用于社会称谓(如闽语福州话的“依哥、依弟、依姐、依妹”);至于形容词转化为副词,动词转化为介词、助词等主要是语法方面的特征,留待下章再讨论。

(2)地理环境方面对方言词的影响主要表现在气候水文、地形地貌、物种物产、农耕要项、择业取向等方面。南方“冰、霜、雪”不分,把“冰箱”说成“雪柜”,“冰棍儿”说成“霜条”;内陆称湖为“海、池”(云南有“阳宗海、滇池”);海滨称海为“江”(厦门有“鹭江、浔江”);沙漠区不知鱼蟹虾蛤,海边人所识草木十分有限;农村多农谚,街区有商谚。各地都有自己特有的地理通名来称说种种地形地貌,例如北方的“塬、墚、峁、峪、崮”,南方的“沥、浜、泾、埗、坑、阬”,常常是方言区的特征词。还有各类记录本地食品、器物、用具的风物词:米线、米粉、粉条、粿条、沙琪玛,火腿、云腿,水车、吊桶、戽斗,敖包、坎儿井等。记录这类方言词因为形状、用途、制作方法都各不相同,往往都要做出详细的描写和说明,才能使外地人明白。

历史文化方面有历史地名、历史人物及其故事传说,有的已经凝固为有特殊含义的方言词,福州话的“贻顺哥烛蒂”就是从地方戏曲名浓缩而成的惯用语,讥笑吝啬的财主为了不丢弃一小段蜡烛头而引发火灾,烧尽了家产,到头来一场空。反映本地风俗习惯的有大量的节庆习俗用语,体现本地价值取向的成语谚语,保存于地方戏曲和说唱中的名人事迹和典故。如果有足够的时间和条件,对于这些体现本地文化特征和历史传统的语料应该进行深挖,有的再不进行抢救性调查就要失传了。有了翔实的语料,加以分类整理和过细的说明,便是宝贵的文化语言学的材料,对于方言学研究和历史文化研究都有重要的价值。

思考与练习

1. 方言词汇的调查为什么要强调核心词、基本词和常用词的调查?这类词的读音的变异、意义的延伸和语法构成的聚合、组合关系上有什么特点？

2. 汉语方言词汇在造词法方面的差异显然比构词法的差异大，请举例说明造成这种差异的各种原因，可从自然环境、社会文化、认知角度等方面去考察。

3. 请列举一批你就母语或其他方言所调查得到的“不对应词”，并说明调查不对应词的意义。

4. 举例说明方言词汇的历史层次和方言形成和发展过程的内在联系。

参考书目

北京大学中文系语言学教研室 1995 《汉语方言词汇》，语文出版社。

曹志耘主编 2008 《汉语方言地图集》(词汇卷)，商务印书馆。

陈淑静 1998 《平谷方言研究》，河北大学出版社。

邓英树、张一舟主编 2009 《四川方言词汇研究》，中国社会科学出版社。

董绍克 2002 《汉语方言词汇差异比较研究》，民族出版社。

李荣 1985 《语文论衡》，商务印书馆。

李荣主编 2002 《现代汉语方言大词典》，江苏教育出版社。

李如龙 2011 《汉语词汇学论集》，厦门大学出版社。

李如龙主编 2001 《汉语方言特征词研究》，厦门大学出版社。

罗昕如 2006 《湖南方言词汇研究》，湖南师大出版社。

伍云姬等 2010 《湘西古丈瓦乡话调查报告》，上海教育出版社。

许宝华、宫田一郎主编 1999 《汉语方言大词典》，中华书局。

袁家骅等 2001 《汉语方言概要》(第二版)，语文出版社。

张光明、温端政 2002 《忻州方言俗语大词典》，上海辞书出版社。

第七章　方言语法调查

一　语法调查值得大力提倡

汉语方言语法的调查起步较晚，这是有原因的。第一，汉语方言的物质外壳——语音的差异比较引人注目，一开始调查研究就着重于字音的调查并做音韵学分析，后来才从语音延续到词汇的调查研究。就词汇和语法做比较，词汇的差异也容易发现，语法意义比较抽象，语法结构又是体现在语句之中，需要考察大量的句式才能琢磨得出来。第二，汉语的语法重语序，但也有不同语序表示同样意思的；重虚词，但在口语中虚词又经常省略；加上缺乏形态特征，语法单位之间往往没有明确的界线，不同的句型可以变换使用，如此等等，要充分认识这些特征就很不容易。因此，早期的研究者就以为方言之间的语法差异不大。第三，语法学是从西方语言学兴起的，汉语的古代研究更多的是注重修辞。从《马氏文通》开始，学习西方的经验来研究汉语语法也已经有百余年的历史了，至今还没能建立充分体现汉语特征的、得到普遍认同的语法理论。理论的不成熟对于方言语法的调查不无妨碍。第四，方言总是以口语的形式存在的，历来少有书面记录的文献，有些行外的人所记录的民间故事、戏文，乃至谚语、歌谣还常常是用普通话加工过的，不像调查研究共同语的语法那样，随手可以得到现成的语料。记录方言例句，又往往遇到标音、释义、注字等方面的困难。可见，无论从历史到现状，从理论到材料，都说明方言语法的调查研究是不容易做好的，这也就是为什么方言研究中语法滞后的原因。

然而，我们不能认为汉语没有语法，只不过是我们现在对于汉语的语法特征还认识不足，没有建立自己的理论体系；我们也不能认为汉语方言之间没有多少语法差异。代词不算是一个词汇大家庭，伍云姬 2000 年就主编出版了《湖南方言的代词》；汪化云 2008 年出版的专著《汉语方言代词论略》，只是"论略"，就写了 20 多万字。单是三身代词（我、我们、我的，你、你们、你们的……）在全国方言中的不同说法就使人头昏眼花了。"你找不到他"这句话，就句式说，就有"找他不到""找不他到""不会找得他到"等各种说法。除了语序的不同，其中的动词"找"和代词"你、他"有词汇差异，表示语法意义的否定词"不"和补语"到"也有许多不同说法。就此做一番详细比较也够写一本书了。

汉语方言语法的研究最早的是赵元任的第一篇方言学论文《北京、苏州、常州语助词的研究》（1926），但是，后来的 50 年间，大家都转向音韵的研究，直到 20 世纪 80 年代，才又兴起了语法研究。1996 年出版的《汉语方言语法类编》收集了 1990 年以前的方言语法研究成果 505 种，其中 80 年代的成果就超过 400 种。另外，从《方言》杂志所发表的文章也可以看到，从 1990 年到 2002 年，发表的论文总数是 541 篇，其中方言语法的论文就有 135 篇，将近占了 27%。专题研究汉语方言语法的学术会议则是 1990 年以后的事。李如龙、张双庆等策划的"东南方言的语法专题研讨会"，从 1993 年起，开了七次会议，出了七本专集。加上胡明扬主编的《汉语方言体貌论文集》和伍云姬主编的"湖南方言语法系列"三集，20 世纪 90 年代方言语法专题研讨会就出版了十几种论文集。可见，20 世纪的八九十年代，方言语法的调查研究出现了新的局面。跨过新世纪，从 2002 年起，"全国汉语方言语法学术研讨会"每两年一次，一直是一会一书，陆续发表了各方言区的语法研究成果。此外，许多专家撰写的研究地点方言语法的专著，以及比较某一区、片方言语法的专著，也相继出现，近二三十年间应该已经有了数十种，这是十分可喜的新局面。

然而，汉语方言语法的调查研究毕竟还是刚刚起步不久，我们也应该看到不足之处和进一步研究的广阔前景。就已有的成果说，多数是单点语法的描写，其中又多半是个别语法特点的词语和例句的列举，一个方言区内的综合比较就不多，更不必说多区方言的比较以及整个古今汉语、南北方言的语法比较了。只有经过比较才能认识特征，包括点上、区上和现代、古代汉语的语法特征。没有广泛的材料就无法进行比较,所以,用同样条目调查的多点语料是最可贵的语料。而要有能对齐的条目,便于进行有效的调查,就必须研制一个能反映汉语方言语法特点的调查表。现有的语法调查表格大多又少又简略,个别详细的又不便操作。要制定这个合用的调查表,就必须深入调查若干点、比较过很多点,形成关于汉语方言语法特征的初步理论框架。有了多点对齐的材料,才可以建立语料库,进行局部或全局、小片或大区的多种比较,认识大大小小的语法特征。大体说来就是以下几个过程:调查(由点到面)——比较(由片到区、由今到古)——提取特征(通过语料库)——探讨规律(通过综合比较)——形成理论(总结汉语语法的结构和演变规律)。如此说来,要研究好汉语方言的语法,路子还很长。不过,我们不能等到长期研究,出了理论,再来编调查表格、进行调查。广泛细致的调查,充分发掘语法事实是最重要的基础工作,调查的材料越多越好,成熟的调查表格也必须在大量的调查实践中经过检验而获得。因此,方言语法的调查还是一个很值得提倡的工作。

二 调查语法更需要合理地制订计划

方言语音的调查已经有比较成熟的调查表和工作规程,词汇调查的表格也不少,调查方法从记音到释义也比较好掌握,而语法调查还没有合适的调查表格,目前我们对汉语方言的语法差异也了解得不太多,调查方法也不成熟,总的说来还处于摸索阶段。因此,在调查之前制订一个恰当的计划就显得更加重要。

语法调查的初学者最好挑选简单的调查提纲,不要贪多求快、胃口太大。与其广泛涉猎,蜻蜓点水,不如抓住重点,深入细致,突破一点,以获得若干主要语法特征的了解,并学会语法调查的方法。尤其是初次调查自己不熟悉的方言,更应该如此。1956 年出版的丁声树、李荣所编的《汉语方言调查简表》最后的"37 个例句",就是用来调查方言语法的。虽然只有 37 个句子,却是很有概括性,抓到了许多重要的语法特征。例如疑问词、指代词在日常口语中是很常用的，其中基本都齐全了；有些常用的虚词往往有多种用法，例句也都体现出来了，例如“得”，就有“拿得动、说得好、想得很、吃得吃不得”；方言中常见的重叠式有“好好儿、闻闻”；方言口语中常见的并列结构竟列有不同格式的13句。如果拿这些例句扩展去问，还有哪些可类推的句子或者是可变通的句子，还是可以得到许多有益的启发的。例如“你说得很好”，就可以问，有没有“长得很高、走得很快、睡得很香、说得太生动了”，或是不用“得”的“你说很好、走很快、走不快、没长很高”等变式句。又如“把那本书拿给我”，就可以问问，“把”能替换成“将、拿”？能省去“把”等词不用吗？“拿给我”能不能说“拿来给我、给我拿来、拿给我来”？如能把这些句子都问清楚了，逐字逐词都记下音，词义都注释得很清楚，可能有的格式也罗列出来了，就算是很有成绩的语法调查了。

初步的调查有了经验，就可以做些中型的调查。中型的调查又有两种，一种是面上的调查，为了了解一个区域的语法特征，各点用统一的调查提纲，把调查材料对齐；另一种是就某一个专题进行比较深入的调查。

面上的调查必须有点上的抽样调查做基础，把点上的调查整理之后，提出若干特点制定调查提纲。这种由点到面、由面带点的调查往往可以了解到一个区域的方言的语法特点。例如20世纪90年代伍云姬组织湘语的语法调查时，为了调查相当于普通话动词的体的标记“了、着”在湘语有哪些说法，罗列了包括用“咖、哒、咖哒”放在动词前后、带不带宾补语的12个例句（伍云姬，1996）：

咖：把书卖咖。昨日落咖一场大雨。个只狗肯定会疯咖去。把衣服脱咖。

哒：你好生坐哒。莫睏哒看书。她看哒看哒就睏着哒。把衣服穿哒。下雪哒。

咖哒：叶子红咖哒。她有咖一个仔哒。他吃咖饭哒。

专题调查是就一个比较小的问题进行细致的调查，最好还是以一个点做依据，适当做一个区域的调查，或者搜集前人曾经研究过的成果加以比较，往往可以就该语法现象获得深入一步的认识，甚至有所发现。例如指代词，不论是人称代词或指示代词，虽然只有少数几个，在汉语方言中却常常有许多不同的表现。邢向东调查了陕北晋语后发现，在府谷、神木、绥德、清涧一带，单数第一人称不但说“我”还说“咱”，证明了吕叔湘先生所说的“在宋金元的文献里，咱字有单数（＝我）和复数（＝咱们）两种用法”，还发现了有“你给咱、我给咱”及其省略式“你咱、我咱”，也是表示单数的，附加有“表示商量请求的意思”，如：“你给咱把自行车锁住。”“我给咱街里买一点儿豆芽儿。”“我咱烧火，你咱切肉吧。”邢向东《说“我咱”和“你咱”》一文（2000，《中国语文》）认为“你咱、我咱”是“你给咱、我给咱”的省略，后来乔全生（2003）认为“咱”是“自家”的合音，可见其中还有些难解的奥妙。

又如张维佳在研究秦晋两省方言后发现了“指示代词系统在秦晋两省方言中大概有两类四种格局”：二分式的“这、那”和“这、兀”，三分式的“这、那、兀”和“这、兀、那”。“这、那”二分分布在晋中北、和陕北，“这、兀”二分主要分布在晋中、晋西南；“这、那、兀”三分主要见于晋中北，“这、兀、那”则见于关中地区。（邢向东等，2012）

这类小专题的调查研究对于初学者来说还是比较容易上手的，因为题目小，发掘语言事实的难度就比较小，却可以得到调查和研究的训练。多做一些小专题的调查，就能切实地理解方言的语法特征。事实上，语法特征的研究都应该分解为一个个小专题，先化整为零，再汇零为整，对于语法特征的理解才能得到升腾。除了指代词，以下再列举一些可做的方言语法调查的小专题。

方位词，包括根词（上下前后内外等）和复合方位词（上面、下头、前方等），动词、形容词或人体名称的语素转用为方位词，如粤语的“出便、入便、高头”，闽语的“悬顶、外口、下骹”；方位词的后缀在不同的方言也有很大不同的表现，例如湘语就很少用“面”，更多用“头、边”，还用了一些其他的单音和双音的后缀：长沙话有背里（背后）、手里（手上）、水肚里（水里）、屋后背（屋后），衡山有上里（上面）、车高头（车上）、后背（后面）、近垱（附近），涟源有路高里（路上）、水内底（水里）、碗蒂公（碗底）、门外前（门外）。方位词引申用于其他场合表示其他意义的，在现代的书面语就不为少见。例如：看上、走上、领导上、大体上、营业中、前上古、后现代，但是还不大进入方言口语。

否定词是很重要的基本词，在各地方言不但所用的词根不同、分用几个词不同、是否合音也不同等，都各有特色。就已经报告出来的就有“不、不要、不用、弗、勿、没、没有、无、无有、唔、唔曾、毋、冇、冒、冒得、未、免、甭、别、𠲎、𣍐、𫠨、𫠩，𫠪”等，就闽南话说，多的在漳州、泉州可达九个，少的在海南只有一个“妚”，可谓悬殊。“不”是官话方言最常用的否定词，除了单用，还构成了大量的惯用语。例如东北官话，尹世超就列举过一百多个：不带（不要）、不白给（不简单）、不打单（不当回事）、不对付（情意不相投）、不介（要不然）、不善（很可观）、不老少（很多）、不舍心（爱操心）、不着消停（闲不住）不落体儿（不放心）……（汪国胜主编，2005，第 404 页）

语序的不同是汉语方言的重要差异。普通话说“前面走、边上走、先走”，闽粤语说“行头前、行边、行先”，这种语序对动词、方位词、时间副词都有所选择，并非可以广泛类推，因此必须逐个调查。普通话说“吃早饭、吃午饭、吃晚饭”，许多南方方言说“食朝、食昼、食夜”，还说“食天光、食五更、食暗暝、食半暝”，似乎语序相同，但是其中的时间词并非与“早饭、午饭、晚饭”相对应。徽语、吴语、粤语都有“吃一碗添、吃一碗凑”（再吃一碗）的说法，其中的动词、数量词和后置成分也都是有选择、不能随意类推的，必须做穷尽的调查、详细地描写。南部吴语的有些动词用于动词、形容词之后表程度，例如：长显、假显、好显（得很），相信显、中意显、要显、可能显（很），也是很有特色的方言语序，也可以作为专题调查去做。

有些词类有特殊的组合，表示某种特殊的意义，例如闽粤语有些单音形容词和量词的组合（大隻、大大隻，细细粒、细粒仔）用做形容词表示物体的形状，可以用做定语（大隻鸡、大粒球），也可以附加副词（好大隻、野大粒）；又如粤东的闽语和多数粤语可用“量—名”结构用来表定指，如“个人唔识字”（那个人不识字）。这类特殊的组合往往也不能普遍类推，必须作为专题调查，过细地问，然后做出详尽地描写。

由于汉语的词类缺乏语法标记，还有不少兼类现象，再加上多义词的各种组合，表达同样意思的各种“同义句型”，就造成许多不同语序的句子。李荣先生在招收研究生时曾经多次用过一个考题：试说明“我 今天 不 读 这 本 书”可以组成多少种句子，并说明造出的句子是什么样的语法结构。他认为这就最能看出考生对汉语语法的理解水平，即使背熟了许多语法“规则”也是不一定能答好的。

虚词是汉语语法的主要手段，尤其是宋元以来“的、得、地”“着、了、过”等助词的语法化，多数方言都参与了，但是从近几年的研究成果看，不同方言也有许多差异。不少学者研究方言语法都从这里入手做专题分析，因为参考材料已经很多，这里不再列举。很多虚词是用来组织句子的，虚词的研究势必和句法分析相结合。在句法方面，普通话的研究已经相当深入，各方言之间的差异相对较少，有了普通话的参照系，就某些专题做调查，就可以发现方言句法方面的特点。例如“把字句”“被字句”用不用介词，如果不用介词，语序有没有变动？如用了介词，用的是哪一个？双宾句和宾补语的语序在一些方言也很有特色。以长沙话为例，就有不少典型的句式（鲍厚星等，1999）：把本书我（给我一本书），借点钱我（借我一点钱），吃得咯碗饭完（吃得完这碗饭），我打他不赢、我打不他赢（我打不过他）。

以上说的专题调查是共时平面上一些常见的典型事例的题目，如果有可靠的历史文献语料或者有健在的地方文艺传承人可提供大量语料，也可以拿这些历史语料和现代年轻人所说的方言做一个个专题的历时演变比较。

在语法初步调查、特征调查和专题调查的基础上，有时间、有条件便可以设计全面系统调查的计划。

全面的调查有集中突击调查和细水长流调查两种。面上研究常常需要单点的抽样调查做准备，这种调查最好是语音、词汇、语法都做。有经验的学者要调查一个点的语法至少得有一个月以上的时间。如今地方上比较重视保护历史文化遗产，近年来有的县市已经在约请专家编写本地的方言志。若是特别重要、有典型意义的点，又已经有了前期成果，申请个大课题，腾出一段时间去做，也不是不可能的。但是，在一般情况下，要集中大段时间、又要能找到合适的发音人，陪着你完成艰巨的调查，并不容易。现有的方言语法专著，往往是语言学家就自己的母语所做的调查成果。当然，也可以在工作所在地约好专门的合作者，分段做零星的调查，这便是长期积累的调查方式。这样的调查不必另请专门的发音人，只要搜集完语料，回到家乡或就地找人核对一番就行，平时就可以利用假日或公余闲暇，逐章逐节写下来，最后再串成完整的书。本书只是指导初学者入门，有关全面系统的方言语法调查不再细述，下文只就语法调查的语料搜集和分析方法做一番介绍。

三 方言语法调查的语料搜集

方言语音、词汇的调查都有成熟的字音、词汇调查表格，语法研究用的语料，至今还很难找到能够适用于特定方言区的调查提纲，不论是初步调查、专题调查或是系统调查，一般都得从头开始，自己编制调查提纲。研究语法用的语料虽然搜集很困难，却是方言语法调查成败的决定因素。

方言语法的语料搜集可以分为三个层次：词法材料，语法例句和长篇语料。

1. 词法材料

一百年前，布龙菲尔德的《语言论》就指出："一般讲来，词法结构比句法结构更为烦琐，变音和变调的特征更是层出不穷……各种语言的区别，在词法上比在句法更大。"（1933/1980，第 256 页）后来关于词法的类型有过分析语和综合语之分；还有过孤立语、黏着语、屈折语之分。搜集词法的材料其实从记录词汇材料时就开始了。汉语里占着大多数的复合词的构词法大体就是句法结构在词语中的"浓缩"，记录了各式各样的词语，词法和短语就已经初步归纳出来了，这就是大家所熟悉的"并列、偏正、动宾、动补、主谓"等。除此之外，汉语的词法材料还有"构词"方面的重叠式、嵌音式和加缀式，"构语"方面的词的扩展、离合、兼类和实词虚化、虚词的衍生。以下分别举些例子说明。

重叠、嵌音和加缀都属于词形的变化。在词汇调查中已经有所了解，语法调查时就可以从这里入手去追踪和扩展，经过细致的查问把语法现象描写清楚。例如名词的重叠，在发现了“哥哥、妹妹、虫虫、箱箱子、篮篮儿、粑粑饭、稀汤汤、沟沟坎坎”之后，就要追问还有哪些单音和双音的名词可以单叠或双叠，重叠后意义有没有发生变化。动词中不论是单音或双音的重叠，往往有种种限制，有时重叠后的意义也有不同。例如闽南话的单音动词重叠式就不是表示短时和随意，而是表示过细，如“想想伊清楚”（仔细想清楚）和全数，如“搬搬出去”（全搬走）、“食了了”（全吃光）。形容词的重叠格式最多、意义也最复杂，“白白、白白白、白雪雪、雪雪白、白白净净、白净白净”，各种重叠式都不少见。闽南话“白白”只是有点白，只有“白白白”才是很白，最白的还可以重叠五次“白白白白白”。《现代汉语八百词》附有普通话形容词的生动形式表，是很好的调查提纲。潮汕闽语还有短语的重叠式，例如“无拍算无拍算”是形容做事没计划、没打算的状况。

所谓“嵌音”就是没有明显语法意义的音缀：泥巴、尾巴、锅巴、吃巴、结巴、干巴、野巴、紧巴巴、稀巴烂，抠哧、抠嗤，抠娄、抠不拉儿，稀拉拉、稀里糊涂、稀里哗啦，花里胡哨、雪及里白、黑不溜秋，苦不溜丢、傻不拉儿，圪蹴、疙瘩、圪蛋、扒拉、耷拉、嘟噜，忽悠、转悠……这类现象在北方话多见，也很有特色，在南方方言较为少见。

汉语的语缀是个复杂的现象。语缀之中，中缀最少（只有上文所说的多音词中的音缀），前缀也不多，最多的是后缀。赵元任说：“汉语里的后缀是虚语素，多数是轻声，出现在词的末了，表示这个词的语法功能。”（1979，第114页）因为是从实义的语素虚化而来的，由于历史不同，所附加的词汇不同，虚化程度和结合面也各不相同，调查的时候必须逐个地问，尽量调查穷尽，并且处处关注所表示的语法意义是什么。常见的前缀有“阿、老、第、初”，后缀有“者、然、化、性、家、员、们、子、儿、头”等。动词末尾表示体态的成分其实也是后缀，后来大多认定为助词，最常用的有“着、了、过、起来、下去”等。汉语的句子是以动词为中心组织起来的，动词前后的表示动作体态情貌的成分，跟句子所表达的内容和语气有密切的关系。因此，这些连带成分的研究就成了方言语法研究的重点。

然而汉语的语缀研究起来又特别困难。究其原因：①动词后的语缀和动词前的副词往往没有明确的界线，乃至前后可以挪动兼用，语缀在汉语的语法中并非表示语法意义的“专业队”。②由于语缀形成的历史不是太长，语法意义本来就比较抽象，有的还没有提炼成熟，常有一缀多义或一义多缀的现象；由于通语和方言的相互影响，常有同义句式并存，本方言的语法特征有时并不容易确定。③由于语缀都是实词虚化而来的，语音上常常发生弱化，以致本字难辨、词源不明，不同方言又常常因音造字，造成同形异义或异形同义，这就难以比较。调查这类成分时，更需要过细查问、多方考察，才能做出准确的分析。

例如，普通话的“了$_1$”“了$_2$”，在许多南方方言就不用同样的“了”，上海话说“喫仔饭哉”，长沙话说“吃咖饭哒”，广州话说“食咗饭啦”，这是用所用的虚词的不同。福州话说“饭食去了”，就连语序也不同了。赵元任曾经说明：“后缀‘了’应该区别于助词‘了’，这个区别在粤语和吴语里很清楚。”(1979，第16页)又如动作的进行和持续，一般认为普通话用副词“在、正在”表示进行(在吃饭、正在开会)，用“着”表示持续(坐着、开着门)，在福建沿海的闽方言(福州话、厦门话)，却可以用同样的“咧”[lɛ]，放在动词前表进行(咧食饭、咧开会)，放在动词后表持续(坐咧、门开咧)，只是因为音节的位置不同，有不同的变调。这两个“咧”是同素分化，副词与语缀兼用，或者是异源的语音混同，抑或是副词与语缀(或称助词)本来就没有断然的界线，只是用语序来区别语法意义？总之，要解释这类方言语法的差异，准确地说明它的结构，研究相关的虚成分有什么样的功能，还得进行大量的语言事实的发掘和汉语语法理论的探讨。

几个“词”组成“语”(或称为词组、短语)在汉语语法也大有文章可做，方言语法调查时值得注意考察。

汉语的词和语，有时界线也不太分明。“吃饭、看好”就可以词、语两边跨：吃饭不是小事—吃的是哪家的饭，这股票看好—把病看好了。有的复合词可以扩展，有的就不能扩展，离合词的范围也是有限的，复合词结合得紧不紧和词汇意义有很大关系。例如闽南话“趁食”是成词的，意为“靠干活吃饭”，如说“趁食趁食”（混口饭吃）“出外趁食”（到外地打工），但是因为两个语素都有实义，所以也常可扩展，如说“今年趁无食”（今年不好挣钱），“过番趁较有食”（下南洋挣的钱多），“三顿趁无一顿通食”（一日三餐挣不到一餐饭）；而“骗食”（蒙骗）、“赚食”（敲诈），其中“食”的意义就不太实，所以一般就不大扩展。

汉语里不少词可以兼类，名词、动词、形容词之间的兼类大家比较熟悉，其实有些细类的词也有兼类的。例如，方位词古来就有用作动词、趋向补语和量词、后缀的（上山、下乡、走上、滑下、一下、几下、基本上、原则上、七十上下），有的方言还可以重叠后用作形容词，如福州话“挂着悬顶悬顶”（挂在最上端），厦门话“成绩中中仔”（成绩中等的样子），“下”用作量词说“一下”，在南方方言常常又虚化为表动作短时态的后缀，说成“看一下、想一下，看下、想下”。“个”（箇）原是名词，后又用作量词（两三个）、指代词（嗰个，粤语：那个），最后还虚化为类似后缀或助词，如说“见了个面、看个够、没个完”。总之，这些封闭性的少数常用词的兼类现象都应该多问问。

虚词从实词虚化而来，许多虚词至今和实词都还是共用的，例如北方话里动词还常常与介词、助词共用：“拿东西、把书拿走，拿他没办法、拿黑夜当白天、拿平均数说还不太差”；“给他钱、拿给他，给我来信、给报纸投稿，把衣服给晾干了、杯子给打碎了”。南方方言这类现象也很多。例如广州话：“畀滴钱佢：给他一点钱，畀佢骗咗：被他骗了”。据伍云姬研究，湖南省108个方言点总共有表被动的介词36个，其中专用做介词的只有6个，与动词兼用的就有28个，占77%，加上两个不能单用或少用做动词的是30个，占83%。就覆盖的方言点较多的说，专用和多用的依次是“被、着、给、拿、得”。由此看来“着、得”是湘中最具方言特色的表被动介词，其余几个可能是从普通话借用的。（伍云姬主编，1998）

因为虚词总是和实词连用来表示某种语法意义的，调查虚词时就不但要注意考察是否与实词兼用，还要注意考察如何与实词连用，也就是拿虚实连用的“语块”来考察虚词的用法。例如北方话，尤其是书面语，“被”不但可以带体词宾语（被人请去、被狗咬），而且可以和谓词连用（被表扬、被选为模范、被下岗），南方方言就很少有后一种组合。《湖南方言的介词》所列的16个点的语法例句对照表中，“他被保送到县一中”这一句，只有较大的城市长沙、常德和邵阳三个点说带“被”的被动句，显然是用方言词替换过的地方普通话。其余的中小城市，如辰溪和资兴说带“着”或“得”的被动句，其他点都换成其他句式：“他保送到县一中”，“学校保送他到县一中”，“学校把他保送到县一中”。显然，这才是地道的湘语的说法。

2. 语法例句

不论是词语的组合，虚词的运用，句式的组织，都要有例句才能展示语法意义和语法结构。因此，例句是搜集语法材料的基本单位。语法调查提纲一般都是用列举例句的方法设计的。现有的语法调查例句大多是按照普通话的说法列举的，这种做法原是出于无奈，该方言尚未调查过，调查者只会普通话，普通话和方言之间在语法上也有一定的共同性，所以，用普通话的例句去调查方言，本来只是一种权宜之计。然而这种做法也有它的优点，这就是便于和普通话语法做比较，但是调查者如果没有提示发音人，不可以按字读音、照词对译，而应该把整句的意思换成本地话的地道说法，你可能得到的就是“本地普通话”的说法，不算是真正的方言句例。上文所举的三种湖南方言把“被字句”分别说成动补句、兼语句和把字句，才是能够体现方言语法特征的句式。这很可以说明，那是有经验的学者调查出来的。为了便于初学者调查，这类调查表格，可以在关键语词上加重点号，或者用括注的方式提醒调查者。

理想的语法调查表，应该是按照方言区编，参考已经调查过的该区方言的例句去编。如果还没有编出方言区的语法调查例句表，也可以选择本区方言中已经调查过的语法例句作为参考。在词语调查时如有已经记录的成句的谚语、惯用语，或是前人编过的方言儿歌、山歌、谣谚，也可以拿其中的例句去核实、记音并做扩展式调查。不过，利用这类文献去调查方言语法时要注意，这种语料并非语言学者记录的，常常用普通话改写过，用字也很混乱，只能作为参考。而且，不同的题材对于句型句式会有影响，例如歌谣为了韵律会有省略或调换语序，又如，为了押韵而有“把家还”之类的句子。谚语都是成句的，经过千百年的锤炼，言简意赅，最能反映方言语法的特征，不但是最佳的语法研究材料，也是理解方言文化精神的重要凭借。不过，为了精炼和讲究对偶、谐韵，谚语常常是经过凝练而浓缩了的句子，跟一般的口语句式还有一定的差异，这也是必须注意的。下面是台湾闽南话的一些流传很广的谚语，见于台湾学者萧藤村所编的《台湾话俗谚语典》(2012)。

揭箸遮目。(拿筷子遮住眼睛，意为欲盖弥彰。)

盐遘，鲑臭。(等到盐运到了，待腌的咸鱼就臭了，意为远水解不了近渴。)

嫐洗面，免稽汤。(善于洗脸，不必用太多的热水，省俭有门。)

七坐八爬九徛虾。(谓婴儿七个月能坐，八个月能爬，九个月能站。)

囝仔侬，有耳无喙。(教儿童只管听，不要多问多说。)

鱼行水醪，鸟飞毛落。(鱼游过水就浑，鸟飞过必掉毛，意为行为必存踪迹。)

耳仔两箬，家己看勿会着。(耳朵有两个，自己见不到自己，讥无自知之明。)

𫠛驶船嫌溪弯。(讥人不怨自己技术差，只抱怨客观条件不好。)

后生老爸，查某团娘奶，新妇大家。(儿子要当爹，女儿想当娘，儿媳妇要当婆婆，讥后背不敬长辈。)

月光𫠛曝得粟。(月亮再亮也晒不了稻谷，意为妇女再强也顶替不了男人。)

其实，哪怕是方言调查的初学者，也可以自编语法调查例句，在实践中掌握编例句、记例句的方法。如果调查的是自己熟悉的方言，更应该提倡自编。这里提出几项编制方言例句的原则以供参考。

(1) 要取口语的句子，因为方言只与口语有缘。用方言语音把古今书面通语读出来的句子，不能作为说明方言语法的凭据，方言语法例句应尽量避免书面语的句子。

(2) 要选常用的句式和句型,最好从日常生活取材,用常用词组句,这样的句子发音人才能说得出,也才能说得自然。

(3) 要多选短句子,不论是方言或普通话,口语总是短句多,书面语的欧化句子有的很长,也应尽量避免。即使是复句,也有很短的,如:你不来,我就不去。上文所举的闽南话谚语就都是很短的。

(4) 至少要有一部分语法例句是对答的,因为应对之中有语用的选择和适应,更有实感,也才能全面地反映方言语法特色。

(5) 要能覆盖各种不同的句子成分、不同的结构形式、不同的语境、不同的体裁、不同的话题,这样才能反映方言语法的全貌。

3. 长篇语料

不论从理论上或是从事实上说,长篇语料才是研究方言语法的最佳材料。词法材料和语法例句是经过分解的纲目,有如西医的各种化验报告,只有长篇语料才是真实的现实的语言存在,就像是医生见到的病人的全面检查和化验结果。长篇语料的优点是多方面的:它是发音人主动、自觉说出来的实际口语,不是记音人导演出来的,或是旁人外加的;它是完整的、综合的言语作品,不是局部、残缺的或经过分析的;它是原生的语音、词汇、语法的结合体,既表现了各个系统的形态,也保存了系统间的关联。汉语方言调查已经有近百年的历史,但是,迄今为止,记录很好的长篇语料还不多见,许多人还在重复当年的"北方和太阳的故事",这说明学界对于长篇语料的重要性还是认识不足,实践得也不够。

当然,长篇语料的质量也有高低之别。曲艺老演员所表演的节目,诸如读儿歌、唱山歌、打快板、说相声、讲评话,所讲的各种神话、传说、戏文、故事,都是好材料,因为他们对内容很熟悉,方言的表达也很熟练、很自然,大多是流利而生动的。一般人的叙述和会话,如果是讲述他们的经历、感受,交流不同的经验和理解,也可以说得通顺自然。调查之前应该让他们有所准备,但不能过分地雕琢和加工。关键在于选择合适的说者，适当地给他们启发和鼓励，让他们经过一定的思考和酝酿，有话可说，并能连续不断、自由自在地表达。

中国有丰厚的历史文化遗产。除了流传全国的牛郎织女、孟姜女哭长城、梁山伯与祝英台等传说，还有三国、水浒、西游等名著，通过口口相传和戏曲的传播，许多故事都是家喻户晓的。地方上还有各自熟悉的历史人物和相关的传说，比如杨家将、文天祥、戚继光、郑成功、黄道婆、八仙过海、白蛇传、妈祖等，在不同方言区都有人所共知的长篇故事，要找到这类语料还是容易的。在书面查询和民间访问的基础上，选择一两件合适的材料，请个合适的人来讲应该不难。除了历史上传承的故事，“月光光，照池塘”之类的儿歌，早先是童稚皆知的，“春季到来百花香”之类的江南小调，黄土高坡动人的信天游，客家人随口能来的山歌，不论是“下关东”“走西口”“湖广填四川”“闽粤人过南洋”，本地人经历过的进进出出的迁徙史，现在还留在老年人的记忆之中。百年来本地的灾异、奋斗、发展的历史，许多地方还保存得比较完整的种种民间习俗，就更容易找到讲述者了。找到题材之后，还要经过试讲、试听，从中挑选内容和形式兼优的段子去记音和制作录音。对于这个过程来说，最重要的关键是，发音人要主动认真，调查者则要谦虚谨慎，双方要能够紧密配合，逐字、逐词、逐句去讲述、听音、记音，共同释义、注字，由零到整去整理，再由整到零去核对。我国调查研究民族语言的几代学者，国外语言人类学的专家都是靠大量的长篇语料归纳出陌生语言的语音、词汇和语法的。汉语方言调查工作者不能忽略这笔文化遗产，以为调查汉语方言和少数民族语言是两回事，以为方言研究和历史文化研究无关，把方言调查缩减为《字表》《词汇表》的记音行为，没有完整的语法展示，没有历史文化的底蕴，停留在这个层面上，对方言的理解只能是比较肤浅的，做出的调查报告也不会有很高的质量。

看来很有必要介绍一下董同龢先生的《华阳凉水井客家话记音》(1956)的历史经验。董同龢记录了成都郊区凉水井的客家话。他在“前言”里说了以前的调查两个短处：用“中古音系”的字记音“求得的音韵系统，难免是演绎式而非归纳式的”；“极少自成片段的真的语言记录，词汇与语法的观察无从下手”。

他所用的新方法是先记录了20段语料,包括对话13则,讲述3则,祭祖祷词和顺口溜各一则,还有较长的故事(含《北风和太阳的故事》)两个,共29页。经过音位归纳定下语音系统、理出连音变读的规律后,再校订语料的记音,而后按语根和语缀整理了词语表约六七千条(共68页),以下略举几条语料所提供的语法特点就不难看出这种调查法的优点:

"打"(记音从略)组成了:打牌、打摆子、打更、打滚、打扮、打猎、打开、打ŋan(预备)、打taŋ(小孩学站)、打光tuŋ tuŋ(打赤膊)、打屁、打哈欠、打湿

"tau^{31}"组成的词语:坐tau(坐着、坐下)、遮tau(遮着、遮住、遮起来)、挨tau(挨着)、嫁tau去(嫁过去)鲠tau(噎住)、看得tau(看得见)、找唔tau(找不着、找不到)、急tau像疯子(急的)、走tau五十里(走了五十里)

"头"组成的词语:日头(太阳)、柱头(柱子)、膝头、砖头、地头(地方)镬头(锅)檐头、瓮头(坛子)、犁头(犁)、灶头(灶)

"打"作为动词,语义经过引申分化,有的已经很虚了,在这些语料中,可以看得一清二楚;读为上声的tau,作为助词表示了好几种语法意义,作为补语也不简单,究竟是"到"还是"倒",或者就是"着",至今研究西南官话的学者还没有取得统一的意见;"头"也是逐渐虚化为后缀的。这些语法事实在词语表里都有相当充分的展示。可见,长篇语料的记录并不多占工作时间,而且对于掌握语法方面的事实特别有利,因为语法成分在说话的过程中是使用得很频繁的。语法规律一条条去问,有时问得不得法,有时发音人不理解,常常费时又无果,在语料中却常常"得来毫不费工夫"。

四　方言语法调查应该注意的要点

搜集语料的过程不能没有思考和分析。这就要注意调查的方法。发音人是被动的权威,语言事实如何,他说了算;但是,调查人是主动的引导者,能不能问出完整而符合系统规律的语法事实,这就只有靠调查人的学识和引导调查的方法。按照现有的调查汉语方言语法的经验,要想开出一套方法上的万

应药方是不可能的，这里试谈几点调查时应该注意的要点。

1. 集中精力探寻方言语法的特点

汉语方言和通语的语法有共同的特征，这些共同性也是必须了解的，尤其是做全面的调查时都要记录在案。但是，整个调查过程应该更注意方言独有的语法特征。既是不同的方言，就必定有不同的语法特征，调查方言语法，就是为了探寻方言的语法特征，这是调查者必须牢记的。

调查工作的全过程都应该贯彻探寻特征的精神。一开始，就应该培养对于方言中的特异现象的敏感。听到方言里的说法和你所了解的通语和母语都不同的，就要抓住不放，问清楚词汇意义、语法意义、语用意义，弄清楚句子的结构、音变和语调，对其中的关键词，尤其是虚词，还应该问问有没有类推扩展的空间。例如，北方人说"我买菜去"，南方人说"我去买菜"，到了西北，你就会听到"我去买菜去"，对此，就必须追问，能不能省去一个"去"，省去一个意思有没有变？如果谓语不带宾语，说成"我去拿去"，或者还带补语，说成"我去买两个菜去"，或者还带状语，说成"我去大老远的地方买菜去"，或是更复杂的句式，说"我去买菜请你吃午饭去"，后面的"去"还说不说？这就是，一旦发现特征，便要打破砂锅问到底。

有时，调查的时候还没有发现特征，待到要确认用的是什么字，如何解释这种说法，就拿不准了，这就必须再做一番探问和比较思考。例如用作介词的"在"，徽语说的是"是"，如绩溪"佢不是家"(他不在家)，这就要进一步问，作为肯定判断和作为介词的"是"是否同音，用作介词是否可以广泛类推？如"是家吃饭、是山上砍柴"。然后，可以通过其他对照词典查查，还有没有用判断词作为介词的，你可能就发现，粤语用"系"做表示"在"的介词，如"系边道"(在那里)，有了同类的旁证就可以肯定你所发现的这个特征了。联想和旁证是确认语法特征的好方法。再比如说，你发现了"这只鸡死了"说成"只鸡死了"，个体量词用作定语表示"定指"，这是分布在吴语、粤语和广东闽语的一个不多见的语法特征。在经过反复核对，确实是音义无误之后，如果你的母语或是见过的语料还有印象，便可以查对一番，有了旁证，就可以把所发现的特征确定下来。

有时，某些方言语法的特征可能异于本土的语言，而与外国语言相类似。例如，北方人到南方调查闽粤方言，听到“他有来、我有去”之类的说法，一下子就会想到，这是与官话不同的语法特征。核定无误之后，你可以联想到，英语不就是把 have 用在许多动词之前，表示该动作已经经历过了吗？不但汉语之间语法有共性，不同的语言之间也有共性。语言、方言之间，个性可以联想，共性也可以联想。

可见，调查方言的过程和其他采集过程一样，要全神贯注，又听、又看、又想，调动你所有的古今、中外、南北的语言知识，对眼前接触到的语言事实分一分类，哪些是共性，哪些是个性，对于个性是必须特别关注的。这样做，每调查一个点，你对方言的敏感度就能提高一步。调查方言是训练语言学家的最佳途径，方言的田野调查，对于语言学家来说，就像工程师进实验室、医生做临床的诊治一样的重要。

2. 发掘语言事实为重，慎于概括理论

多年来的方言语法调查使人们开始怀疑原来的一种说法：汉语方言的主要差异在语音，其次在词汇，语法上的差异最少。在方言语法研究还处于起步阶段的时候，切忌某种认识先入为主，因为这会一叶障目，使你在发掘语言事实的时候陷入粗疏，视而不见。

西方的语言学理论主要是建立在形态丰富的屈折语的基础上，他们的语法研究有漫长的历史，用演绎的方法构建起来的语法理论可谓日新月异、层出不穷，使你目不暇接。汉语语法的研究是应该吸收外国语言学理论，但是不能总是“跟着走”，应该像上个世纪的语法大家所倡导和身体力行那样，努力探索汉语语法的特征。

调查汉语方言语法，最好把它当成一片处女地，披荆斩棘，在草莱中耕耘。努力发掘语言事实，从事实中归纳出条理，不要忙着找个光彩的理论帽子来戴。对于汉语这样的缺乏形态变化的语言，连一些很普通的语法术语都得谨

慎使用。例如北京话的"儿",你说是"名词词尾"、是"后缀"、是"小称",那么,"好好儿玩儿、滴溜儿圆、和气劲儿的、打千儿单足跪安、改造儿脚文明脚、可了儿的可惜、跟脚儿鞋合脚、跟尾儿随后、得过儿过得去、不辞箸儿贪吃、不推辞、不亨儿不哈"等,里头的"儿"是什么?官话里"儿"多"子"少,近江方言"儿"少"子"多。据徐慧(2001)统计,崔振华《益阳方言研究》收词4千多,带"子"尾词就有645条:例如:

今朝子、嘴巴子、茶叶子、现菜子剩菜、脚杆子腿、雪子雪珠儿、炮子炮弹、端子舀水竹筒、澄子沉淀物、醒子傻子、指甲子花凤仙花、猫热子水温水、假哭子哭假哭、酸甜子甜酸甜

以上是文读 tsɿ,以下是白读 tɕie,均为轻声,有文白读连用的,还有"子、崽"连用的。

蝴蝶仔、羊崽仔、一阵仔、三年仔、堂客仔已婚妇女、翁妈仔老太太、蛮胖仔略胖、通红仔的、背点时仔有点倒霉、臭崽子仔亲昵的说法:你个臭小子、么子时节仔什么时候、差一粒米仔差点儿、悄悄弄弄仔偷偷摸摸、慢慢家仔慢慢地

就在益阳方言,同是双音节名词,斑鸠、蜜蜂加"子",但狐狸、螃蟹不加"子",后天说"后日子",但前天不说"前日子",而说"前夹日"。这是另一种复杂的情况。

再看看客家话的"牯、嫲",通常说是表示动物的性别的"后缀",确实,四条腿的猪、牛、羊、马、狗、猫是用它来区别公母的,鸡、鸭却是用的"公、嫲",不分性别的还有"蚁公、虾公、鲤嫲、虱嫲、笠嫲斗笠",称人的有"贼牯、戆牯傻子、贼嫲、癫嫲疯子、老公、老婆"。这样的"牯、公、嫲、婆"也很难说出个子丑寅卯来。可见,在做穷尽的调查之前匆忙地给定性为表示某种意思的语缀是很不靠谱的。

汉语的"儿、子、头、公、婆、牯、嫲"之类,从位置上说,姑且先称为"后附成分"吧。从语音上说,有的方言读轻声,有的重读,有轻声的方言,轻声重读往往有别义作用;从意义上说,有词汇意义,也有语法意义,有的偏于前者,有的偏于后者,很难一刀切。词汇意义中有"表小指爱"的,有区别性别的,有区别

词义的，还有生成先后的区别。说汉语是词汇和语法相关，意义和结构相关，实义和虚义杂糅，在这些成分里是很明显的；而它们“后附”的面很有限，不能按照某一条“规律”去普遍类推，却是各种方言共有的特征，要认定这是“后缀、词尾”就很少说服力。如果先入为主，按照“名词词尾”去问“儿、子、头”，就问不到“好好儿、慢慢子、想头、看头”；按照“动物性别”去问，也问不到“贼牯、笠嫲”。只要把这些成分都问周遍了、问穷尽了，你就是归纳不出其中的“规律”也无妨，许多点的材料对齐了，规律就会显现出来。

有些初学者以为他自己就是发音人，万无一失，知道一点点事实就急于做出结论，说“酒鬼、赌鬼、烟鬼、鸦片仙、风水仙、看命仙”中的“鬼”和“仙”也是后缀，再扩充一点，“吊死鬼、冒失鬼、急性鬼，狐仙、诗仙”其中的“鬼、仙”又是什么成分？这是母语者的浅陋给别人造成的误导。

何耿镛的《客家方言语法研究》(1993)篇幅不长，有些语法事实倒是发掘得很充分，虽然没有做出什么大理论，却给人提供了很多研究思路。例如他罗列的“有字句”：

屋下有人（家里有人）/佢有屋下（他在家）/桌有厅下项（桌子在厅里）/有目水（眼力好）/有记才（记性好）/佢有买东西（他买了东西）/佢有睡（他睡过了）/佢有食饭（他吃过饭了）/厓有食饱（我吃饱了）/衫裤有洗净（衣服洗干净了）/有入来（进来了）/里件事有定着（这件事定下了）/佢有安乐（他有好日子过）/有食头（量多吃不下）/有行头（路长走不完）/有 an^{2} 衰（这么倒霉）/有 an^{2} 敢（如此大胆）/拿有（拿到了）/煮有饭（煮好了饭）/拿得有（能拿到）/借得有到（能借到）/拿唔得有（不能拿到）/拿唔得有倒（没法拿到）/拿唔得会有倒（不能拿到）

这个广东大埔客家话的“有”真是一个特殊的动词，它的许多用法明显跟普通话不同，难怪北方人听闽粤人说“我有来、他有去”感到诧异，跟古汉语也有许多不同（《水浒》里曾有“牛肉卖没了”，也未曾有“买有”的），但是和闽南方言倒是有许多相同之处。“有”的古今南北的不同用法看来是很值得做一番广泛深入的调查的。

汉语语法的研究已经延续了一百多年了，至今在理论上还没有达成一致，甚至连基本术语都还没有统一。“词组、短语、仂语”“语缀、词尾、附加语”各说各的。统一的语法体系究竟能不能都管住方言，恐怕现在还很难说。初学方言调查的学生，可以先用《现代汉语八百词》的语法术语，调查时先不要在术语概念上费工夫，也不要先去找一家理论体系来作为依据，更不用找个系统的洋理论来演绎，集中力量把语言事实发掘出来就好。

3. 注意语法和语音、词汇之间的关联和制约

语言是一个大系统，在语音、词汇、语法的系统之间存在着相互制约，这是调查方言语法时必须充分注意的。北京话的儿化和轻声的分布就是词汇、语法决定的，在语音上也发生了一系列相应的变化，这是学过普通话的人都知道的。在有些方言，语法、词汇决定语音的分别的现象更多。例如体态助词“了$_1$”和语气助词“了$_2$”，在北京话读音是相同的，乔全生的《晋方言语法研究》指出：“山西方言里这两个‘了’韵母的读音不同……‘了$_1$’为开口呼韵母，以复元音为主，‘了$_2$’多以单元音为主。”以下从他所列举的 20 种方言中略引几点供参考：

	大同	山阴	清徐	介休	祁县	新绛	忻州	陵川
了$_1$	ləʔ	ləʔ	lɔu	lɔi	lau	lao	lɔ	ləu
了$_2$	la	lᴀʔ	lɛ	la	li	la	la	lᴀ

不少方言两个单音词如果意义结合得紧，就会把两个音节合音为一个音节，普通话的“甭”和“别”也是。浙江温岭吴语的“勿、弗、休”等否定词有 6 个合音词：勿用—vuŋ^{13}，弗曾—fuŋ^{42}、fuŋ^{51}，休要—ɕiɔ^{55}，弗晓—fiɔ^{42}，弗会—fe^{55}，弗好—fɔ^{51}。

在闽南话这类合音更多。否定词有：

“唔通”（不可以）m—t^{h}aŋ—maŋ，“唔爱”（不喜欢）m—ai—mai，

“无用”（不必）bo—iɔŋ—bɔŋ，“无会”（不会）bo—e—bue。

还有趋向动词用做补语：（行）“出去”ts^{h}ut—k^{h}i—ts^{h}ui。

数量词做补语：（拍）“一下”tsit—e—tse。

甚至介宾词组也可以合音，例如：

“共伊”（把它）$kaŋ^{6}$—i^{1}—$kaŋ^{1}$或kai^{1}，“共我”（给我）kaŋ—gua—ka。

“与伊”（给它、被他）$hɔ^{6}$—i^{1}—$hɔi^{1}$，$hɔ^{1}$，“与我”（给我）$hɔ^{6}$—gua^{3}—hua^{3}，“与侬”$hɔŋ^{6}$（被人）。

这种虚实合音说明了两个单音词实际上已经合成一个语法词了，这就最好地证明了语音变化跟着语法走的原理。

吴方言动宾式的谓词词组和体词复合词往往有不同的变调规律。这种现象也延伸到江北。南通市四甲话，若是动宾式词组一般都读为本音，声韵调都不变，如果是复合词，后字读为轻声。例如（标音从略）：

炖蛋（做蛋羹—/—蛋羹），生蛋（下蛋—/—生的蛋），抓手（抓住手—/—把手），热饭（把饭加热—/—热的饭），下手（动手—/—助手），打手（打在手上—/—打人的歹徒）

晋语的一些语法成分在虚化之后常常引起了语音上的变化。对此，邢向东在他的《陕北语法比较研究》这部力作中，开辟了专章“语法成分的语音变异”加以介绍，给我们提供了一份很好的样例。这里只举数例，详细的可参考原著。

“了”用作完成体助词，从[liɔ]出发，分成几路发生音变：

liɔʔ 轻声（府谷）-ləʔ（神木）

lɔ 轻声（清涧、延川）-le 轻声（吴堡）-li 轻声（绥德、佳县）

“我、你”用在亲属称谓前表领属，声调促化：

$ŋa^{213}$—$ŋəʔ^{3}$（绥德）　ni^{213}—$niə^{3}$（吴堡）

“把”原读 pa^{213}，用作介词发生促化音变-$paʔ^{3}$（绥德），maʔ（清涧、延川）

“给”原读 kei^{213}，用作介词促化音变为-kəʔ（佳县），用作助词音变为-kei^{53}

“下”原读 xa^{53}，用作趋向动词、结构补语和体助词声母脱落，变为 a^{53}

4．注意同义异构的现象

所谓同义异构就是一个句子表达同一个意思可以采取几种不同说法。这种情况任何语言都有，正像达到一个目标可以选取不同的途径。语言的表达内容和结构形式并不是一对一地对应的。普通话说“把门关上”，也可以说“把门给关上，门给关上，关上门，门把它关上，门把它给关上”，各种说法基本意思并没有变。在汉语，这种同义句式可能更多，因为汉语的语序比较灵活，虚词是语法意义的承担者，但有些虚词往往在口语中可用可不用。上面所举的例句主要就是因为这两个原因采取了变式。

在方言中，这种同义异构的情况可能更多。因为方言不像通语那样有书面语规范的约束，方言口语爱咋说就咋说；方言与通语是从属的关系，特别是在现代社会、通语不断普及的情况下，方言时时刻刻都受到通语的强力的影响，就是方言之间也有强势方言对弱势方言的影响。处在方言区的边沿或多方言的交界处那些小方言，更容易吸收周边方言的特点。同一种语言的方言之间，除了少量的核心词、基本词，词汇上的借用是最常见的接触，语音因为有比较严密的系统，可能有因接触而产生的局部变异，很少有大系统的变化，至于语法结构，只要语音、词汇可以理解，句式的变动不大会影响理解和交际，所以方言借用通语的句式是经常可以发现的。全国方言中，粤语是和共同语差别最大、推广普通话最晚的，就现状看，语音系统和核心词受通语影响最少，一般词汇和语法规则已经明显地向通语靠拢了。以下举些方言中的同义异构现象。

“我打不过他”，在湘语（如长沙话）就可以有多种说法：

我打不赢他/我打他不赢/我打不他赢。

“给我一碗水”用客家话说也有多种：

拿一碗水分我/水拿一碗分我/同我拿一碗水来。

“我买不到书”在闽南话有更多说法：

我买无着册/我无买着册/我册买无着/我册无买着/册我无买着/册我买无着。

这些不同说法的句子所表达的基本意义是相同的，深究起来也可能有差别，尤其是语境意义、语气特点或表达重点。所以造成多种句式主要是因为汉语的语序比较灵活，宾补的位置、双宾语的位置、否定词的位置都有一定的灵活性，甚至受事宾语也可以作为话题提到句首。另一个原因是通语对方言的影响。闽客方言受事宾语喜欢前置，“水拿一碗分我”和“册我买无着”可能是比较地道的说法。“我打不他赢”也可能是方言固有的说法，其他的一些句式应该是从普通话借来的。

粤西的旧雷州地区，长期以来是广府人、客家人和闽人混居的地方，粤、客、闽三种方言杂处的过程中，因为接触频繁，就有许多相互的影响。林华勇的新作《廉江粤语语法研究》(2014)开辟专章“方言接触与语法变异”为我们提供了廉江粤语语法受到客、闽方言的影响而存在的“同义异构”的例证。这里只举几例：

① 嘢分人家拧走嘚。(东西被人拿走了。)

② 老妹成日分老板闹。(妹妹整天被老板骂。)

③ 嗰支笔写冇倒字个。(这支笔写不了字的。)

④ 佢做倒冇知几好。(他做的不知有多好。)

⑤ 饭未煲好在。(饭还没有做好呢。)

⑥ 病未好，爱继续食药在。(病没好，要继续吃药。)

①②是被动句，“被”在粤语是说“畀”，“分”是客家话的说法。③④带“倒”字的两句都是客家话的说法，③广州话说“到”，④广州话说“得”。⑤⑥句末的“在”是持续体貌的标记，来自雷州闽语的[$tɯ^{33}$]。湛江一带闽语动词的持续体往往用[tu]带上一个方位词置于句末，廉江粤语借用时留住介词，并折合为粤语的[$ts^hɔi^{33}$]，删去方位词。前面四句在廉江粤语还保留着粤语的老说法，而且 般还认为粤语的说法比较“文雅”，客家话的说法比较“土”，最后的“在”的说法则是原来的粤语所没有的，只是借用和改造了闽语的说法。闽人是比客家人更早入住粤西的，因此闽语对粤语的影响应该是更早、更大。关于方言间的接触的这些分析是符合历史的逻辑的。

可见，方言的“同义异构”是由多方面的原因造成的。调查这类现象要注意考察不同的说法中，哪种是本地固有的，哪种是外来影响的结果。考察这种状况可以看看老中青三代人对不同的说法有没有不同的习惯和取向态度。当然,也得追踪探源,了解影响源的方言说法。遇到这类情形会增加调查工作的麻烦,但是弄清楚来龙去脉之后,对于该方言的语法特征以及该方言与通语和周边方言的关系,乃至方言演变的历史背景都可以得到更多的理解。

思考与练习

1. 你对汉语方言之间语法差异的直接感觉是大是小?试举一两个例子说明。

2. 根据你所熟悉的方言,罗列出五类封闭性词类的所有词条。

3. 选一段方言专著中标注的长篇语料,试着读一读这段话,并着重分析一下其中虚成分的标音和注字符合不符合要求。

4. 调查语法和调查字音及词汇有哪些不同?

参考书目

鲍厚星等 1999 《长沙方言研究》,湖南教育出版社。
布龙菲尔德 1933/1980 《语言论》(袁家骅译),商务印书馆。
曹志耘主编 2008 《汉语方言地图集》(语法卷),商务印书馆。
戴昭铭主编 2003 《汉语方言语法研究和探索》,黑龙江人民出版社。
董同龢 1956 《华阳凉水井客家话记音》,科学出版社。
何耿镛 1993 《客家方言语法研究》,厦门大学出版社。
胡明扬主编 1996 《汉语方言体貌论文集》,江苏教育出版社。
黄伯荣主编 1996 《汉语方言语法类编》,青岛出版社。
黄伯荣等 2001 《汉语方言语法调查手册》,广东人民出版社。
李如龙 2007 《闽南方言语法研究》,福建人民出版社。
林华勇 2014 《廉江粤语语法研究》,北京大学出版社。
吕叔湘主编 1999 《现代汉语八百词》,商务印书馆。
吕叔湘等 2000 《语法研究入门》,商务印书馆。
乔全生 2000 《晋方言语法研究》,商务印书馆。
乔全生 2003 《再论山西方言的"我咱""你咱"》,《汉语方言语法研究和探索》,黑龙江人民出版社。
汪国胜主编 2005 《汉语方言语法研究》,华中师范大学出版社。
伍云姬主编 1996 《湖南方言的动态助词》,湖南师范大学出版社。
伍云姬主编 1998 《湖南方言的介词》,湖南师范大学出版社。
萧藤村 2012 《台湾话俗谚语典》,台湾五南图书出版公司。
邢福义主编 2007 《汉语方言语法研究》,华中师范大学出版社。
邢向东 2006 《陕北晋语语法比较研究》,商务印书馆。
邢向东等 2012 《秦晋两省沿河方言比较研究》,商务印书馆。
徐慧 2001 《益阳方言语法研究》,湖南教育出版社。
张双庆主编 1996 《动词的体》,香港中文大学中国文化研究所。
赵元任 1979 《汉语口语语法》,商务印书馆。

第八章　方言调查成果的整理和报告

一　方言调查材料的整理

一种方言的调查往往不是短瞬之间完成的，完整的调查需要不少时日，长时间蹲下来调查或三番五次往返是常有的事；如果是自己的母语则可以旷日持久、断断续续积累下来。因此，在编写调查报告之先就必须对已经得到的材料进行一番整理。

方言调查材料的整理主要是校订和复查。因为调查的材料不是一朝一夕得来的，前后记音、注释、制表的过程中往往会发现标音、释义、注字等方面不一致的地方，如果是多人合作的，需要统一的地方还会更多些。特别需要校订的是标音和注字。声韵调表、音节表、同音字表确定下来之后，就应该贯彻始终，不能再有变动。记音过程中，元音方面的 e-ᴇ-ɛ，a-ᴀ-ɑ，辅音方面的 x-χ-h，声调方面的 33-44，经常会出现游移不定的情况，所有的标音材料都应该根据最后定下的方案加以统一。方言词的用字是古本字，还是同音字、训读字，也要有个统一的处理。

另一个校订的重点是语音、词汇和语法的语料之间要取得内部的一致，不能自乱其例。除了各个部分的标音和注字要一致，语音部分所总结的文白对应、连读音变（轻声、儿化、变调、变声、变韵、合音等）规律，都应该在词汇语法部分的语料中贯彻无误。已有的调查报告，有的已经总结出变调规律，却在词汇、语法例句的标音中不贯彻，只标单字音，这其实并不是科学的做法。不少研究方言语法的论文，例句一概不标音，词汇、特别是虚成分的用字也很随意，究竟是本字、俗字、同音字都没有加以说明，有的甚至在方言例句的后面也没有加上词汇和句义的普通话括注。如果作者对于该方言尚未做过系统的调查，对于方言词汇的标音和用字没有做过研究，这样的方言语法论文是否可信，是令人怀疑的。

整理方言调查材料时，经过各种结构规律的校订，通常都会发现一些调查时没有发现的问题。例如记完《方言调查字表》整理了同音字表后，发现鼻音 m、n、ŋ 等独立成韵的字还没有记录下来；记录词汇时，也会发现一些合音词，在归纳语音结构时还没有反映；记录语法例句时，会发现虚语素的新读音。至于多音多义字、文白对应字、古今音对应中的例外字在后期记音时也会不断被发现，这些“语音”的新材料都应该补充到“字音”（同音字表、文白对应、音变规律等）中去。这类新发现的现象既然是已有的记录还没有反映过，就需要找到原发音人核对。积累了一批问题，再次到实地复核，这是很难避免的。如果只是个别字音的认定，也可以用打电话的办法解决。

从更大方面说，在整理调查材料时，如果发现该方言的语音特征和其他方言有相同、相关之处，或者某些方言词语牵连到历史事实、风俗习惯等内容，就还要查对历史资料，看看移民、习俗和地理（包括自然地理、人文地理）的有关文献，或者向有关行家查询。这也是方言调查材料整理过程中应该解决的问题。

二　调查报告

调查报告是方言调查材料编写发表的统称。根据调查点的多少或调查地域的大小、调查内容的详略，可以采取不同的写法。

就单点的调查报告说，简短的可以就某方言的某个方面（语音或词汇语法）或某个特点做介绍。如 1930 年陶燠民的《闽音研究》只报告了福州话的连读音变，1948 年董同龢的《华阳凉水井客家话记音》只发表了记音材料。这类简短的报告也可以写得很精彩，如上述两书，前者首次就福州话双音连读后的变声、变韵和变调做了简明的报告；后者在“标音说明”之后只列了 20 段记音语料，接着又列出了词汇表，对该方言就有了相当全面的介绍。近些年来《方言》杂志发表了不少单点的“方言纪略”，虽然未能详尽，有的也只记录了语音，但是至少有经过核定的《同音字表》，展示了方言的语音结构的全貌，提供了研究方言语音的重要的依据，是很有价值的。

单点方言的详尽的研究报告也称为“单刊”。早期的单刊只注重语音，但是分析很细，如罗常培的《厦门音系》和《临川音系》。后来的单刊就兼及词汇和语法，如王福堂的《绍兴话记音》(1959)、李永明的《潮州方言》(1959)、桥本万太郎的《海南语文昌方言》(1976)、丁邦新的《儋州村话》(1980)、高华年的《广州方言研究》(1980)。20世纪90年代，出版过一批国家“七五”社科重点方言(博山、洛阳、黎川、漳平、福清、嘉定、舟山等)研究项目的成果，内容全面，包括导论、方言特点、音系(含文白读、音变)、同音字表、和北京音及古音的比较、标音举例(含各种语料)和词汇表。反映了当时的研究水平。新世纪以来，陆续出版了不少单刊，质量有了进一步的提高。例如邢向东的《神木方言研究》(2002)、伍云姬等的《湘西古丈瓦乡话调查报告》(2010)、阮咏梅的《温岭方言研究》(2013)。

区域性的方言调查报告最早的是赵元任的《现代吴语的研究》(1928)。该书着重分析了吴语的音值和音类及吴语的语音特征，列表对照了江、浙两省30个点的75个词汇和22点的语助词的用法，所有的语料都用国际音标注音。此书开了汉语方言区域调查报告的先河。20世纪30年代，中央研究院历史语言研究所组织调查了云南、湖北、关中、湖南和四川等省的方言，都调查了数十个点，对照了字音和极常用词，说明方音特点，并绘制了地图，分别于1940、1948、1954、1973、1984年正式出版。50年代全国方言普查时出版了一批按省市编成的“方言概况”，如《江苏省和上海市方言概况》，其他的有河北、安徽、福建、河南等省，不过有的只是铅印讨论稿或油印稿。

拨乱反正、改革开放之后，区域性的方言调查如雨后春笋，蓬勃发展，大部头的成果接二连三出现，如珠江三角洲、粤北、粤西的粤方言、客赣方言、粤西客家方言、徽州方言、吴语的处衢方言、严州方言、宣州方言、江山广丰方言、香港新界方言、浙南闽东方言、闽东福宁片方言、台湾的闽方言和客方言、粤北乐昌和连州方言、山西方言、山东方言。

不论是编写单点或是区域性的调查报告，最重要的内容都应该包括方言的品种和分布、地理和历史的情况、发音人的情况、语音系统及其特点、同音字表、连读音变规则和词语举例、词汇表(包括成语、谚语和虚词)、各种语料(语法例句和会话、故事、歌谣等)。不论是详本或是略本,都应该以反映方言特征为重点。

三　方言志

1960 年,李荣先生领着语言研究所方言组的研究人员到河北省的昌黎县,和县志编委会联合编写了《昌黎方言志》,在科学出版社出版,为此后县志方言志的编写树立了样板。全志分为八章:1. 导言;2. 昌黎方言的南北两区(其中用 12 张地图来说明南北分区的依据);3. 昌黎方言的特点;4. 昌黎音的分析;5. 昌黎同音字表;6. 昌黎音和北京音的比较;7. 昌黎话标音举例;8. 分类词表。词表中的"副词介词等"都举出例句,其余虚词则体现在"标音举例"中。其特点是同音字表做得细,词汇收得多(包括同义词),重视地名的特殊读音,各方面都能科学地罗列方言事实,起到了存史的作用;而且还能做到少用语言学术语,使本地人也能读懂。80 年代之后全国的省地县三级都由地方政府组织编写志书,其中有不少地市县都设有"方言志"。大多数缩小了篇幅,编成三五万或八九万字的《方言卷》,重要方言也有编成单行本出版的。这一套方言志虽然详略不一、水平参差,但是多数是由内行人编写的,为 20 世纪的各地汉语方言保存了大体清晰的面貌,后来者再做方言调查时就有了可借鉴、可比较的依据。

近年来,教育部语言文字信息管理司又启动了"中国语言资源的汉语方言有声数据库"的建设项目,组织专家制定了统一的调查表格和工作规程,要求为每个县记录一千个常用字、1200 条常用词和 50 个语法例句,包括一段故事、一段自选话题的讲述和一段对话,并把全部语料录成音档,另外也有一份同样内容的中年人录音和一份青年人说的本地不标准普通话的录音。这个工程正在逐个省市铺开。有了同样的字词,并保存着高质量的录音录像,全部完成之后,可供横向比较,留到后代则可供历时演变的微观考察。至此,我国极为丰富的方言资源便能作为宝贵的历史文化遗产保存下来,让后代的子子孙孙了解它、欣赏它、研究它。

四 方言辞书

1. 方言词汇

单点的“方言词汇”是调查所得的方言词汇的分类罗列。“方言调查报告”“方言志”里的词表都可以采取这种方式，如果调查得详细、标音也准确，也可以单独成文或编成专书发表。编写“词汇”的要领是：按意义（不按词类）分类，但相关的名词和动词往往列在一起（如：雨、小雨儿、下雨、连阴雨、雨淋了），同义词排在一起，少说的用小字注“少”，老人或青年多说的也注“老”或“青”，除了首条，可退一格排。以方言词列目、必要时用小字注明普通话词义。按照音位标音法注音，轻声、儿化、变调、合音等都要如实注清楚，本地有异读也要注出。用字特别的可以用小字加注，如：“同”（同音）、“训”（训读）、“俗”（俗字）。

《昌黎方言志》的“分类词表”分为36类，各类下又分若干小类。36类是：天文、地理（含本地村镇特殊读音）、时令、时间、政治、工业工艺、农业、商业、交通运输邮电、动物、植物、房舍、衣料服饰、器具、饮食、交际、婚丧生育寿辰、神鬼祭祀、身体、疾病、医疗卫生、人品、职业、亲属、学校教育、文娱活动、动作、位置、一般名词、代词等、性质感觉状态颜色、副词介词等、数目、量词、新词新语示例、象声词。

多点方言的词汇比较也称为“方言词汇”，例如北京大学中文系语言学教研室所编的《汉语方言词汇》。该书比较了全国七大方言区、20个方言点的1230条词语。另一部有影响的对照词汇是《普通话基础方言基本词汇集》，该书是20世纪80年代作为国家社会科学“七五”规划重点项目，组织了48位专业工作者历时多年完成的，选取了106个官话方言点，对照了3200条词语，由陈章太、李行健主编，1996年语文出版社出版。这类比较词汇最重要的价值在于能对齐，以便看清不同方言之间的关系。因此一般只能选取常用的、词义单纯而明确的实词。同一个词目如果在方言里有不同说法都应该列举出来，个别点有不同的词义色彩和用法也应该加以说明。在标音和注字方面和单点的“词汇”要求是相同的。

2. 方言词典(字典)

方言词典和方言词汇的标音要求是一样的，作为词典，主要区别在于收词和分义项。在收词方面，方言词典主要任务是收录和共同语不同的方言词，作为完整的语言，当然也可以收全所有的词语。“方言词汇”主要收实词，词典则还应该收虚词，并且有反映虚词用法的例句。如果词语有不同的义项，也应该分别做出解释并指出用法，不同的义项有时属于不同的词类，也必须在释义时说清楚。现有的方言词典一般只收单音词和双音词，也有兼收三音以上的惯用语、成语、谚语的。多音词语更能反映方言语法和地域文化的特征，这是值得提倡的。下面举些编得好的样条：

欢 huān　①形容兴高采烈，如“几个小姑娘唱得正欢”。②形容旺盛，如“雨越下越欢”。③形容快速，如“车跑欢了”。又，“欢龙：形容朝气蓬勃、兴高采烈的状态”；“欢势：活泼生动”。(徐世荣《北京土语辞典》，北京出版社，1990 年)

够：副词，表示申辩、反诘，用在动词前面，如“你有，我够有咯”(你有，我还不是也有!)。够力：指物体承受得住压力或拉力(例句和标音略)。够皮：①够本；②引申指足够。够运：走运。够劲：带劲。够派：够派头、时髦。够钟：①时间到了；②时间足够。够胆：有胆量，敢于。够胆死：指干有危险的事或明知犯法还要干。够数：数额够了，齐了。够算：①足够，满足；②够呛。够爆：有种、有胆量。(饶秉才等《广州话词典》，广东人民出版社，1997 年)

烧饼：考试得零分；烧书(书读去声)：旧俗正月初三、清明、七月半、十月初一到坟地为死者烧牌位和纸钱；烧肉：红烧肉；烧心：胃部烧灼感；烧香：雄畜发情时翘鼻子；烧纸子：为祭祀死者烧的纸；烧午香：旧俗正月初一到初十中午烧香祭神；烧媳妇儿：爬灰；烧酒盅子：酒杯；烧人不擦、烧人扑来、烧人马怕：饭菜烫嘴；烧人热、烧人动地：热得发烫；烧手搭脚：手脚被烫的感觉；烧红打黑：有事而迟疑不动手；烧家晾门子：开着门烧火取暖；烧着手，脚不疼：不管别人痛痒。(张光明、温端政《忻州方言俗语大词典》，上海辞书出版社，2002 年)

近些年来，方言字典编的不少。编字典和编词典的要求和方法并没有大的区别，字典是按字头立目的，不同的读音和意义要分开注明，在字目之下应该就常用的词语（尤其是双音词）举出例词，并加以词义注释。有的方言多音多义字很多，按字立目分别不同的文读、白读、别义异读，对本地人全面、准确地掌握方言词汇和外地人学习方言都有好处，编得好也可以作为研究方言与古今通语的语音、字义的异同和演变关系的依据。以下只举闽南话的“成”字为例：

成 $siŋ^2$ 成功（做亲情成咯：说亲说成了），相像（画了真成：画得很像）；$si\tilde{a}^2$ 十分之一（八成新）；$ts^hi\tilde{a}^2$ 成全（成伊大尾：成全他做大），完成（息尾成伊了：把未完的事做完它）；$tsi\tilde{a}^2$ 将近（成百人：近百人）；好样儿（成团：好后生，成物：好东西）。

五 方言地图

1. 方言地图是展示区域方言异同的最佳方式

制作方言地图只是区域方言调查的事，是多点方言的比较研究，单点方言就无须画地图。初学方言调查总是从单点调查开始的，但是如果没有到实地做调查的条件，在老师指导下，利用已有的调查材料，就一个地域或一个方言区进行多点比较，也可以用制作方言地图的方式来进行方言的比较练习，了解不同方言的异同。

地域方言总是和一定的地域相联系的，把多点方言的异同展示在地图上，这是表现方言差异的最佳方式，是方言研究的基本任务。西方的“方言学”就包括地理方言学和社会方言学。前者是全民语言的地域变异，后者是全民语言的社会群体的变异，这也是一种理解。但是从基本结构形态来看，方言的变异是构成完整的结构系统的，“社会方言”则往往只是部分用语和表达方式的不同，二者属于不同的性质。地域方言的差异可以明确地展示在地图上，这也说明了地域方言是更加成熟的学科。

有了方言特征的地理分布图，从共时的角度说，可以为方言进行分区，说明不同方言之间以及方言与通语之间的远近关系;从历时的角度说,也可以看出一定地域的方言与古代通语和方言的关系;还可以透过方言特征考察方言的历史文化特征和方言特征的地理分布的状况。基于方言地图的分析研究建立的方言地理学对于探讨语言历史演变的规律还有许多深入研究的发展空间,这是另一个学科领域。这里说的只是入门阶段的方言地图的制作方法。

2. 整理制作方言地图的语料

制作方言地图之前进行语料的整理是必不可少的,因为区域性调查往往是许多人参与的,即使是个人陆续调查的,语料汇齐之后也需要做一番规格体例的统一。整理的时候可以把语料先制成对照表,比较容易发现问题。如果对照表有空缺或是原材料可疑,还要到实地或通过电话再做补充调查。

语料整理核实好了,还有一道很重要的工序,就是选定地图条目、拟订绘制地图的计划和大纲。入选为地图条目的语料必须是能反映方言特征的,而且记音和注释都是可信的,大规模的地图集选择时可适当放宽,条目受限制时就应该选取那些能说明主要特征的语料。语音条目要尽量选管字多、在古今演变中有特色的音类代表字;词汇条目可以着重挑选方言特征词和能派生、多组合的常用的核心词、基本词;语法条目则应该选高频度的、有特色的构词法或句式。选定条目后应该排个合理的顺序,以便制图时在有限的篇幅中优先采用重要的条目。

3. 方言地图的种类

常见的方言地图有三种:点状的方言特征分布图、线状的方言特征同言线分布图和面状的方言分区图。

(1) 点状分布图

绘制方言地图应该从点状的特征分布图入手。每一个音类的代表字、每一个特字的读音,每一个特征词和语法成分的说法,在参加比较的方言点之中有哪些不同的表现,按照预设的符号标记在地图上。这样的方言特征的点状分布,是方言地理研究的最真实、最具体的依据。以下列举几幅点状特征分布图,从中可以看到选条和标图的方式方法:

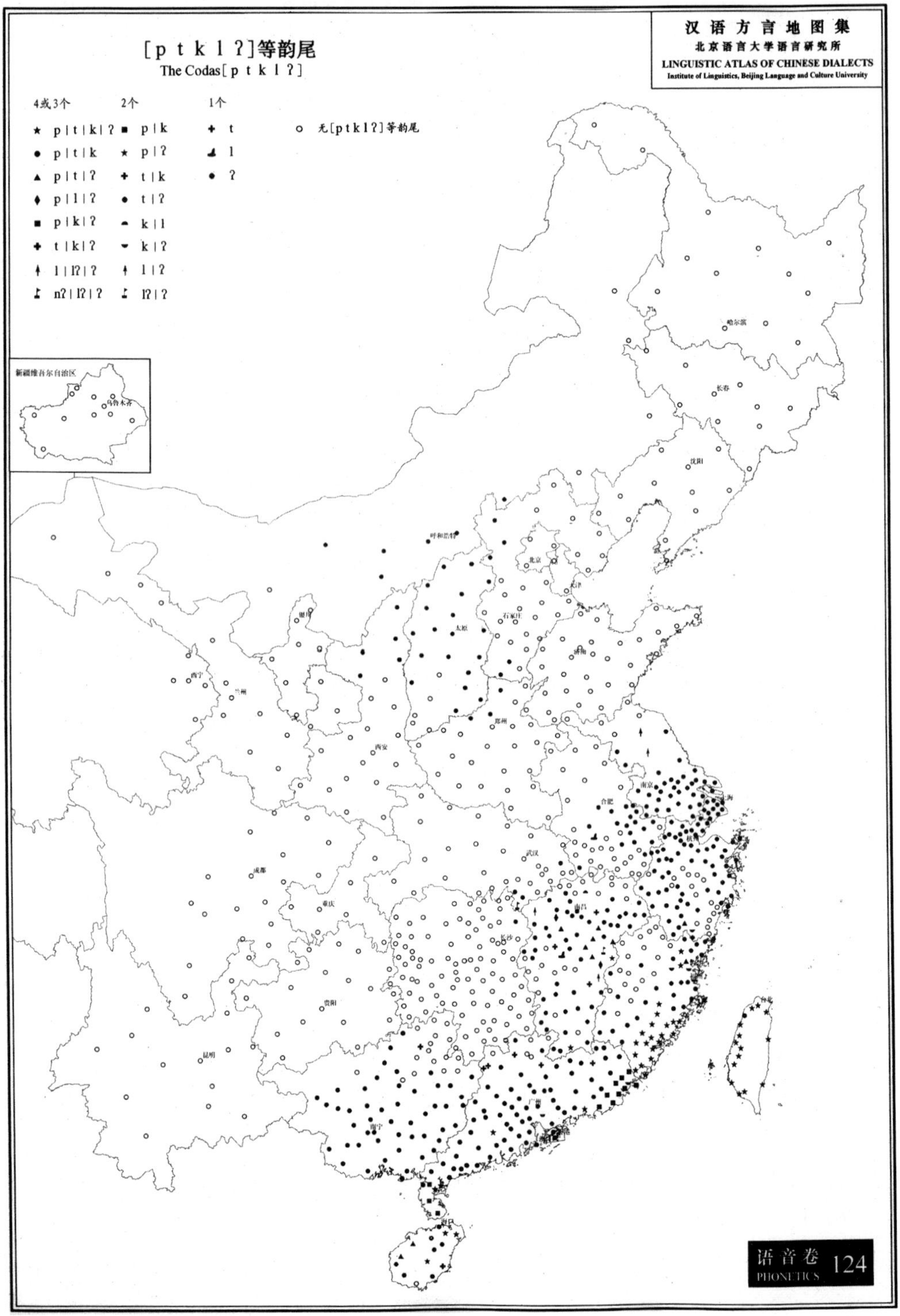

图 8.1　[p、t、k、l、ʔ]等韵尾(引自《汉语方言地图集·语音卷》124 图)

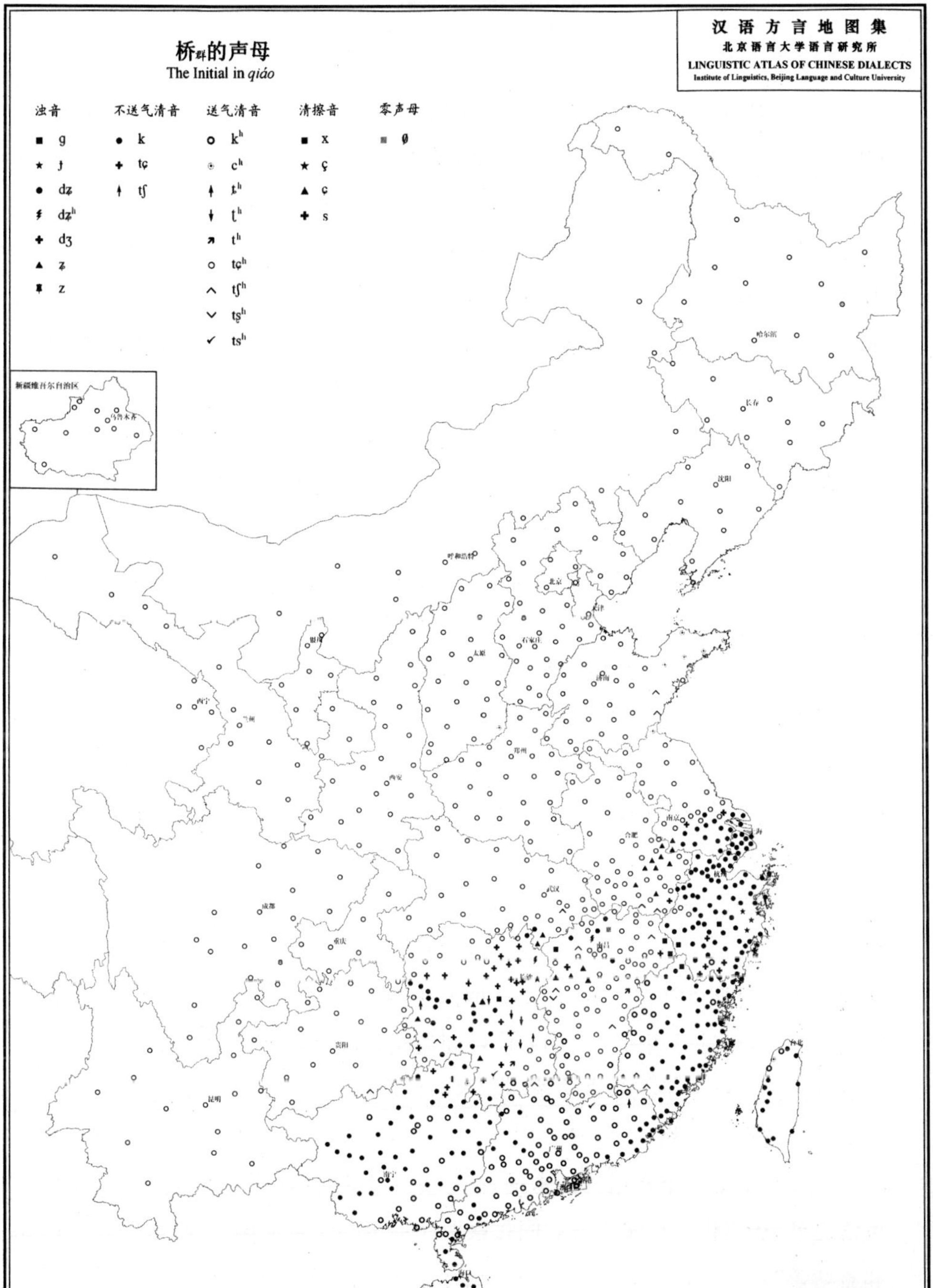

图 8.2 “桥群”的声母(引自《汉语方言地图集·语音卷》84 图)

这些韵尾都是古入声字保留下来的特征，管的字很多，在各地方言中的不同表现，很能说明大的区别：闽南话因为有文读[-p、-t、-k]和白读的[-ʔ]之别，就有四个塞音韵尾，粤语、平话、客家话的三种韵尾是最接近中古音的模式，赣语的中心区多有两三个塞音韵尾，边沿地区也有全部脱落的，显然是方言接触所造成。多数吴语、部分闽语和客家话以及江淮官话和晋语只有[-ʔ]尾，到了湘语和大多数官话就全部脱落了。倒是浙江中部和闽北一带也都脱落了，其原因很值得探究。总之，像这样的大音类的演变，有了一个大规模的地图把它展示出来，就能看到纵横两面的演变关系，这就说明了方言地图的重要意义。

群母"桥"字的读音，反映了汉语方言中全浊声母清化的不同状况，吴语和老湘语的大部分、赣语的小部分保留浊音，但有塞音、塞擦音和擦音之别，其他方言都清化了；清化后因为是平声字，在官话和客赣语、徽语和粤语是送气的，在闽语和新湘语、平话是不送气的，两大片判然有别。在高安、宜丰、万载、上高等地清化后读为清擦音，在都昌还读成零声母，这就使人联想到上古音群母和匣母曾经是不分的，"桥"字是否从匣母演变而来？总之，这一条就能说明许多问题。

再看看方言词汇的两幅地图：

从图上可以看出，北方的官话多说"站"，东南方言多说"徛"，中部的长江口的北部吴语和一些湘赣语以及桂北平话说"立"，部分古周秦燕赵之地有一个狭长地带也说"立"。"立"的说法最早，是甲骨文就有的独体象形字，大多是局部地区的残留。"徛"是《说文》就收了的，《广韵》已注明为"立也"，东南方言大多是中古时期南迁定型的，保留这种说法在情理之中。"站"在《广韵》注为"俗言独立"，可见是唐宋之间初起的民间说法，《汉语大字典》的书证都是明代之后的用例。这一条正是古今核心词更替的典型代表。从中可以看到编地图集的专家选词目的精准、恰当。

"东西"也是一个常用的基本词，图中除了为我们提供了各地方言的多种说法之外，还提供了许多方言之间接触影响的事实。例如粤语说"嘢"，客家话和官话说"东西"，由于周边方言的接触，广东的新丰和广西的田东就兼说"嘢"和"东西"；粤北和桂南有"工夫"的说法，阳山就兼说"嘢"和"工夫"；石家庄一

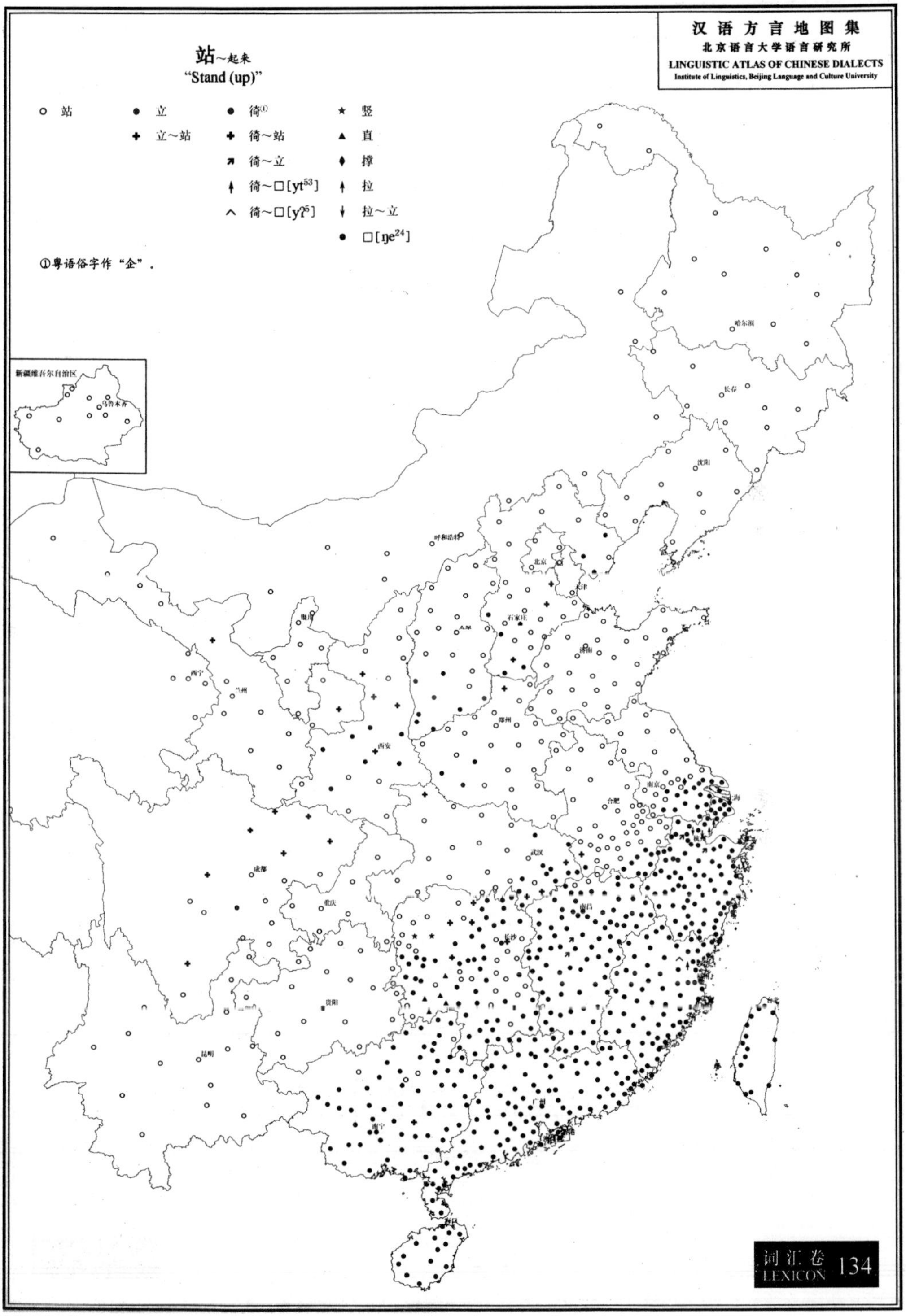

图 8.3 《汉语方言地图集·词汇卷》134 图"站站起来"

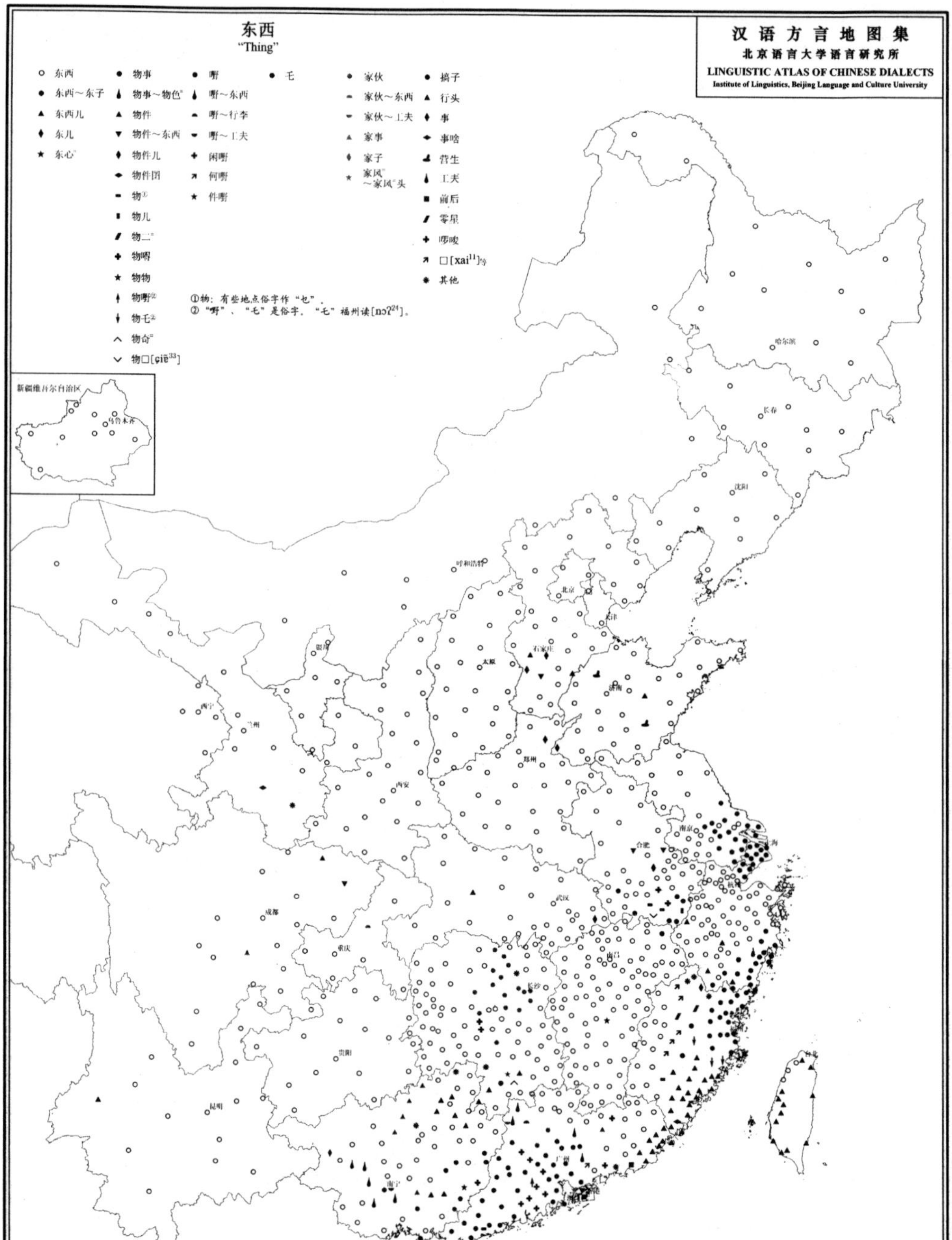

图 8.4 《汉语方言地图集·词汇卷》119 图"东西"

带有“物件儿”的说法，隆尧就兼说“东西”和“物件”；闽东说“乇”，闽南说“物、物件”，介于闽东闽南之间的莆仙和尤溪就把两个单音词合说“物乇”。此外图中还提供了许多一般人闻所未闻的说法，例如重庆的忠县说“家事”，湖北的远安说“行头”，福建的松溪说“事”，山东有说“营生”的，苏北有说“搞子”的，闽北有说“零星”的，粤东有说“前后”的。这些创新的方言词的命名之由实在耐人寻味。

(2) 线状分布图

线状的同言线图是欧洲学者发明的。这种方言地图把同样说法的方言现象用线条连接起来，或是把不同说法的地域用线条划开来，对于反映方言事实的异同十分直观而明确。不过，这种制图法必须建立在调查点分布十分密集的基础上，如果调查点不够密，画线时就难免犹豫不决，贸然划定之后，常常经不起新的语言事实的检验。由于汉语方言都有久远的历史，千百年来战乱、灾荒和人口繁殖带来的移民十分频繁，大大小小的方言之间在经常的接触中都有或深或浅的相互影响。所以，不论是大区或小片，方言点之间都有许多细微的差别，所谓“十里不同音”的现象是经常可见的。因此，为汉语方言区域制作地图，大家一般都不大愿意采用线状的同言线制图法。这里只举两幅同言线方言地图为例：

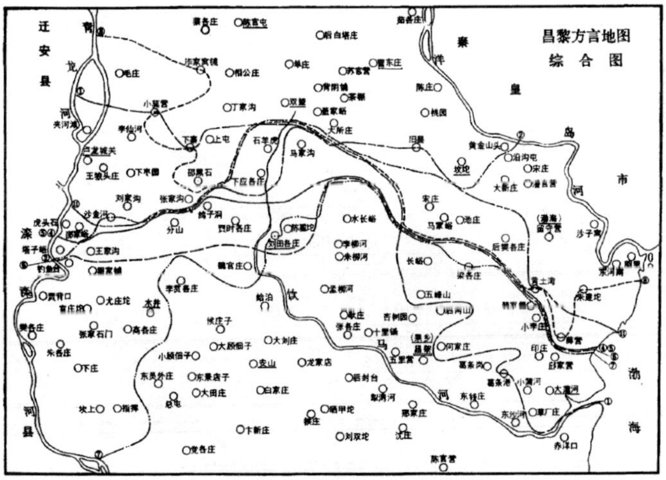

图 8.5　昌黎方言综合地图(引自李荣《关于汉语方言分区的几点意见》，《方言》1985 年第 2 期)

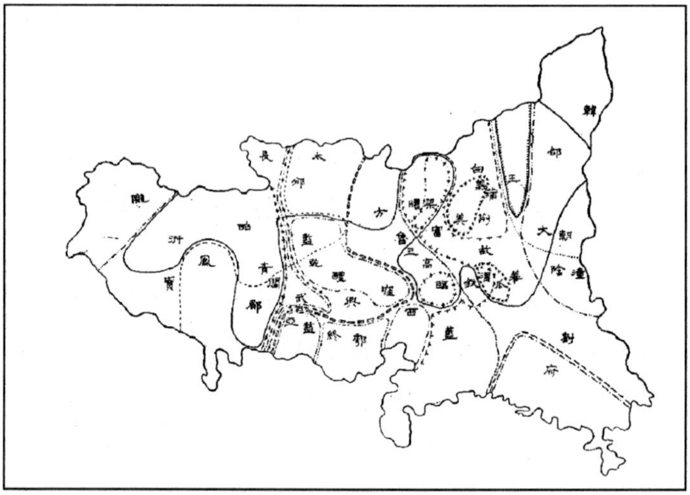

图 8.6　关中方言综合地图(引自白涤洲《关中方言调查报告》,喻世长整理,中国科学院,1954 年)

(3) **面状分布图**

以下是一个地区里的不同方言的分布图:

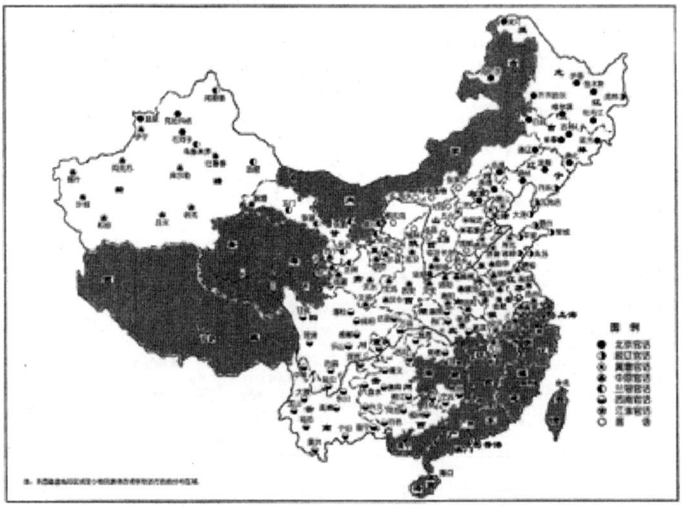

图 8.7　官话方言分布图(引自钱曾怡主编《汉语官话方言研究》,齐鲁书社,2010 年)

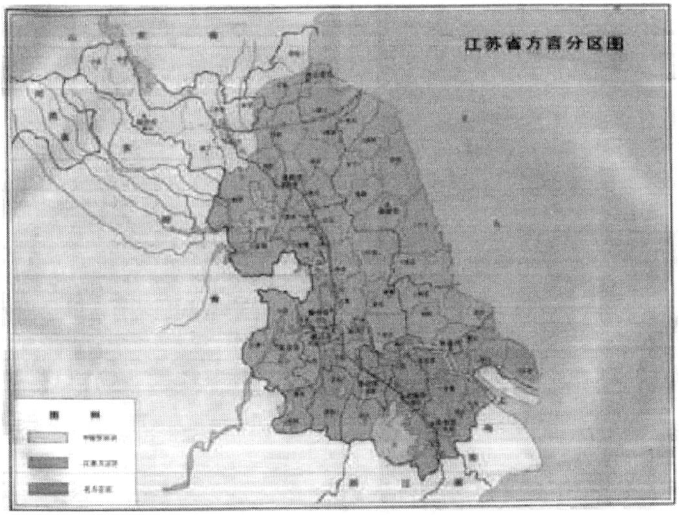

图 8.8　江苏省方言分区图(引自鲍明炜主编《江苏省志·方言志》,南京大学出版社,1998 年)

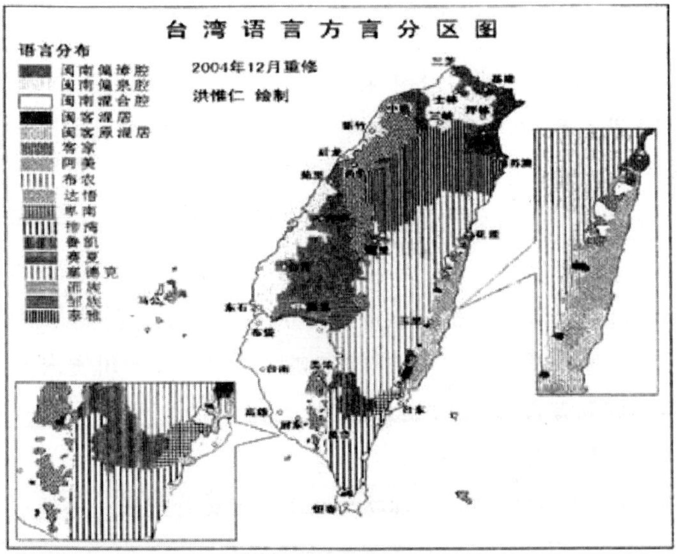

图 8.9　台湾语言方言分区图(引自项梦冰、曹晖《汉语方言地理学》,中国文史出版社,2005 年)

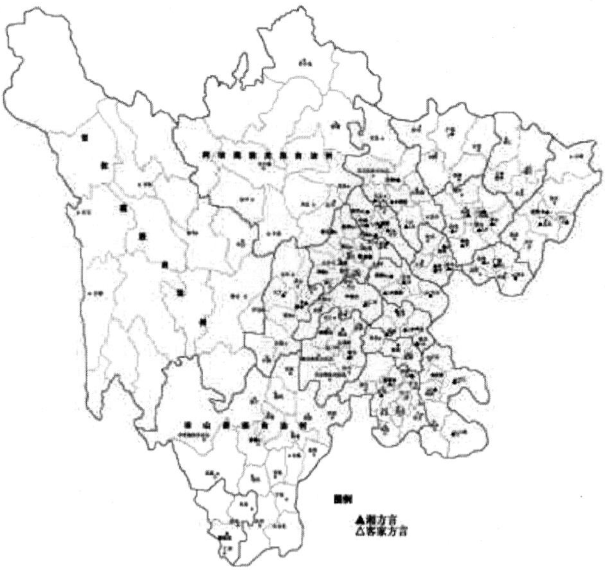

图 8.10 四川省内客家方言岛湘方言岛分布图(引自《四川省方言志》,方志出版社,2013 年)

《官话方言分布图》吸收了多年来学术界的研究成果,把晋语纳入官话,把东北官话归入北京官话,将官话分为八个区,是颇有创新意义的。

《江苏省方言分区图》把江苏省内的中原官话、江淮官话和吴方言分别画出明确的界线并加以着色处理,一目了然,是值得赞许的。

台湾省内的方言分区图是台湾学者洪惟仁长期调查研究的成果,也反映了台湾学者多年过细的调查成绩,材料依据充分,图形处理合适,也是值得赞赏的。

由于明清以来的多次而大量的移民(湖广填四川),四川省内分布着大量的客家方言岛和湘方言岛,经过崔荣昌、张一舟等学者的仔细调查,图中予以明确的标志,是可信的。

当然,也可以把点状、线状和面状分布图三者综合起来。例如:

从图 8.11 可以看出,非官话方言一般不说“下雨”,而说“落雨、落水、遏雨”等。官话方言多数说“下雨”,但西南官话有说“落雨”的,或是“下雨”“落雨”都说。同时可以看到,“下雨”的同言线是不精确的。

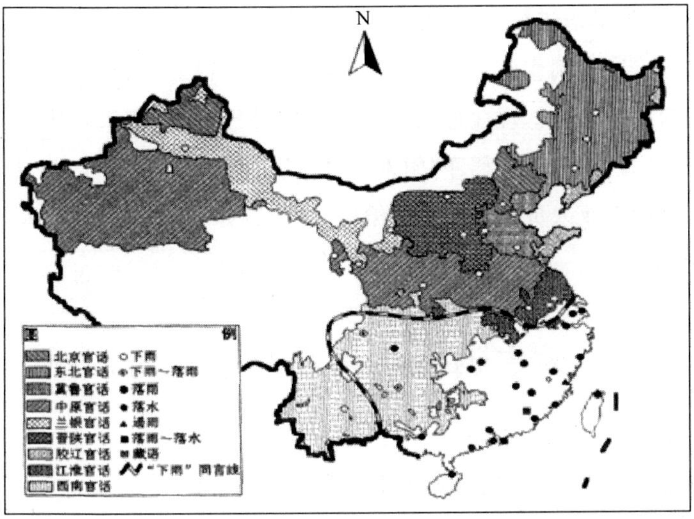

图 8.11　汉语方言"下雨"的说法(引自项梦冰、曹晖《汉语方言地理学》，中国文史出版社，2005 年)

4. 制作方言地图的方法

制作方言地图，第一道工序是选用底图。底图的比例尺应根据区域的大小和上图资料的多少而定，如今网上各种比例尺的地图都有，图中的信息有详有略，也要根据登录语料的需要选定保留的项目。一般地说，大的行政区划的界线、重要城市的地点方位、大河的图线都应该用较淡的颜色保留下来。

第二道工序是根据语料的多少设定区别不同方言特征的图形符号，这是针对点状特征分布图的需要设定的。圆形、方形、三角形可以作为基本图形，涂黑、放空，还可以在空心上加圈、加点或把两种图形重合。如果需要区别的符号很多，可以再加上不同颜色作为第二层的处理，不同的特征之间的差别是有大小之分的，特征相近的可以用相同颜色的不同符号或者用相同符号的不同颜色来处理。可供选择的符号和颜色很多，上文所举的例图所用的符号都可以参考。总的要求是要能醒目地区别不同特征。

第三道工序是打印出底图，用手工操作，标上点状的特征图形或画上同言线的线条，作为草稿进行审阅，看看是否符合各方面的要求。

第四道工序是制作电子文件图。如果草图做得好，用扫描仪转成电子版再做适当的加工即可。现在可供选择的程序已经不少，如果是比较简单的方言地图，在 WINDOWS 的程序“附件—画图”中就可以完成。较为复杂的方言地图则可以请专业人员设计专用的绘图软件，例如 ArcGIS。作为基础调查教材，这里不细说。

六　方言调查成果在教学上的应用

1. 方言调查可以运用于语文教学和方言学习

20 世纪 50 年代进行全国方言普查的时候，曾经提出了很明确的任务，方言调查要为推广普通话服务，要求在普查之后编写“学习普通话手册”。1960 年以后，许多省区和大学、师范学院都出版过此类读物，地区和县级教师进修学校就用这些教材去培训中小学语文老师，那时的收获至今还是许多退休老师的美好记忆。后来受到“文革”的冲击，这项工作搁置。拨乱反正之后，方言学的研究也转向方言志、方言词典、方言大区的比较等大型调查和理论研究上去了，义务教育中的语文教学又多强调“素质教育”，把“字词句”的训练作为“工具论”来批判，运用方言与普通话的对应规律进行有效的语音、词汇、语法训练，被扔进了历史的垃圾堆。也许有人会说，如今孩子们的普通话水平提高了，不必再来这一套。新一代的中小学生确实普通话水平有很大的提高，尤其是电脑和拼音输入法普及之后，普通话的标准音掌握得好多了，但是实际口语的语音达标率并不是很高，方音的影响还是随处可见，词汇语法上的问题更是不少，南方方言区的学生套用方言词和方言句型，不知道许多北方话的口语专用词的现象比比皆是。高校里普通话达标测试进行多年之后成了例行公事，老师也开始“掺水”、放松要求。甚至还有一种理论，说保留“地方普通话”，多一点色彩也不错。事实上，新一代中小学生说的只是地方普通话。而且，普通话不标准，方言也说不来。长此以往，恐怕是要“竹篮挑水两头空”，忘了方言，普通话也说不标准。

在现代化的步伐不断加快的情况下，方言显然是会逐渐萎缩的。然而，早已存在的“地方普通话”对于语文教学的干扰却是不可忽略的。根据方言调查的成果，编写普通话教学的参考资料，让中小学生在学习汉语拼音方案、普通话正音、学习普通话词汇、语法上掌握对应规律，以提高效率，还是很值得提倡的。另一方面，调查了方言语料之后，还可以为义务教育，尤其是幼儿园和小学教学编写“乡土教材”，让少年儿童朗读、阅读本地方言的儿歌、童谣、山歌、谚语、神话、传说、民间故事，甚至开展一些课余活动，诸如唱山歌、读儿歌、讲故事、说方言比赛等，这对于让孩子们了解本地历史文化，学习方言，避免方言的萎缩都是有积极的作用的。应用语言学的追踪研究证明：凡是从小掌握两种语言或方言的孩子，智商都比较高，日后的成就也比单语者大。

2. 语文补充教材的编写

方言调查工作者都有现代汉语的业务基础，经过方言调查实践，对于方言和普通话的异同应该有明确的认识。在整理好方言调查材料之后，应该进一步整理出方言和普通话的语音对应规律、列出方言和普通话有重要差异的词汇，归纳出方言与普通话在语法上有哪些不同。如果到中小学任教，还可以在语文教学中调查、了解学生学习普通话的难点和常见差误，把方言调查的成果和教学实践的现实联系起来，相互检验和论证，在这个基础上，编写面向方言区的语文教学补充教材就水到渠成了。

面向方言地区的语文补充教材可以包括两方面的内容。

第一，本地人学习普通话语音的难点、重点和主要对应规律。除了声母、韵母、声调上的难点和教学重点之外还应该注意轻声、儿化、连读音变和语调方面的问题。

提出语音教学的难点、重点，不必求系统、全面和深入。20 世纪 60 年代的做法就是因为学院气太浓，教学应用的设计不足，所以推广不开。其实，只要抓住诸如平翘舌的分别，f—h、n—l、齐撮呼的区别，前后鼻音的掌握，克服入声字的短促调等大问题就行了，一个方言区往往只有上述问题中的几点。抓住重点，老师好教，学生也好学。

对应规律要讲求实效，就要简明扼要，列成表格以供练习和查考。列表时多利用汉字的偏旁，多列常用字，把单字放在多音词里练习。例如：

区分平翘舌（每组都能类推许多字）：

平舌　早草　采菜　足促　则测　糟曹　卒翠　宗粽　司词

翘舌　真镇　专传　常尚　中冲　少炒　招绍　晨振　周绸

区分前后鼻音（前后鼻音韵都是各自相通的）：

前鼻音　分盆扮盼　盏钱浅线　反叛版饭　真慎填颠　今吟黔念

后鼻音　平砰秤评　生性醒姓　方旁放纺　工红江杠　良浪娘酿

克服入声调（连成双音词，各自按四声延长）：

积极　白雪　独立　克服　薄弱　没落　适合　目录

复杂　抉择　策划　涉足　哲学　着落　吃肉　失学

利用偏旁区分 f—h（与 b、p 同偏旁的是 f）：

b、p—f　捕铺—甫傅辅　悲排—非费匪　旁榜—方房放

g、k—h　古苦—胡湖糊　刽脍—会绘荟　昆棍—混馄焜

利用偏旁区分翘舌音（偏旁为 d、t 的不读平舌）：

d、t—zh\ch\sh　都堵屠—猪煮储著褚暑奢署　凋调雕—周啁绸稠

貂迢—召招昭超邵绍韶　悼掉—卓桌绰罩　涛焘—筹铸踌寿

普通话四个声调的调值各地多不相同，可以挑选四字成语集中训练。例如：

阴阳上去　高扬起降　非常好记　英雄好汉　光明磊落

胸怀坦荡　心明眼亮　深谋远虑　山明水秀　千锤百炼

灯红酒绿　鸡鸣狗盗　阴谋诡计　逍遥海外　山穷水尽

第二，本地方言词汇语法和普通话明显差异举例。

以往的学习普通话手册也列举过方言与普通话词汇差异的比较表，但是

因为是照搬方言调查时记录的材料，不论会不会用错，一概照例收入，学校师生一看到“太阳—日头、月光—月亮、食—吃、睏—睡、伊—他、弗—不”就觉得实际上不会说错，没有针对性，不愿意多读多用。因此，这类词汇举例还是应该拿中等程度的人为基准，只上常见的、容易说错的条目，要言不烦，不必详尽列举。这里试举几个主要类别：

(1) 有些普通话口语常用词和常用词组的格式在南方方言说法大多不同，没有在北方长期生活过的人往往说不好，有时就用书面语词或方言词替代。例如：渴（口干）、跨（走）、嚼（咬）、蹲（跕）、扔（丢）、脑袋（头）、脑子（头脑）、衣兜（口袋）、胡同（巷、弄堂）、胳膊（手臂）、劲儿（力气、气力）、土豆（马铃薯）、山药（淮山），一座山（条、道）、一匹马（只、头）、一把刀（支、张）、我反正不去（横竖、横直、高低）、吃得下（能吃下）、你告诉他（你跟他说、你说他知）、来二两酒（拿二两酒来）、他比我高（他高过我）。

(2) 有些常用的名词在普通话和方言用不用前后缀或重叠式，常有不同，初学普通话的人就会说错。例如：篮子（篮头、篮篮、篮仔），鼻子（鼻头、鼻公、鼻哥），竹子（竹、竹头、竹仔），盖儿（盖、盖盖、盖子），哥哥（哥、阿哥、哥子），阿姨（姨姨、姨娘、娘姨），我想想（我想一下、我想一想），你试试看（你试一试、你试看看、你试一试看）。有的是双音词的语素顺序不同：前头（头前）、前面（面前）、热闹（闹热）、沙土（土沙）、客人（人客）。

(3) 有些普通话和方言用词相同，词义的范围不同，也会造成用词的差误。例如：猪肥（人肥）、吃饭（吃茶、吃酒、吃烟）。这类方言分工粗、词义广的现象还不少。例如有地方茶和开水不分、茶说“茶叶茶”，有的馒头和包子不分、包子说“肉馒头”。由于词义的差异，造出来的句子有时会造成意义的含混。例如有的方言“不会”和“不能”分不清楚，“他不会不来”（一定会来）、“他不能不来”（必须来），也说不清楚。有的是普通话里同样的意思有多种说法，方言区的人没学好，都只有单调的说法，因而说起普通话就显得句式贫乏。例如：我叫（让、被、给）他骗了，你去看看、你看看去、你去看看去，我看看、我看一看、我看一下。

（4）普通话的几种虚词和方言有区别，有时会用方言的说法作为普通话来说。例如：这朵花多好看啊（好好看、几好看），今年冬天太冷（老冷、过冷、太过冷），他脑子不笨（没有笨），报名从昨天（对昨天、起昨天）开始，他从太原（打太原、赶太原、假太原）来的，把钱放在（放到、放咧）桌子上，在（搁、跟）黑板上写字，给你留着（留了、留的有、留倒）包子，坐着（坐倒、坐起）吃饭舒服，那件事他说过（有说过、曾说过），让他们慢慢地（慢慢子、慢慢儿）玩儿，别赶（不要赶、不用赶），这个人我认不得（认不到、不会认得到），这件事我不知道（知不道、不晓得、晓不得）。

（5）同样的意思，普通话和方言可以用不同的语序造句，有时会误用方言语序。例如：他给我三斤苹果（给三斤苹果我、三斤苹果给我），你可以再吃一碗（吃一碗添、再吃一碗添），上海快到了（到快了），请你先走（走先），你带路、你前面走（打前走、走前面、走前），我说他不过（说不过他、不会说的过他），那本书给他弄丢了（他给弄丢了，给他弄丢了丢），你们来得了来不了（来不来的了），他比我高（高过我），你们打不倒他（打他不倒、打不他倒），牛跑不过马（牛不会跑得过马）。

3. 乡土语言教材的编写

乡土是少年儿童认知世界的最早课堂，乡土的风物和亲情在幼小的心灵里留下的都是纯美的记忆。乡土、乡音、乡情凝成的乡愁，越是久远就越浓烈。因此，在启蒙教育之时是一定不能忽略乡土教育的。

乡土教育大致有地理、历史和语言三个方面。乡土语言教育做得好，可以把三个方面统一起来，因为地理环境的优劣及保护意识、历史人物、移民进出、风俗习惯都必须经过乡土语言来记录和传承。

乡土语言的教材应该包括四个方面：风物词语，成语谚语，儿歌童谣，故事传说。

（1）乡土风物指的是本地特有的山川、物产、营生门路、技艺及其器具、资源、风俗习惯、人际关系的传统、本地历史人物及其故事和评价、宗教取向与民间信仰、文化娱乐项目和教育艺术的崇尚等。北方的“峪、崮、墚、峁”，南方的“冲、滘、沥、泾”，本地人都不应该不知道这些地理通名的状貌和含义；江西人不会解释“老表”，闽粤人不知“过番”，瓷都说不清瓷器的品种，茶乡不懂红茶、绿茶、乌龙茶，不会茶艺(包括种植、制作和品饮)，河南人不知岳飞和朱仙镇，山西人不知关公和大槐树，这恐怕都不是合格的小学生。

(2) 成语、惯用语和谚语是在民间锤炼千年的方言的精品，在旧社会，这就是世代相传的道德修养的口传教科书，甚至是不成文的乡规民约。“人心齐、泰山移”“不到黄河心不甘”“文不成、武不就，一辈子难受”“穷无穷种，富无富栽”“天无一月雨，人无一世穷”“兄弟同心、田土成金”“近溪搭无渡”“命长唔怕路远”“贪字和贫字共样写”“一等二靠三落空，一想二做三成功”等，这些话不知鼓舞过多少年轻人！诚然，现成话也有消极厌世、损人利己的，也可以有批判地酌收。这类语料多是一个个简短的单句，用字大多通俗易懂，读起来生动有趣，是容易被接受的读物。

(3) 儿歌、童谣、各地的山歌、小曲、情歌、相思调、锦歌、采茶调、四季歌、龙船调等，名目繁多，内容大致是扩大自然和社会知识，表达亲族和男女的情爱，劝人勤劳简朴、诚恳行善的，形式上多半是五言或七言，讲究押韵和平仄，短小的只有四句、八句，少数是叙事的长篇史诗。语言则是通俗方言、平白如话，文盲也能倒背如流。因此能够扎根农村，深受男女老少的热爱。这类读物朗朗上口，配合音乐的旋律，也便于记忆，不但可以朗读、吟诵，还可以组织演唱。

(4) 故事传说有全国普遍流传的，如“孟姜女、牛郎织女、白蛇传、梁山伯祝英台”等，三国、水浒、西游故事如果与本地山川人物有关，也一定会有相应的流传。各地移民的历史过程、战争灾异、宗族之间的争端和相处，改朝换代时的真实过程，都可能有或详或略的传说。历史上的清官、地方信仰、朝拜的神祀、民间传闻的名宦商贾、文人学士乃至传统小吃、手工技艺、三教九流的突出者等，也会有人编成故事，借以扬善贬恶、提供谈趣。这类故事因为都有本地的山水人物，也是本地人深感兴趣的。

不管是哪一类乡土教材，收集加工时，如果注意内容健康，有益于增长知识，语言通俗易懂、口语化，避免生僻字，增加趣味性，篇幅简短，朗朗上口就会受到欢迎，并且得到世代相传。这不但可以补充正规课本的教学，巩固、扩大语文训练的成果，对于乡音乡情的理解、领悟和传承，也一定会起到良好的作用。

思考与练习

1. 方言调查的成果应该如何为现实应用做出贡献？有哪些具体的事可做？

2. 搜集已发表的你所熟悉的方言的调查成果（调查报告、研究单刊、方言志、词典、地图等），看看能否读懂，有无兴趣，能不能发现其优点和存在的问题。

3. 就你所做的初步调查，编写一份供中小学生用的“方言与普通话对应规律”，或编几课小学生用的“乡土语言教材”。

4. 就你家乡的方言使用状况做一番调查，访问你所熟悉的乡亲，思考一下，为了防止方言的迅速萎缩，应该采取哪些措施？

参考书目

曹志耘主编 2008 《汉语方言地图集》，商务印书馆。
戴庆厦 2013 《语言调查教程》，商务印书馆。
丁邦新 1986 《儋州村话》，（台北）历史语言研究所专刊之八十四。
董同龢 1956 《华阳凉水井客家话记音》，科学出版社。
河北省昌黎县志编纂委员会、中国科学院语言研究所编 1960 《昌黎方言志》，科学出版社。
江苏省和上海方言调查指导组 1960 《江苏和上海市方言概况》，江苏人民出版社。
李荣 1957 《汉语方言调查手册》，科学出版社。
李如龙 2009 《汉语方言学》（第二版），高等教育出版社。
李小凡、项梦冰 2009 《汉语方言学教材教程》，北京大学出版社。
邢公畹 1982 《汉语方言调查基础知识》，华中工学院出版社。
岩田礼编 2009 《汉语方言解释地图》，（日本）白帝社。

附录一　汉语方言语音调查表

本调查表是在中国社会科学院语言研究所编的《方言调查字表》(商务印书馆出版)的基础上编成的。其中,“发音合作人情况”和“声调”调查例字原样照录,“声母”“韵母”例字,为了避免音类的缺漏,加收了60多个字。“汉语方言特点调查表”是新编的,包括常用单字和词语各120条,可分别按字音和词汇的调查要求记音。记完这个表可把该方言的音类反映得比较齐全,并对本方言的语音和词汇的主要特点有个初步的认识,为本方言的归属做出初步的判断,并且学到一些最常用的方言词,可立即用于调查。“单字表”收字1420个,大体都是常用字,能单说的,也适当反映不同的音韵地位。在不影响字义的情况下,尽量采用简体字,以便大家使用(个别涉及音韵地位区别的字,保留繁体字的写法)。为节省篇幅,不用画线的表格排列,例字前标明《广韵》的声、韵、调类(韵目以平赅上去入为序)。

(一) 合作人

	第一人	第二人
姓名	________	________
年龄	________	________
原籍	________	________
职业	________	________
教育程度	________	________
幼年语言环境	________	________
	________	________
	________	________
以往住过的地方	________	________

______________________________ ______________________________

______________________________ ______________________________

能不能说别处的话？____________ ______________________________

本地有几种口音？______________ ______________________________

本人说的是哪一种？____________ ______________________________

记音时间______________________ ______________________________

附记：

（二）声韵调例字

声调（只记调值和调类）

诗	梯	方—房	高	猪	专	尊	低	边		安
时	题	天—田	开	抽	初	粗	天	偏		
使矢	体	初—锄	婚		伤	三		飞		
是士	弟	昏—魂	穷	陈	床	才	唐	平		
试世	替	胸—雄	寒		神	徐		扶		
事侍	第		鹅	娘	人	龙	难	麻	文	云
识	滴	碗—晚	古	展	纸	走	短	比		碗
石食	笛	委—尾	口	丑	楚	草	体	普		
		隐—引	好		手	死		粉		
		比：米	五	女	染	老	暖	买	网	有
		九：有	近	柱	是	坐	淡	抱		
		卷：远	厚		社	似		父		
			盖	帐	正	醉	对	变		爱
		付—妇—附	抗		唱	菜		怕		
		到—稻—盗	汉		世	送		放		
衣	移	四—似—寺	共	阵	助	贱	大	病		
椅	以	试—市—示	害		树	谢		饭		
意	异	注—柱—住	岸		让	漏	怒	帽	望	用
一	逸	见—件—健	急	竹	织	积	得	笔		一

		救—舅—旧	曲		出	七	秃	匹		
		汉—旱—汗	黑		湿	锡		福		
		八—拔	割	桌	窄	接	搭	百		约
		发—罚	缺		尺	切	铁	拍		
灯	棉	督—毒	歇		说	削		发		
等	免	桌—浊	月		入	六	纳	麦	袜	药
凳	面	失—实	局	宅	食	杂	读	白		
得	灭	湿—十	合		舌	俗		服		

声母(只记声母)

布—步　别　怕　盘　门—闻　饭—换　飞—灰　冯—红　符—胡

尾—米　到—道　夺　太　同　难—兰　怒—路　女—吕　连—年—严

黏—盐　贵—跪　杰　开　溪　快　葵　岸—案　化—话　围—危—微

午—武　精—经　节—结　秋—丘　齐—旗　修—休　税—费　全—权

趣—去　旋—玄　糟—招—焦　仓　昌　枪　租—猪—朱—姑

曹—巢—潮—桥　散—扇—线　祖—主—举　醋—处—去　从—虫—穷

中—宗—钟　苏—书—虚　增—争—蒸　僧—生—声　粗—初　锄—除

丝—师—诗　认—硬　绕—脑—袄　若—约　闰—运　而二日

延—言—然—缘—元—园　软—远　黄—王

韵母(只记韵母)

资—支—知　皮　耳　爬　河　蛇

第—地　架　姐　茄　靴　布　故　鱼—移

花　过　骑—祁—祈　野—以—雨　虚—希

立—栗　力　直　日　色　尺　辣　舌　合　割　北　百　法

特　急　接　夹　铁—踢　落—鹿—绿　竹—木

束—出　刮　各—郭—国　活　括　滑　划　确—缺　月—欲—药

稗—背　蔡　改—解　盖—介　倍　妹　饱—保　桃　斗—赌

丑　母　怪—桂—贵　帅—睡　条　流　烧　收

短—胆—党　酸—三—桑　竿—间　含—衔　根—庚　减—检—紧—讲

连—林—邻—灵　心—新—星　光—官—关

良—廉　魂—横—红　温—翁　东—冬　杈—船—床

圆—雲　群—琼—穷　勋—胸　荣—融　杉—山—商

献—现—县　沉—陈—程　寻—旬—纯　允—永—勇

闷—问　彭—棚　明—名　平—瓶

(三) 汉语方言特点调查表

1. 汉语方言语音特点简明调查表(声韵调全记)

三　双	零	九	五	四	二	一　七	十
千	全	儿	两	半	万	八　百	六
风　霜	雷	水	旱	气	露　雾	雪	雹
东　西	南前	左　里	下　後	正	上　右	出　北	入
窗	盆	碗	柱	帐	柜	桌	席
瓜	棉	果	柿　稻	菜	豆	谷	麦
鸡　猪	牛　羊	鼠　虎	蚁　象	兔　豹	雁	鸭	鹤
肝　腰	肠　唇	胆　齿	肾	肺	胃	血　骨	肉
哥	姨	嫂	弟　舅	婿	妹	叔	侄
张　庄	杨　陈	李	赵	戴	谢	郭	石
深的	咸的	好的	厚的	破的	旧的	赤的	白的
开了	来了	走了	坐着	去了	会了	说了	学了

2. 汉语方言词语特点简明调查表(作为词语声韵调、音变全记)

我　你　他　我们　自己　谁

这里　那里　哪里　这个　那个　什么　多少　怎样

房子　门槛　窗户　楼梯　厕所　地方　东西　事情

锄头　斗笠　稻谷　稻草　绳子　铁锅　抽屉　肥皂

猴子　母狗　公鸡　翅膀　苍蝇　衣服　袖子　裤腰　鞋

公公　婆婆　丈夫　妻子　儿子　女儿　女婿　亲戚　客人

鼻子　眼睛　嘴巴　耳朵　脑袋　头发　脚　肚子　屁股　男阴　女阴

看　嗅　穿　脱　跑　站立　玩儿　痒　睡　怕　痛　饿

高　远　多　(味)淡　(酒)浓　(路)窄　(天)冷　(刀)快　(人)胖　瘦

干活　走路　回家　说话　打人　捕鱼　洗澡　杀猪　下蛋

丢了　找到了　躺着　看过　抓住　是吗　来吧　去不去　别哭

怎么办　做不来　没关系　还没来　不挤　没想好　不能拿

很热　慢慢走　晒得很干　吃不下饭　挣不到钱　不会抽烟　不去不行

(给你,)要不要　你前面走　他告诉我　你比他高　边说边笑　越走越快

给我本书　这是他的书　这句话怎么说　你说得很好　我说不过你

(四) 单字表

果开一歌

端(平)多	来(平)罗	溪(上)可
透(平)拖	来(平)箩	疑(平)鹅
透(平)他	来(平)锣	疑(上)我
定(平)驮(～起来)	精(上)左	疑(去)饿
定(上)舵	清(平)搓	匣(平)河
定(去)大	见(平)歌	匣(平)何
泥(上)哪	见(平)哥	匣(去)贺
泥(去)那	见(去)个(一～)	影(平)阿(～胶)阿(～哥)

果开三戈

群(平)茄(～子)

果合一戈

帮(平)波	来(平)螺(～蛳)	溪(平)科
帮(去)簸(～箕)	来(平)脶(手指纹)	溪(去)课
滂(平)坡	从(上)坐	晓(上)火
滂(去)破	心(平)梭	晓(去)货
並(平)婆	心(上)锁	匣(平)和(～气)
明(平)磨(～刀)	见(平) 锅	匣(平)禾
明(去)磨(石～)	见(上)果	匣(上)祸
端(上)朵躲	见(去)过	

果合三戈

群(平)瘸	晓(平)靴

假开二麻

帮(上)把(～握)
帮(去) 坝(堤～)
滂(去)怕
並(平)爬
明(平)麻
明(上) 马
明(去)骂
泥(平)拿
澄(平)茶
澄(去)蛇(水母)
章(平)渣
章(去)榨(～油)
初(平)差(～别)
生 (平)沙纱
见(平)家加
见(上) 假(真～)
见(去)架嫁价
疑(平)牙芽
晓(平)虾(鱼～)
匣(平)霞
匣(上)下(底～)
匣(去)夏(姓)
影(上)哑

假开三麻

精(上)姐
精(去)借(～口)
心(上)写
心(去)泻
邪(平)斜
邪(去)谢
知(平)爹
章(平)遮
章(去)蔗
昌(平) 车(马～)
船(平)蛇
船(去)射
书(平)赊
禅(上)社
日(上)惹
以 (平)爷
以(上)也野
以(去)夜

假合二麻

生(上)傻
疑(上)瓦
晓(平)花
见(平)瓜
晓(去)化
匣(平)华(中～)
见(上)寡

遇合一模

帮(上)补
帮(上)谱
帮(去)布
滂(平)铺(～设)
滂(上)普
並(上)部簿
並(去)步
明(平)模(～子)
明(去)墓
端(平)都(首～)
端(上)赌肚(鱼～)
透(上)土
透(去)吐(呕～)
定(平)涂图
定 (上)杜肚(腹～)
定(去)度
泥(平)奴
来(平)炉

来(上)卤(～汁)
来(去)路露
精(平)租
精(上)祖
精(去)做
清(去)醋错(～误)
心(平)酥
心(去)素
见(平)姑箍
见(上)古鼓
见(去)故
溪(上)苦
溪(去)裤
疑(平)吴
疑(上)五
晓(平)呼
晓(上)虎
匣(平)湖壶
匣(上)户
匣(去)护
影(平)乌

遇合三鱼

泥(上)女
来(平)驴
来(上)吕
来(去)滤
邪(平)徐
知(平)猪
知(去)著
澄(平)除
澄(去)箸(筷子)
初(平)初
崇(平)锄
崇(去)助
生(上)所
章(上)煮
昌(去)处(～所)
书(平)书
书(上)鼠
日(平)如
见(上)举
见(去)锯
溪(去)去
群(平)渠
疑(平)鱼
晓(平)虚
晓(上)许
以(平)馀(多余)

遇合三虞

非(平)夫
非(上)府
非(上)斧
非(去)傅
非(去)付
奉(平)符
奉(平)扶
奉(上)父
奉(上)釜
微(平)无
微(去)雾
清(上)取
心(平)须(胡～)
澄(平)厨
澄(上)柱
澄(去)住
生(上)数(动词)
生(去)数
章(平)珠
章(上)主
章(去)蛀
书(平)输(～赢)
禅(上)竖
禅(去)树
日(上)乳
见(去)句
溪(平)区(～域)

疑(去)遇	云(去)芋	以(去)裕
云(上)雨	以(上)愈	

蟹开一咍

端(平)獃	清(平)猜	见(上)改
端(去)戴	清(上)彩	溪(平)开
透(平)胎	清(去)菜	疑(平)呆(～板)
定(平)台(～湾)	从(平)财	疑(去)碍
定(去)袋	从(平)裁	晓(上)海
来(平)来	从(上)在	匣(上)亥
精(平)栽	心(去)赛	影(去)爱
精(去)再	见(平)该	

蟹开一泰

帮(去)贝	来(去)赖	疑(去)艾
端(去)带	清(去)蔡	匣(去)害
透(去)太	见(去)盖	

蟹开二皆

帮(去)拜	见(平)阶	见(去)戒
並(平)排	见(去)界	溪(上)楷
明(平)埋	见(去)疥	影(平)挨(～近)

蟹开二佳

帮(上)摆	泥(上)奶	见(平)街
滂(去)派	庄(去)债	见(上)解(讲～)
並(平)牌	初(平)差(出～)	匣(平)鞋
並(去)稗	崇(平)柴	匣(上)蟹
明(上)买	生(平)筛(～子)	影(上)矮
明(去)卖	生(去)晒	

蟹开二夬

並(去)败	崇(去)寨	

蟹开三祭

並(去)币	章(去)制	疑(去)艺
来(去)例	书(去)世	
精(去)祭	书(去)势	

蟹开三废

蟹开四齐

滂(平)批	透(去)剃	心(上)洗
明(平)迷	定(平)啼	心(去)细
明(上)米	定(上)弟	心(去)婿
端(平)低	定(去)递	见(平)鸡
端(平)堤	泥(平)泥	见(去)计
端(上)底	来(平)犁	溪(平)溪
透(平)梯	从(平)齐	溪(去)契(～约)
透(上)体	从(平)脐	匣(去)系
透(去)替	心(平)西	

蟹合一灰

帮(平)杯	明(平)煤	来(平)雷
滂(平)胚	明(去)妹	清(平)催
滂(去)配	端(去)对	从(上)罪
並(平)赔	透(平)推	心(去)碎
並(上)倍	透(上)腿	溪(平)恢
並(去)背(～诵)	透(去)退	晓(平)灰
明(平)梅	定(去)队	匣(平)回

蟹合一泰

精(去)最	疑(去)外	匣(去)会(开～)

蟹合二皆

见(平)乖	溪(去)块	匣(去)坏
见(去)怪	匣(平)怀	

蟹合二佳

见(上)拐(～杖)	晓(平)歪
见(去)挂	匣(去)画

蟹合二夬

溪(去)快	匣(去)话

蟹合三祭

清(去)脆	书(去)税
心(去)岁	云(去)卫

蟹合三废

敷(去)肺	奉(去)吠

蟹合四齐

见(去)桂	匣(去)惠

止开三支

帮(平)碑	知(平)知	群(平)奇(～怪)
並(平)皮	澄(平)池	群(平)骑
並(平)脾	章(平)枝	群(上)徛
並(上)被(～子)	章(上)纸	疑(上)蚁
並(去)被(～迫)	书(平)施	疑(去)义
来(平)离(～别)	禅(平)匙	晓(去)戏
精(上)紫	禅(上)是	影(上)椅
清(去)刺	日(平)儿	以(平)移
心(去)赐	见(去)寄	

止开三脂

帮(上)比(～较)	精(平)资	章(上)指
帮(去)痹(麻～)	清(去)次	书(平)尸
滂(去)屁	从(平)瓷	书(上)屎
並(去)鼻	从(平)糍	日(去)二
明(平)眉	心(平)私	见(平)饥(饿)
明(上)美	心(上)死	溪(去)器
定(去)地	澄(平)迟	影(平)伊(他)
来(平)梨	生(平)师	以(平)姨
来(去)利	生(平)狮	

止开三之

泥(上)你	澄(平)持	见(平)基
来(上)李	澄(去)治	见(去)记
来(上)里(公～)	崇(上)柿	溪(平)欺
来(上)裡	崇(去)事	溪(上)起
精(上)子	生(上)使	群(平)棋
从(去)字	章(去)痣	群(平)旗
心(平)丝	昌(上)齿	群(去)忌(～日)
邪(平)辞	书(平)诗	疑(平)疑
邪(平)祠	书(去)试	晓(上)喜
邪(去)寺	禅(平)时	影(平)医
邪(去)饲	禅(上)市	影(去)意
彻(平)痴	日(上)耳	

止开三微

见(平)机	溪(去)气	影(平)衣
见(上)几(～个)	晓(平)希	

止合三支

来(上)累(积～)	昌(平)吹	疑(平)危
来(去)累(连～)	禅(平)垂	晓(上)毁
精(上)嘴	禅(去)睡	影(上)委
心(上)髓	见(平)规	云(平)为(作～)
邪(平)随	溪(平)亏	
昌(平)炊	群(上)跪	

止合三脂

来(去)类	生(平)衰	见(去)季
精(去)醉	生(去)帅	群(平)葵
邪(去)穗	书(上)水	群(去)柜
知(平)追	禅(平)谁	云(去)位
澄(平)锤	见(平)龟	

止合三微

非(平)飞	微(上)尾	见(去)贵
非(去)痱	微(去)未	晓(平)挥
敷(去)费(～用)	微(去)味	云(平)围
奉(平)肥	见(平)归	云(去)胃
微(平)微	见(上)鬼	

效开一豪

帮(上)保	端(去)到	精(平)糟
帮(上)宝	透(上)讨	精(上)早
帮(去)报	透(去)套	精(上)枣
並(上)抱	定(平)桃	精(上)蚤
明(平)毛	定(上)道	精(去)灶
明(去)帽	泥(上)脑	清(平)操(～练)
端(平)刀	来(平)劳	清(上)草
端(上)倒(～下)	来(上)老	清(去)糙

从(平)曹	见(平)高	疑(平)熬
从(上)造(建～)	见(上)稿	晓(平)蒿
心(上)嫂	见(去)告	晓(上)好(～坏)
心(去)扫(～帚)	溪(上)考	匣(去)号(～数)
见(平)糕	溪(去)靠	影(上)袄

效开二肴

帮(平)包	庄(平)抓	见(上)绞
帮(上)饱	庄(上)爪	见(去)教(～育)
滂(去)炮(～兵)	庄(上)找	溪(平)敲
滂(去)泡(～水)	初(平)抄	溪(上)巧
明(平)猫	初(上)炒	晓(去)孝
泥(去)闹	见(平)交	匣(去)校(～长)
知(去)罩	见(平)胶	

效开三宵

帮(平)标	心(上)小	群(平)桥
帮(上)表(～格)	心(去)笑	群(去)轿
滂(平)飘	彻(平)超	影(平)腰
滂(去)票(～证)	澄(平)朝(～代)	影(去)要(～紧)
滂(去)漂(～亮)	澄(去)召	以(平)摇
並(平)瓢	章(平)招	以(平)窑
明(去)庙	章(去)照	以(上)舀
精(平)焦	书(平)烧	以(去)耀
从(平)樵	书(上)少(～数)	
心(平)消	日(去)绕(～线)	

效开四萧

端(平)雕	端(去)钓	透(去)跳
端(上)鸟	透(平)挑	定(平)条

定(去)掉	来(去)料	见(去)叫
泥(去)尿	心(平)箫	溪(去)窍
来(上)了(～结)	见(上)缴(～枪)	晓(上)晓

流开一侯

明(上)某	来(平)楼	溪(上)口(门～)
明(上)母	精(上)走	疑(上)藕
端(上)抖	清(去)凑	匣(平)猴
透(平)偷	见(平)钩	匣(上)后(～来)
透(去)透	见(平)沟	匣(上)厚
定(平)头	见(上)狗	
定(去)豆	见(去)够	

流开三尤

非(去)富	彻(平)抽	见(上)久
敷(去)副	彻(上)丑(～时)	见(去)救
奉(平)浮	澄(平)绸	群(平)球
奉(上)妇	崇(平)愁	群(上)臼
明(平)谋	生(去)瘦	群(上)舅
来(平)流	章(平)州	群(去)旧
来(平)留	昌(上)丑(～陋)	疑(平)牛
精(上)酒	昌(去)臭(香～)	晓(平)休
从(去)就	书(平)收	影(平)优
心(平)修	书(上)手	云(上)有
邪(平)泅	书(上)守	云(去)右
邪(去)袖	禅(上)受	以(平)油
知(去)昼	见(上)九	

流开三幽

端(平)丢	影(去)幼

咸开一覃

端(入)搭	泥(入)纳	见(上)感
透(平)贪	来(入)拉	见(入)鸽
透(入)踏	清(平)参(～加)	匣(平)含
定(平)潭	清(上)惨	匣(入)合(～作)
泥(平)南	从(平)蚕	匣(入)盒
泥(平)男	从(入)杂	影(去)暗

咸开一谈

端(平)担(～任)	定(上)淡	心(平)三
端(上)胆	来(平)蓝	见(平)甘
透(上)毯	来(平)篮	见(上)敢
透(入)塔	来(上)揽	溪(入)磕
透(入)塌	来(入)蜡	晓(上)喊

咸开二咸

澄(去)赚	生(平)杉	匣(去)陷
庄(上)斩	见(上)减	匣(去)馅
初(入)插	见(入)夹	匣(入)狭
崇(入)闸	匣(平)鹹	

咸开二衔

生(平)衫	见(入)甲	影(入)鸭
见(平)监(～狱)	疑(平)岩	影(入)压

咸开三盐

泥(平)黏	书(上)闪	影(去)厌
来(入)猎	禅(入)涉	云(平)炎
精(平)尖	日(上)染	以(平)盐
精(入)接	群(平)钳	以(平)檐
清(平)签	群(上)俭	以(入)叶(姓)
章(去)占(～领)	疑(去)验	
章(入)折(～叠)	晓(上)险	

咸开三严

见(去)剑	溪(去)欠	疑(入)业
见(入)劫	疑(平)严	

咸开四添

端(上)点	透(入)贴	匣(平)嫌
端(去)店	定(平)甜	匣(入)协
端(入)跌	定(入)碟	
透(平)添	泥(去)念	

咸合三凡

非(入)法	奉(上)犯
敷(去)泛	奉(入)乏

深开三侵

滂(上)品	澄(平)沉	见(平)金
来(平)林	生(平)参(～茸)	见(上)锦
来(入)立	生(入)涩	见(去)禁(～止)
来(入)笠	章(平)针	见(入)急
来(入)粒	章(入)汁	群(平)琴
精(去)浸	书(平)深	群(入)及
从(入)集	书(上)婶	晓(入)吸
心(平)心	禅(入)十	影(平)音
邪(平)寻	日(去)任(责～)	影(上)饮(～酒)
邪(入)习	日(入)入	

山开一寒

端(平)单(～独)	定(入)达	来(上)懒
透(平)滩	泥(平)难(～易)	来(去)烂
透(去)炭	来(平)兰	来(入)辣
定(平)弹(～琴)	来(平)拦	清(入)擦

心（上）伞　溪（去）看（～见）　匣（平）寒
心（去）散（～开）　溪（入）渴（口～）　匣（上）旱
见（平）肝　疑（去）岸　匣（去）汗
见（去）干（～活）　晓（去）汉　影（平）安
见（入）割　晓（入）喝（～采）

山开二山

帮（去）扮　庄（入）札　见（平）间（中～）
帮（入）八　初（上）铲　见（上）捡
並（去）办　生（平）山　疑（上）眼
並（入）拔　生（上）产　匣（平）闲
明（入）抹（～布）　生（入）杀　匣（上）限

山开二删

帮（平）班　明（去）慢　疑（平）颜
帮（上）板　崇（入）铡　晓（入）瞎
明（平）蛮　见（平）奸

山开三仙

帮（平）鞭　来（入）列　章（入）折（～扣）
帮（去）变　来（入）裂　船（入）舌
滂（去）骗（欺～）　精（上）剪　书（去）扇（～子）
並（上）辨　清（上）浅　书（入）设
並（去）便（～利）　从（平）钱　禅（上）善
並（入）别（～人）　心（上）鲜（朝～）　日（平）燃
明（平）棉　心（去）线　日（入）热
明（上）免　知（上）展　群（上）件
明（去）面（～子）　彻（入）撤　群（入）杰
明（入）灭　澄（平）缠　疑（入）孽（～债）
来（平）连　章（去）战　以（平）延

山开三元

见(去)建	群(去)健	晓(入)歇
见(入)揭	疑(平)言	

山开四先

帮(平)边	定(平)田	见(平)肩
帮(上)扁	定(去)垫	见(去)见
帮(去)遍	泥(平)年	见(入)结
帮(入)憋	泥(入)捏	溪(平)牵
滂(去)片	来(平)莲	疑(平)研
滂(入)撇	精(入)节	疑(去)砚
明(去)面(～条)	清(平)千	晓(上)显
明(入)篾(竹～)	清(入)切(～开)	匣(去)现
端(上)典	从(平)前	影(平)烟
透(平)天	从(入)截	
透(入)铁	心(平)先	

山合一桓

帮(平)搬	端(上)短	见(去)灌
帮(去)半	透(入)脱	溪(平)宽
帮(入)拨	定(上)断(～了)	溪(上)款
滂(去)判	定(入)夺	溪(入)阔
滂(入)泼	泥(上)暖	晓(平)欢
並(平)盘	来(上)卵	匣(平)完
並(上)伴	来(去)乱	匣(上)缓
明(上)满	心(平)酸	匣(去)换
明(入)末	心(去)算	匣(入)活
端(平)端	见(平)官	影(上)碗

山合二山

疑(平)顽	匣(入)滑	影(入)挖

山合二删

生(平)闩	见(去)惯	匣(平)环
生(入)刷	见(入)刮	影(平)弯
见(平)关	匣(平)还(～原)	

山合三仙

来(入)劣	澄(平)传(～达)	见(上)卷(～起)
从(平)全	章(平)砖	溪(平)圈(圆～)
从(平)泉	昌(平)穿	群(平)权
从(入)绝	昌(上)喘	云(平)圆
心(上)选	船(平)船	云(去)院
心(入)雪	书(入)说	以(平)铅
知(上)转(～身)	日(上)软	

山合三元

非(上)反	奉(入)罚	疑(平)原
非(去)贩	微(上)晚	疑(入)月
非(入)发	微(去)万	影(平)冤
非(入)髪	微(入)袜	云(平)园
敷(平)翻	溪(去)劝	云(上)远
奉(去)饭	群(入)掘	云(入)越

山合四先

见(入)决	溪(入)缺	匣(去)县
溪(上)犬	晓(入)血	匣(入)穴

臻开一痕

见(平)吞	匣(平)痕	影(平)恩
见(平)根	匣(上)恨	

臻开三真(臻)

帮(入)笔
滂(入)匹
並(平)贫
明(平)民
明(入)密
来(平)邻
来(入)栗
精(去)进
清(平)亲
清(入)七
从(上)尽
从(入)疾
心(平)新
心(去)信
知(平)珍
知(去)镇
彻(去)趁
澄(平)陈
澄(入)侄
生(入)虱
章(去)震
船(平)神
船(入)实
书(平)身
书(入)失
禅(平)辰
日(平)人
日(上)忍
日(去)认
日(入)日
见(平)巾
见(上)紧
见(入)吉
疑(平)银
影(去)印
影(入)一
以(上)引

臻开三殷

见(平)斤
见(平)筋
见(去)劲(～头)
溪(入)乞
群(平)勤
群(上)近
影(上)隐

臻合一魂

帮(上)本
帮(入)不
並(平)盆
並(上)笨
明(平)门
端(平)墩
定(去)钝
泥(去)嫩
精(入)卒
清(平)村
清(去)寸
从(平)存
从(平)蹲
心(平)孙
见(上)滚
见(入)骨
溪(去)困
溪(入)窟(～窿)
晓(平)婚
匣(平)魂
匣(上)混(～合)
影(平)温
影(上)稳

臻合三谆

来(平)轮	章(上)准	禅(平)纯
来(入)律	昌(平)春	日(去)闰
精(去)俊	昌(入)出	以(平)匀
心(上)笋	船(平)唇	见(平)均
邪(平)巡	船(去)顺	见(入)橘

臻合三文

非(平)分(～开)	微(平)文	群(平)裙
非(上)粉	微(平)蚊	群(入)掘
非(去)粪	微(去)问	晓(平)熏
奉(平)坟	微(入)物	云(平)雲
奉(入)佛	见(平)军	云(去)运

宕开一唐

帮(平)帮	来(平)郎	见(平)缸
並(入)薄	来(去)浪	见(去)钢(～刀)
明(平)忙	来(入)落	见(入)各
明(入)摸	来(入)乐(～意)	溪(平)糠
端(上)党	精(入)作(～文)	匣(入)鹤
透(平)汤	清(平)仓	影(入)恶(善～)
透(入)托	从(入)凿	
定(平)糖	心(入)索(绳～)	

宕开三阳

泥(平)娘	澄(上)丈	日(去)让
来(平)粮	澄(入)着(～落)	日(入)弱
来(上)两(斤～)	庄(平)装	见(平)姜(姓)
来(去)亮	庄(去)壮	见(入)脚
精(平)浆	初(平)疮	晓(平)乡

精(入)雀	崇(平)床	晓(上)响
清(上)抢	崇(去)状	晓(去)向
从(平)墙	生(平)霜	影(平)秧
从(去)匠	章(平)章	影(入)约
心(平)箱	昌(上)厂	以(平)羊
心(上)想	昌(去)唱	以(上)养
心(入)削	书(平)伤	以(上)痒
邪(上)像	禅(平)尝	以(去)样
知(平)张	禅(上)上(～山)	以(入)药
澄(平)长(～短)	禅(入)勺(～子)	

宕合一唐

见(平)光	见(入)郭	晓(入)霍
见(上)广	晓(平)慌	匣(平)黄

宕合三阳

非(平)方	奉(入)缚(～住)	群(平)狂
非(去)放	微(平)亡	云(平)王
敷(上)纺	微(上)网	云(去)旺(兴～)
奉(平)房	微(去)望	
奉(平)防	溪(平)筐	

江开二江

帮(上)绑	澄(去)撞	见(入)角
帮(入)剥	初(平)窗	溪(入)壳
滂(去)胖(肥～)	崇(入)镯	匣(平)降(～伏)
並(上)棒	生(平)双	匣(上)项
知(平)桩	见(平)江	匣(入)学
知(入)桌	见(上)讲	影(入)握

曾开一登

帮(平)崩	端(去)凳	从(入)贼
帮(入)北	端(入)得	心(平)僧
並(平)朋	定(平)藤	心(入)塞
明(入)墨	定(入)特	溪(上)肯
端(平)灯	泥(平)能	溪(入)刻(时～)
端(上)等	精(平)曾(姓)	晓(入)黑

曾开三蒸

帮(平)冰	生(入)色	书(平)升
帮(入)逼	章(去)证	书(入)式
来(入)力	章(入)织	群(入)极
心(入)息	昌(去)秤	晓(平)兴(～旺)
澄(入)直	船(平)绳	影(去)应(～答)
庄(入)侧	船(去)剩	以(平)蝇
初(入)测	船(入)食	以(入)翼

曾合一登

见(入)国	匣(入)或

曾合三职

梗开二庚

帮(入)百	彻(入)拆(～开)	见(上)梗
帮(入)伯	澄(平)澄(～清)	见(入)格
滂(入)拍	澄(入)择	溪(平)坑
並(入)白	庄(入)窄	溪(入)客
明(上)猛	生(平)生	疑(去)硬
端(上)打	生(上)省(～长)	疑(入)额
来(上)冷	见(平)更(五～)	匣(平)行(～为)

梗开二耕

帮(入)擘	庄(平)争	见(入)隔
並(平)棚	初(入)策	匣(上)幸
明(入)麦	初(入)册	匣(入)核(果～)
知(入)摘	见(平)耕	

梗开三庚

帮(平)兵	明(平)明	群(入)剧
帮(去)柄	明(去)命	疑(平)迎(～风)
帮(入)碧	见(平)惊	疑(入)逆(～风)
並(平)平	见(去)镜	影(上)影
並(去)病	溪(去)庆	

梗开三清

帮(上)饼	心(去)姓	昌(入)尺
明(平)名	心(入)惜	书(平)声
来(上)领	邪(入)席(～子)	禅(平)成
精(上)井	知(平)贞	禅(平)城
精(入)积	澄(平)程	禅(入)石
清(平)清	章(上)整	溪(平)轻
清(上)请	章(去)正(真～)	影(入)益
从(平)情	章(入)只(一～鸟)	以(平)嬴
从(上)静	昌(入)赤	

梗开四青

帮(入)壁	端(入)滴	定(平)停
滂(入)劈	透(平)听(～见)	定(上)挺
並(平)瓶	透(平)厅	定(去)定
端(平)钉(～子)	透(入)踢	定(入)笛
端(上)顶	定(平)亭	来(平)零

来(入)历(～史)	心(上)醒	见(入)击
清(平)青	心(入)锡	溪(入)吃
心(平)星	见(平)经	匣(平)形

梗合二庚

匣(平)横(～直)	匣(去)横(蛮～)

梗合二耕

影(平)轰	匣(入)划(计～)

梗合三庚

晓(平)兄	云(平)荣	云(上)永

梗合三清

群(平)琼	以(平)营

梗合四青

匣(平)萤

通合一东

帮(入)卜	定(上)动	见(平)工
並(平)蓬	定(去)洞	见(入)谷
明(入)木	定(入)读	溪(平)空(～气)
端(平)东	来(平)聋	溪(上)孔
端(上)懂	来(去)弄	溪(入)哭
端(去)冻	来(入)鹿	晓(平)烘
透(平)通	精(去)粽	匣(平)红
透(上)桶	清(平)葱	影(平)翁
透(去)痛	从(入)族	影(去)瓮
定(平)同	心(去)送	影(入)屋
定(平)铜	见(平)公	

通合一冬

端(平)冬	定(入)毒	心(去)宋

端(入)督	泥(平)脓	
透(去)统	心(平)松(放～)	

通合三东

非(平)风	心(入)宿(～舍)	禅(入)熟
非(入)福	知(平)中(～间)	日(入)肉
非(入)腹	知(入)竹	见(平)宫
敷(平)丰	彻(入)畜(～牲)	见(入)菊
敷(入)覆	澄(平)虫	群(平)穷
奉(去)凤	生(入)缩	云(平)熊
奉(入)服	章(平)终	云(平)雄
明(去)梦	章(入)粥	以(入)育
明(入)目	昌(平)充	
来(入)六	书(入)叔	

通合三锺

非(平)封	章(上)肿	群(去)共
敷(平)蜂	章(去)种(～树)	群(入)局
奉(平)缝(～衣)	章(入)烛	疑(入)玉
泥(平)浓	昌(平)冲	晓(平)凶
来(平)龙	船(入)赎	影(上)拥
来(入)绿	书(平)舂(～米)	以(平)容
精(入)足(充～)	禅(入)属	以(去)用
邪(平)松(～树)	日(入)褥	以(入)浴
邪(入)俗	见(平)恭	
澄(上)重(轻～)	溪(入)曲(歌～)	

(五)连读音变调查表

① 本调查表包括二字组和三字组两部分。排列的顺序各按平上去入再分清浊,分别用1、2、3、4、5、6、7、8做代号。1是古清音声母平声字,2是古浊

音声母平声字，余类推。在古清浊声母中，适当注意从全清、次清、全浊、次浊各声类中取字。

② 连读音变有时与词语的结构有关，因此所选例词注意兼顾不同的结构关系。调查时要注意联合式、偏正式、动宾式、主谓式、后补式有没有不同变读规律。

③ 为了做到各方言通用，都选用普通话词语，调查过的方言词语可"对号入座"补充进去，但必须注意按方言的调类排列。

④ 本调查表首先可用作变调调查，有声变韵变现象的也可使用，必要时可作调整，调查后另加说明。记音时着重注意连读后有无发生各类音变。

⑤ 轻声、儿化、合音现象与词汇、语法特点关系更大，各地条件和规律也很不一样，此类调查需另行编制调查表格。

1. 两字组连读变调调查表

本表选词原则：①常用词，口语化。②覆盖并列、偏正、动宾、主谓、述补、附加等构词法。③每类组合各选 8 条。

前字清平

1＋1

山边　医生　中央　声音　开车　山高　高低　东方

1＋2

山城　天桥　工农　中南　开门　心齐　公平　光荣

1＋3

山顶　中等　抓紧　风水　浇水　枪响　辛苦　东海

1＋4

山后　公道　清淡　轻重　兄弟　安静　三舅　公社

1＋5

山货　青菜　相信　中界　开店　交货　霜降　公告

1＋6

山路　军队　烟雾　中队　修路　生病　胸闷　公路

1+7

山脚　初级　书桌　交出　中国　清洁　升级　心急

1+8

山药　天热　中学　收入　抓贼　惊蛰　开学　腰直

前字浊平

2+1

来宾　南方　桥东　留心　长安　人参　黄昏　提高

2+2

来源　羊毛　长城　人民　南洋　留神　头疼　桥头

2+3

来喜　红枣　牙齿　人好　南海　锣鼓　留种　抬走

2+4

来件　棉被　团聚　皇后　模范　南社　行动　桥下

2+5

来信　粮店　禽兽　奇怪　还账　回信　牙痛　桥架

2+6

来路　黄豆　绸缎　南面　流汗　迷路　头大　桥面

2+7

来客　毛笔　时刻　南国　胡说　流血　涂黑　桥北

2+8

来历　牛肉　明白　南极　提拔　人物　求学　桥滑

前字清上

3+1

水星　好心　水东　饼干　喜欢　港湾　点心　手心

3+2

水壶　好人　水南　改良　点名　九年　手疼　口粮

3+3

水井 好歹 火把 小姐 水土 打水 手巧 厂长

3+4

水稻 好受 小道 省市 改造 等待 手重 掌舵

3+5

水气 好意 火箭 碗筷 口臭 写信 解放 广告

3+6

水路 草帽 火焰 姐妹 好坏 写字 胆大 保护

3+7

水北 火速 广阔 好说 紧急 请客 打铁 口渴

3+8

水力 草木 死活 狡猾 好药 解毒 火舌 体弱

前字浊上

4+1

道家 旱灾 是非 重心 坐车 尽心 犯规 社工

4+2

道人 后门 杏仁 坐船 犯人 重型 造船 社员

4+3

道统 市长 厚纸 重点 动手 受苦 雨水 社长

4+4

道士 罪犯 厚道 被动 重负 动静 犯罪 静坐

4+5

道破 善意 罪过 重要 造化 限制 受气 上课

4+6

道谢 被动 后路 近视 弟妹 社会 重视 坐轿

4+7

道德 市尺 幸福 善恶 重托 动作 犯法 受益

4＋8

道白　动物　静脉　被褥　拒绝　重活　厚薄　上学

前字清去

5＋1

教师　汽车　信封　斗争　半天　跳高　唱歌　气粗

5＋2

教员　戏台　继承　布鞋　半年　看齐　算钱　叫穷

5＋3

教主　政府　半碗　痛苦　气短　半岛　中暑　放手

5＋4

教导　最近　变动　半道　贵重　创造　靠近　四舅

5＋5

教训　破布　世界　进退　半票　变化　寄信　降价

5＋6

教会　笑话　态度　半路　快慢　破坏　进步　布袋

5＋7

教室　透彻　半尺　建筑　送客　退出　性急　布匹

5＋8

教学　快乐　破裂　半日　费力　放学　气绝　四十

前字浊去

6＋1

地方　调兵　电灯　夏天　误差　让开　办公　话多

6＋2

地雷　调防　地球　共同　事前　骂人　效劳　路平

6＋3

地点　调遣　大小　事主　误解　卖酒　问号　命苦

6＋4

地道　调动　内部　运动　事件　乱动　病重　谢罪

6＋5

地契　调配　饭菜　办案　事变　备战　夏至　胃痛

6＋6

地洞　调运　大树　事务　办事　让路　互助　命大

6＋7

地铁　调拨　大雪　利益　问答　会客　就职　尿急

6＋8

地滑　调集　树叶　练习　事业　谢绝　办学　面熟

前字清入

7＋1

竹竿　国家　铁钉　接收　结冰　说书　雪花　八斤

7＋2

竹床　铁桥　发行　铁锤　出门　剥皮　国强　八年

7＋3

竹板　桌椅　节省　铁板　赤水　吃苦　血止　八两

7＋4

竹市　发动　节俭　铁道　接受　割稻　脚痒　八社

7＋5

竹器　客气　尺寸　铁器　恶化　切菜　脚痛　八十

7＋6

竹帽　国画　失败　铁路　说话　出汗　屋漏　八路

7＋7

竹节　剥削　铁塔　节约　作曲　接骨　脚踢　八百

7＋8

竹叶　笔墨　骨肉　铁勺　割麦　吃药　角落　八十

前字浊入

8+1

白天　服装　滑稽　木瓜　读书　育秧　月亏　六斤

8+2

白糖　绿茶　食堂　木材　入门　值钱　月圆　六年

8+3

白纸　月饼　历史　日本　罚款　入股　目睹　六两

8+4

白蚁　集市　活动　杂技　日后　入社　赎罪　六道

8+5

白菜　药片　木器　读报　达到　绿化　日记　六寸

8+6

白面　绿豆　日夜　热闹　木料　立夏　力大　六路

8+7

白色　蜡烛　活泼　木刻　及格　越级　日出　六百

8+8

白日　六十　毒药　日月　寂寞　木盒　入学　日落

2. 三字组连读变调调查表

本调查表使用时,如方言调类有变动请自行调整或增删。三字组变调可能与结构有关(包括偏正、动宾、主谓、联合等和二一、一二结构的不同),如词语不足选用,可另行补充。

第一字清平

111	收音机	开天窗	112	梳妆台	偏东南
113	天花板	翻筋斗	114	亲兄弟	真安静
115	当书记	包心菜	116	新花样	修公路
117	中秋节	搬书桌	118	中西药	听音乐
121	工农兵	包红包	122	吹牛皮	宣传员

123	光荣榜	烧茶水	124	丝绵被	当徒弟
125	当裁判	西游记	126	争名利	西洋画
127	清明节	抓麻雀	128	安眠药	新同学
131	抽水机	开火车	132	三里河	开水塘
133	申请表	编小组	134	当领导	标准件
135	吹口哨	天主教	136	山水画	编讲义
137	单打一	金首饰	138	当主席	交响乐
141	兄弟间	新社区	142	开后门	招待员
143	招待所	迁户口	144	新部下	抄近道
145	三倍半	编罪过	146	修道院	金项链
147	三倍足	收稻谷	148	高限额	编户籍
151	空信封	修汽车	152	吹气球	机器人
153	金戒指	鞭炮响	154	登记簿	当干部
155	新世界	开布店	156	浇菜地	双挂号
157	新教室	收废铁	158	蒸瘦肉	新纪录
161	司令官	开夜车	162	炊事员	关大门
163	工艺品	编字典	164	司令部	新运动
165	温度计	修电器	166	东大路	开大会
167	加利息	金字塔	168	公路局	升大学
171	公积金	登雪山	172	观察员	升国旗
173	铺铁轨	三角板	174	山脚下	编辑部
175	工作证	敲竹杠	176	工作量	修铁路
177	收发室	多接触	178	休息日	交作业
181	音乐家	开药方	182	京剧团	开药房
183	三合土	编剧本	184	商业部	新集市
185	中药店	交学费	186	音乐会	翻麦地
187	工业国	签合约	188	商业局	编目录

第一字浊平

211	螺丝钉	提工资	212	鱼肝油	迎新娘
213	图书馆	回工厂	214	毛巾被	留乡下
215	航空信	查车票	216	来开会	神经病
217	回中国	雷峰塔	218	梅花鹿	熬中药
221	葡萄干	围围巾	222	皮鞋油	投篮球
223	提存款	秦皇岛	224	人行道	移民户
225	篮球架	缝棉裤	226	人民币	排长队
227	和平鸽	骑摩托	228	求和局	遗传学
231	扬子江	裁纸张	232	萤火虫	烦死人
233	寒暑表	提水桶	234	门诊部	能忍受
235	流水账	求解放	236	传手艺	原子弹
237	填表格	银首饰	238	农垦局	锄小麦
241	人造丝	红被单	242	红杏仁	同部门
243	查户口	条件好	244	门市部	无动静
245	严重性	缝被套	246	银项链	留座位
247	劳动节	求幸福	248	劳动力	无限额
251	文化宫	回故乡	252	谈价钱	贫雇农
253	文化馆	拿报纸	254	查账簿	贫困户
255	明信片	提意见	256	无线电	除四害
257	提价格	头盖骨	258	图快活	民政局
261	财务科	提现金	262	勤务员	随大流
263	查字典	拦路虎	264	邮电部	难道是
265	文具店	谈恋爱	266	留任务	常用字
267	防治法	还利息	268	邮电局	排队列
271	遗失箱	游北京	272	亡国奴	留客人
273	储蓄所	求发展	274	违法户	洋博士

275	油漆店	量尺寸	276	咸鸭蛋	游击队
277	头发夹	量血压	278	摩擦力	排节目
281	长白山	涂药膏	282	营业员	存活期
283	穷日子	涂药水	284	营业部	求赎罪
285	提物价	营业税	286	犁麦地	茶叶蛋
287	传达室	调墨汁	288	营业额	排越剧

第一字清上

311	水晶宫	摆书摊	312	水烟筒	煮汤圆
313	打腰鼓	酒精厂	314	指挥棒	很安静
315	火车票	总书记	316	普通话	想心事
317	主心骨	走亲戚	318	饼干盒	找规律
321	底朝天	打油诗	322	小渔船	搞名堂
323	补牙齿	海南岛	324	很平静	讲条件
325	可能性	打麻将	326	手榴弹	讲闲话
327	打游击	小人国	328	烤羊肉	管弦乐
331	洗酒杯	打火机	332	保管员	讨赏钱
333	吐口水	手写体	334	海口市	改稿件
335	改考卷	许可证	336	敢死队	搞水利
337	厂长室	写小说	338	海水浴	考体育
341	起重机	好丈夫	342	指导员	走后门
343	选社长	好市长	344	老部下	有动静
345	老受气	反动派	346	抢座位	好社会
347	很幸福	小动作	348	很厚实	想象力
351	取账单	解放军	352	保证人	讲价钱
353	统计表	洗厕所	354	统战部	考政治
355	火箭炮	打报告	356	广播站	捡破烂
357	广告室	搞建设	358	止痛药	买兔肉

361	小地方	打地基	362	手电筒	掌大权
363	火电厂	洗地板	364	水利部	很地道
365	土地证	煮饭菜	366	讨论会	赶任务
367	子弹壳	想办法	368	水电局	考大学
371	坦克车	打铁钉	372	表决权	写作文
373	炒竹笋	粉笔粉	374	组织部	娶媳妇
375	讨血债	景德镇	376	检察院	顶恶浪
377	粉笔擦	打扑克	378	胆结石	讲法律
381	补习班	炒肉丝	382	主席团	产绿茶
383	火药桶	买墨水	384	体育部	好落户
385	伙食费	缴学费	386	煮绿豆	水墨画
387	手术室	点蜡烛	388	搞独立	好学习

第一字浊上

411	稻香村	坐飞机	412	后花园	造高楼
413	绍兴酒	动肝火	414	治天下	赵师傅
415	被单布	造仓库	416	痔疮病	是非地
417	动真格	被单角	418	重工业	造西药
421	治穷根	妇人家	422	治黄河	造谣言
423	造船厂	治盐碱	424	距离近	抱棉被
425	社员证	杜同志	426	苎麻地	治虫害
427	治头发	受排斥	428	造船业	限名额
431	重点班	善始终	432	稻草人	抱小孩
433	重点厂	造手表	434	户口簿	犯死罪
435	导火线	受宠爱	436	重点县	是喜事
437	部长级	受指责	438	动手术	受冷落
441	舅父家	受重伤	442	厚道人	近距离
443	犯罪感	旱稻种	444	杜道士	犯重罪

445	近视镜	受限制	446	患重病	治近视
447	上下级	重道德	448	犯罪率	造户籍
451	厚布衫	后半生	452	下半年	治肺痨
453	市政府	上厕所	454	在报社	重政治
455	重要性	重证据	456	下半夜	犯错误
457	辩证法	受刺激	458	眼镜盒	重事实
461	近卫军	抱外孙	462	幸运人	近饭堂
463	抱大腿	待遇好	464	市面上	下地道
465	重义气	社会化	466	辩论会	犯旧病
467	重量级	在外国	468	社会学	上大学
471	幸福花	下决心	472	幸福人	造铁桥
473	道德好	上屋顶	474	在押犯	受触动
475	动作快	受恶气	476	幸福路	治百病
477	造铁塔	受压迫	478	坐角落	肾结石
481	技术科	下药单	482	动物园	造石桥
483	混合体	下毒手	484	近十倍	地学部
485	动物界	坐药店	486	受毒害	重业务
487	近六百	抱佛脚	488	混合物	下毒药

第一字清去

511	绣花针	破伤风	512	正方形	镜花缘
513	化妆品	看风水	514	太忠厚	泰州市
515	做生意	印花布	516	汽车站	戴高帽
517	过春节	四方桌	518	试金石	过生日
521	证明书	报平安	522	太平洋	跳龙门
523	太明显	透明体	524	晒棉被	贵阳市
525	剃头店	放年假	526	种牛痘	照明弹
527	掉头发	进行曲	528	太阳穴	变魔术

531	救火车	四点钟	532	判死刑	驾驶员
533	做厂长	汽车厂	534	个体户	送稿件
535	进口货	变把戏	536	做草帽	废品站
537	驾驶室	禁赌博	538	进口药	戴斗笠
541	破被单	逛市区	542	气象台	按部门
543	报道组	报户口	544	创造社	太被动
545	创造性	镇静剂	546	气象站	戴项链
547	晒稻谷	试动作	548	破限额	气象学
551	探照灯	订报刊	552	半透明	雇店员
553	救济款	印报纸	554	意见簿	送战士
555	报到处	送戏票	556	破布袋	做记号
557	变戏法	会计室	558	注意力	破纪录
561	带步兵	志愿军	562	钓大鱼	印度洋
563	纪念品	放焰火	564	信用社	做运动
565	挂号信	记大过	566	看电视	纪念会
567	试验室	降电压	568	纪念日	种大麦
571	建筑师	唱国歌	572	变色龙	过铁桥
573	派出所	进出口	574	建筑社	看媳妇
575	变压器	记笔记	576	庆祝会	四百二
577	建铁塔	四百八	578	建筑物	做作业
581	瘦肉干	配药方	582	倒热茶	向日葵
583	降落伞	副食品	584	破落户	爱活动
585	教育界	四十四	586	数目字	凑热闹
587	教学法	倒墨汁	588	教育局	唱粤剧

第一字浊去

611	自尊心	大西瓜	612	万金油	和稀泥
613	卫生所	败家子	614	外交部	旧公社

615	电灯泡	大多数	616	办婚事	运输队
617	办公室	炼钢铁	618	奠基石	下冰雹
621	渡长江	万年青	622	洞庭湖	乱弹琴
623	自来水	闹洪水	624	外来户	闹情绪
625	贺年片	运煤炭	626	座谈会	画图画
627	共和国	运毛竹	628	万年历	卖牛肉
631	大海滩	练体操	632	代表团	大小孩
633	卖手表	效果好	634	定死罪	助产士
635	电影票	办酒菜	636	电影院	定产量
637	校长室	画孔雀	638	电子学	办酒席
641	闹市区	论是非	642	运动员	大舅爷
643	地下水	大市长	644	旧部下	办重罪
645	自动化	乱限制	646	运动会	患重病
647	慢动作	上下级	648	论治学	大动脉
651	电报机	办报刊	652	售票员	背课文
653	旧报纸	卖汽水	654	画报社	办菜市
655	电气化	定票价	656	慢性病	硬碰硬
657	第四级	定价格	658	电信局	运货物
661	卖旧书	电话机	662	夏令营	闹洞房
663	互助组	大路口	664	电话簿	旧大道
665	办事处	卖电器	666	自卫队	办夜校
667	下大雪	命令式	668	备忘录	办大学
671	外国书	冒黑烟	672	外国人	换发球
673	第一等	卖竹笋	674	地质部	办接待
675	办不到	外国货	676	画国画	认识论
677	会客室	办不得	678	卖国贼	用不着
681	艺术家	冒黑烟	682	话剧团	镀白银

683	艺术品	卖月饼	684	练习簿	六万件
685	艺术界	卖杂货	686	办学校	话剧院
687	蛋白质	大石桌	688	卖白药	混合物

第一字清入

711	雪花膏	切猪肝	712	菊花茶	结冤仇
713	必需品	喝烧酒	714	八斤重	擦窗户
715	结婚证	扎腰带	716	北京话	吃干饭
717	八仙桌	一刀切	718	菊花叶	不亲热
721	说明书	刮台风	722	足球场	搭轮船
723	托儿所	发洪水	724	发行部	铁桥下
725	压台戏	作旁证	726	足球队	出毛病
727	削铅笔	速成法	728	出题目	杀虫药
731	摄影机	搭火车	732	吃苦头	竹板床
733	复写纸	切火腿	734	出版社	割水稻
735	黑板报	贴海报	736	八宝饭	说好话
737	发请帖	泼水节	738	出版物	吃好药
741	发善心	铁道兵	742	出后门	接待员
743	各部委	不动产	744	铁道部	拆部件
745	不限制	铁道线	746	接待站	黑社会
747	接待室	不幸福	748	切动脉	七丈八
751	织布机	说快书	752	压岁钱	出计谋
753	复制品	擦屁股	754	笔记簿	接战士
755	百货店	拍照片	756	设计院	说笑话
757	国庆节	擦课桌	758	国庆日	测智力
761	剥荔枝	革命家	762	得胃癌	血泪仇
763	发电厂	拍电影	764	出地道	七万件
765	铁路线	发电报	766	国务院	说梦话

767	吃饭桌	得利益	768	铁路局	摘树叶
771	作曲家	插竹竿	772	扑克牌	踢足球
773	出发点	擦黑板	774	得博士	七百户
775	不答应	八百四	776	说不定	吃鸭蛋
777	作插曲	八一节	778	吸铁石	恶作剧
781	毕业生	摘辣椒	782	割毒瘤	出纳员
783	吸墨水	博物馆	784	国术社	不活动
785	发月票	积极性	786	博物院	吃白饭
787	不及格	百日咳	788	不落实	畜牧业

第一字浊入

811	日光灯	学开车	812	读书人	六星期
813	辣椒粉	白开水	814	读师范	石膏像
815	录音带	拾猪粪	816	学生会	熟鸡蛋
817	值班室	十英尺	818	石灰石	服兵役
821	六盘山	别人家	822	麦芽糖	热腾腾
823	习题纸	纳鞋底	824	学文件	石桥下
825	学文化	入场券	826	白蛇传	学园艺
827	六和塔	白油漆	828	习题集	学文学
831	白手巾	读死书	832	日本人	罚点球
833	落水狗	熟火腿	834	十九丈	六省市
835	日本货	集海报	836	热水袋	学手艺
837	白粉笔	学写作	838	历史学	读小学
841	活动家	白被单	842	白象牙	六道门
843	活动椅	罚巨款	844	活受罪	白道士
845	白被套	白受气	846	白被面	学社会
847	六市尺	学动作	848	学技术	活动日
851	药剂师	学驾车	852	特派员	夺政权

853	活见鬼	白报纸	854	木器社	十壮士
855	杂货店	熟芥菜	856	核试验	白菜地
857	学宪法	莫性急	858	学化学	白菜叶
861	绿豆汤	罚背书	862	服务员	学外文
863	日用品	活字典	864	掘地道	六万件
865	实用性	白内障	866	服务站	学梦话
867	实验室	学外国	868	特效药	读大学
871	木刻刀	别作声	872	白血球	活不长
873	突击手	拔竹笋	874	合作社	读博士
875	合作社	别客气	876	目的地	熟鸭蛋
877	学作曲	六一节	878	学哲学	搭积木
881	实习生	白律师	882	日月明	独木桥
883	滑石粉	学历史	884	直辖市	别活动
885	学杂费	独立性	886	白日梦	拾麦穗
887	六月雪	别着急	888	白玉石	学越剧

附录二　汉语方言词汇语法调查表

本表格根据以下调查表增删而成：

中国科学院语言研究所《方言调查词汇手册》(1955 年)

中国科学院语言研究所《汉语方言调查简表》(1956 年)

中国社会科学院语言研究所《方言调查词汇表》(1981 年《方言》)

国家语言文字工作委员会《中国语言资源有声数据库调查手册(汉语方言)》(商务印书馆,2010 年)

作为初步方言词汇、语法调查之用,本表共收常用词语、短句 1000 条左右,按意义相关归为 18 类。每个词目之后列举一两个不同方言说法供调查时参考。附录一的《语音调查表》中已经记过的单音词和词语 240 多条可以先登入此表。记音时应逐条请发音人翻译成地道的本地说法,确实没有相应说法的略去不记,词义或用法不同的随时注明。若时间不够,也可以只记录与普通话不同的、有方言特色的条目;如果时间宽裕,则可随手扩充体现方言特色的条目。

(一)天文、地理

太阳　日头　老爷儿

月亮　月光　月娘

星　天星　星子

台风　风飑

刮风　起风　吹风

打雷　行雷　雷公响

打闪(动)　扯闪　霍闪

日食　天狗食日

天亮　天光

山谷　山沟　山坑

江(河)　大溪

湖　海子

小溪　小河　沥　滘仔

河岸　溪岸

坝　陂　水坝

河坡　河滩　溪坪

泥土(干的)　土　涂

石头(通称,不论大小)

天黑 日暗 天暗
下雪 落雪
下雨 落雨 落水
淋雨 沃雨
冰 凌冰 霜 霜冰
雹子 冷子 龙雹
虹 共 天弓
露 露水 雾露
雾 罩子 蒙纱
天气 天儿 天时
晴天 好天 天晴
阴天 乌阴天 乌天
天旱 天干 做旱
发大水 做大水 涝了
田地(泛指) 地 田
山上 山头 山顶
山下 山脚 山骹
垃圾 脏土 粪扫
渡头 渡口 步口

瓦片 瓦片儿 厝瓦
灰尘 土粉 尘灰 灰
水泥 洋灰 水门汀
凉水 冷水 清水
热水 汤 烧水
开水 滚汤 滚水
泔水 潲水 潘
煤 炭 涂炭 石炭
煤油 洋油 火油 火水
生火 起火 透火
失火 起火 走火
地方 场化 所在 位处
城里 城市 城池
乡村 村庄 乡里
家里 厝里 屋里厢
胡同 弄堂 巷
路 道 墿
坟墓 坟 地 墓

(二) 时令、时间

现在 而家 即久 如今
以前 旧底 往古
今年 本年 今年冥
去年 上年 旧年
明年 来年 出年
年初 年头
年底 年尾

时候 辰光 时节
年纪 岁数 年岁 岁子
今日 今天 今朝
今晚 今夜 冥晡 暗冥
明日 明朝 明旦 天光
后天 后日 后朝
大后天 大后儿 老后日

以后　后回　后来
正月(农历)　元月
腊月(农历)　十二月
星期一　礼拜一　拜一
星期日　礼拜日(天)
除夕　岁除　年三十儿
大年初一　正月初一　新年
元宵　灯节　上元
清明(注意音变)
端阳　端午　五月节
七月十五　中元节　七月半
历书　通书　历日
昨日　昨冥　琴日
昨晚　昨冥　琴晚　昨暗
前日　前天　前儿
择日　看日
吉日　好日
白天　日中　日时
夜晚　夜晚黑　暗冥　夜里
上午　上半日　昼前
下午　下半日　下昼
中午　晌午　日昼
每天　日日　逐日　工工
整天　归日　整工　整天价

(三) 庄稼、植物

稻　稻子　籼(注意分不分水稻、旱稻)
稻谷　粟　谷
玉米　棒子　苞米
秕谷　瘪谷　冇粟
糯米　江米　秫米
高粱　秫子　芦黍
脂麻　油麻　芝麻
黄豆　大豆　白豆
蚕豆　胡豆　莲花豆
白薯　红薯　地瓜
马铃薯　洋芋　土豆儿
麦秸　麦草　麦稿
南瓜　金瓜(注意"南瓜"和"北瓜"有无分别?)　番瓜
洋葱　洋葱儿　北葱
西红柿　番茄　番柿
姜　生姜　姜母
辣椒　辣子　番椒
大白菜　莲花白　卷心菜
菠菜　菠菱菜
空心菜　蕹菜
橄榄　青果
枣儿　枣子　枣
萝卜　菜头
胡萝卜　红萝卜　萝卜
荸荠　马蹄　尾梨
藕　莲藕　藕节

茄子　矮瓜　茄　落苏
丝瓜　天萝　萝瓜
龙眼　桂圆
荔枝　莲果　莲枝
白果儿　白果　银杏
栗子　毛栗子　板栗
花生　地豆　番豆
核桃　胡桃　蒲桃
向日葵　葵花　转日莲

树苗　树秧　树栽
树叶　叶儿　树箬
柚子　文旦　大橘
梨子　梨儿　梨
花蕾　花莓
刺儿　竻
荷花　莲花
浮萍　萍草　藻
冬菇　香菇

(四) 虫鱼鸟兽

畜牲　头牲　牲牲
牲口　头夫　头口
公牛　牛牯　牛公
母牛　牛㸰　牛母
小狗　狗仔　犬团
公狗　郎狗　狗牯
母狗　狗娘　犬母
公猪　猪公　猪牯
种猪　猪哥　猪豭
母猪　草猪　猪嫲
杀猪　劁猪　治猪
尾巴　以巴　尾
杀鱼　治鱼
养猪　饲猪　供猪
放牛　映牛　看牛
(鸡)叫　啼
鸟儿(泛称)　雀仔　爪　雀

翅膀　翼　翼膀
乌鸦　老鸦　老鸹
麻雀　家雀儿　禾雀
鸽子　鹁鸽　粉鸟
老鹰　鹞婆　老鹞
蝙蝠　檐老鼠　蝠鼠
蚕　娘子　蚕虫
蜘蛛　蛛蛛　结蛛
蚂蚁　蚍蜉　蚁公
蚯蚓　曲蟮　猴蚓
苍蝇　蝇子　乌蝇
蚊子　蚊虫　蠓
虱子　虱　虱母
跳蚤　蛇蚤　狗虱
蝉　知了　阿蟧
阉鸡　镦鸡　割鸡
(狗)吠　叫　咬

公鸡　鸡公　鸡角
母鸡　草鸡　鸡乸　鸡僆
下蛋　生蛋　生卵　屙蛋
孵(小鸡儿)　抱小鸡儿　油鸡子
母鸭　鸭嫲　鸭乸
老虎　虎　大虫
猴子　猢狲　猴哥
老鼠　耗子　猫鼠
蛇　长虫　老蛇
蜜蜂　糖蜂　蜂
蜂蜜　蜂糖　蜜糖
蝴蝶　胡帖儿　尾蝶
蜻蜓　虰虰　田呢
鱼鳞　鳞甲　鱼甲
虾　马虾　虾公
泥鳅　鱼鳅　黄鳅
甲鱼　鳖
青蛙　田鸡　水鸡
蟾蜍　癞蛤蟆　姑婆

(五) 房舍、器具

房子(全所)　房　屋　厝
盖房子　做屋　起厝
茅屋　草厝　草房子
院子　院儿　天井
屋子(单间)　房间　间咧
柱子　柱　屋柱　栋柱
台阶儿　台级　阶座
窗户　窗子　槛门
床铺　床　眠床
被子　被　被头
被单　被面子
棉絮　被套　棉绩
凉席　席　席子
马桶　尿盆　屎桶
手炉　火笼　火通
厕所　茅厕　茅司　东司
牛屋　牛栏　牛圈
猪圈　猪栏
门槛儿　门坎　门隊
钥匙　锁匙　匙
凳子　杌　杌凳儿
洋蜡　洋烛　蜡烛
厨房　镬灶间　灶下　灶前
烟囱　烟筒　烟通
饭锅　鼎　镬　锅头
锅盖　鼎片　镬盖
炊帚　刷帚　鼎筅
锅铲　镬铲　煎匙
瓢　水瓢　舀子
瓶子　矸　樽
暖水瓶　暖壶　电壶
脸盆　面盆　罗盆

毛巾　面巾　脸布
柜子　柜　橱仔
蚊帐　蚊罩　帐
手绢　手巾　手帕
桌子　台子　床　盘
抽屉　柜桶　拖箱
椅子　交椅
东西　物事　嘢　物
羹匙　勺子　汤匙
筷子　箸　筷箸
抹布　搪布　桌布
火柴　洋火　取灯儿
伞　雨伞　遮
图章　戳子　图书　印
剪子　铰刀　铰剪
梳子　头梳　捋子
马掌　马铁

(六) 人品、称谓

男人　爷们　男子人
女人　娘儿们　妇娘
小孩儿(子)　伢　细人子
男孩儿　男娃子　细老
女孩儿(子)　囡儿　小妞儿
娃　娃娃　孩子
老头子　老汉　老人
客人　人客　客
内行　在行　里手
医生(中医)　先生　郎中
厨子　大师父　厨师傅　馆夫
保姆　阿姨　娘姨
奶妈(喂奶的保姆)　干娘　奶娘
农民　庄稼人　做田人
和尚　道老
尼姑　师姑　姑子
贼　贼牯
相貌　模样　长相
年龄　年岁　岁数
(称谓可区分面称和引称)
父亲　爸爸　爹　老豆
母亲　妈妈　娘姨　姆妈
后妈　后娘
伯父　大爷　阿伯
伯母　大妈　伯娘
叔父　叔叔　阿叔
叔母　婶儿　婶婆
祖父　爷爷　公爹
祖母　奶奶　婆
外祖父　姥爷　外公
外祖母　姥姥　外妈
儿子　娃儿　子哩　团
道士　师公　老道
妓女　婊

流氓　痞子
乞丐　花子　乞儿
女婿　姑爷　婿郎
孙子　孙儿　孙
重孙子　息
侄子　侄　孙
舅　娘舅　阿舅
舅母　舅妈　妗子
姑妈　娘娘　阿姑
姑父　姑丈　姑夫
姨　姨娘　阿姨
姨夫　姨丈
弟兄　兄弟　兄弟哥
姊妹　姐妹　姐儿们
哥哥　阿兄　老伯
嫂子　兄嫂
弟弟　小弟　老弟
弟媳　弟妹　弟新妇
姐姐　阿姊　家姐
姐夫　姐丈
儿媳妇　媳妇　新妇

女儿　闺女　姑娘
岳父　丈人　外父
岳母　丈母　外母
妹妹　妹子　老妹
妹夫　妹婿
夫妻　老公婆　翁母
丈夫　老公　老官
妻　老婆　堂客
公公　老官
婆婆　大家
连襟　同门
妯娌　同姒
内兄　大舅子
内弟　小舅子
大姨子　大姨
小姨子　姨仔
亲戚　亲情　亲眷
后妈　后娘　后奶　后母
后爹　后父　晚爷
童养媳　新妇仔　等郎妹
邻居　邻老　乡里

（七）身体、五官

身体　身子　身躯
头　脑袋　脑壳
脖子　头颈　颈　颔
耳朵　耳孔　耳仔
下巴　下斗　下颏

胡子　胡须　喙须
头发　头毛
额　头额　额头
脸　面　面孔
眼睛　眼　目珠

眼珠儿　目珠仁　眼核
眼泪　眼泪水　目汁
眼眵　眵目糊　目屎
眼毛　眼睫毛　目毛
眉毛　目眉　眼眉毛
鼻子　鼻头　鼻公　鼻
鼻涕　鼻水
嘴　喙　嘴巴
嘴唇儿　嘴皮　喙皮
唾沫　㘎　口水
舌头　脷　喙舌
牙　喙齿　齿齿　牙齿
肚子　肚皮　腹肚
肚脐眼　肚脐　腹脐
腿　脚　骹腿
膝盖　膝头　骹腹头
肛门　屎窟
拉(屎)　屙　放
屁股　屎窟　股穿
脚　骹
头发旋儿　旋发　旋
腡(螺)纹　腡

擤(鼻涕)敨　散
喉咙　咙喉
肩膀　肩头
胳膊　膀子　手骨
左手　反手　倒手
右手　顺手　正手
手指　指头　掌头子
大拇指　大拇哥　手指公
食指　二拇指　指指
中指　将指　中哥
小拇指　小拇哥儿　尾指
指甲　手指甲　掌甲
心口儿　胸口儿　心肝头
乳房　奶子　妈妈儿
赤脚　光脚　裼跣骹
脚背　脚面　骹盘
脚跟　脚后跟(儿)　脚踭
阴茎　朘　卵
女阴　屄　屄
肏　日　戳　鸟
精液　屃　脽

(八)生死病痛

病了　不好了　害病了
泻肚　拉肚子　泻腹
疯了　癫了　起痟
说媒　保媒　提亲

发热　发烧
着凉　寒着　感着
咳嗽　嗽　咳
中暑　发痧　受暑

肚疼　腹肚疼　腹屎疾
发疟子　打摆子　拍寒热
结痂　结疕　结疤
痱子　热痱　热秋子
瘸腿　拐子　跛脚　瘸骹
驼背　罗锅儿　驼子　虾背
瞎眼　青盲　盲公
耳聋　聋耳朵　臭耳聋
哑巴　哑子　哑狗
看病　睐病　牧　瞧病　看医生
打针　掐针　扦
打吊针　挂瓶
号脉　摸脉　把脉
抓药　撮药　执药
膏药　消膏　药膏
汤药　茶
(病)轻了　鬆了　有差
媒人　媒婆
结婚　成亲　成人
娶媳妇　娶亲　讨老婆　讨堂客
出嫁　出阁　出闺　做客
新郎　新郎官　新官
新娘　新娘子　新人
有喜了　有孕了　有了
孕妇　大肚皮　带腹肚
小产　损身　落娠
胎盘　胞衣　衣
坐月子　做月里
害喜　病团
双生儿　双胞儿　双生
乖　不闹　安静
认生　生分　畏生
做寿　做生日　过生日
死了　过世　过去　老了
棺材　棺木　老寿
出殡　出丧　出山
上坟　拜山　上墓
纸钱　钱纸　金银

(九) 服饰穿戴

衣服　衣裳　衫裤
穿　颂　着
脱　褪　除
棉袄　棉袭　棉衣
衬衣　衬衫　云衬　底衫
夹衣　夹袄
颜色　色致　色
式样　样式　款式
相貌　长相　生成
长袍　长衫　袍子
毛衣　羊毛衣　毛线衣
袖子　袖儿　手碗　衫袖
兜儿(衣裤的袋)　袋仔　衫袋
短裤　裤衩儿　半长裤

裤腿儿　裤骹　裤脚
裤腰　裤头
背心　坎肩儿　背褡
汗衫儿　汗褂儿　纱衫
帽子　头帽　帽
草帽　草帽子　草笠
扣子　扣儿　纽
围腰(厨房用)　围裙　围身裙
涎布　围嘴儿　围兜
拖鞋　鞋拖
缝(衣服)　联　绽
系(鞋带)　缚　绑

围巾　围脖儿　领巾　颈巾
手套　手囊　手袜
扇子　蒲扇　扇　夏扇
镯子　手环
戒指　手指
别针儿　纽针　扣针
斗笠　雨笠　笠嫲
蓑衣　棕衣　棕蓑
木屐　屐　鞋拖屐
烟袋　薰吹　烟筒
手纸　草纸　粗纸

(十)饮食起居

饭食(泛指)　伙食　日食
米饭　饭　干饭
剩饭　冷饭　旧饭
馊了　臭酸　臭馊
面粉　白面　灰面
面条儿　面　切面
汤面　面汤
饺子　扁食　饺
混沌　饺　云吞　抄手
粥　稀饭　糜
盐　咸盐　盐巴
酱油　豉油　豆油
醋　忌讳儿　小酒
红糖　黑糖　乌糖

白糖　砂糖　洁白糖
冰糖　糖霜　樟冰
木耳(注意读音)
肉松　肉脯　肉绒
肉沫　碎肉
下水儿(内脏)　杂碎　腹内
馒头　馍　包子
干菜　菜干
包子　馒头
烙饼　烧饼　饼
(下饭)菜　配　餸
豆腐脑儿　豆花　豆腐娘
酱豆腐　豆腐乳　豆乳　猫乳
粉条儿(米制)　米粉　米线

点心　馃子　茶食
油条　油炸鬼　馃子
蛋糕　卵馃　鸡卵糕
花生仁儿　花生米　涂豆仁
味道　味儿　味素
气味　味素　味　气
作料　料
颜色　色儿　色致
芝麻油　香油　麻油
猪油　膫　膏油
(面)酵子　起子　酵
炸(油条)　煎
猪蹄　猪骹
猪舌　猪脷
猪肝　猪润
猪血　猪旺子　猪红
鸡蛋　鸡卵　鸡春
松花蛋　皮蛋　皮卵
香肠儿　腊肠　灌肠
白酒　白干儿　烧酒
冰棍儿　冰条　棒冰
茶叶　茶芯　茶米
切茶　泡茶　冲茶
釅茶　浓茶　厚茶
做饭　烧饭　舞饭
烧火　烧锅　燃火
烧糊了　烧焦了
下(面条)　捞　煮
蒸馒头　蒸馍馍　炊馒头
揉面

(十一) 日常生活

起床　起来　起身
洗脸　洗面　揩面
漱口　漱嘴　漉喙
刷牙　刷牙齿　洗喙
梳辫子　辫辫子　辫髻子
空闲　闲空　闲
忙　无闲　唔得闲
说话　讲话　话事
叫(他来)　喊　吼
串门　过位
碰见　遇到　碰着　撞上
上工　返工　出工
歇工　收工　落班
回家　转来　来归
玩儿　耍　嫽　搞
饿了　饥了　腹饥　空了
吃早饭　食朝　食早起
吃午饭　吃中饭　食昼
吃晚饭　喝汤　吃夜饭
吃零食　吃零嘴　碎食
端饭　捧饭　驮饭
盛饭　舀饭　装饭　贮饭

吃饭　用饭　食饭
吃撑了　伤饱
渴　口渴　喙焦　颈渴
喝茶　饮茶　食茶
喝酒　吃酒　饮酒
吸烟　食烟　烧薰
洗澡　洗身　洗浴　洗汤　冲凉
擦身　抹澡　拭身
送礼　送人情　送人意儿
劳驾　起动　麻烦　唔该
对不起　对唔住
吆喝　嚷　喝
哭　啼　吼
吵架　冤家　相骂
哄(小孩)　骗
吹牛　吹大炮
聊天儿　讲古　唠嗑儿

香烟　烟卷儿　薰支
旱烟　毛烟　红薰
摆酒席　摆席　办桌
入席　入座　上桌
斟酒　筛酒　停酒
(两人)不对　不合　唔啱
装傻　装蒜　诈傻
乘凉　纳凉　吹凉
晒暖儿　晒太阳　曝日　炙日
烤火　向火　焙火
打哈欠　掰喙
打盹儿　打瞌睡　督眠
休息　歇歇　歇困
困了　爱睏　想睡　蠢去
睡觉　困觉　瞓
打呼　打呼噜　鼾眠
做梦　发梦　眠梦

(十二) 农工商学

种地　作田　打田
干活　作事　作息
早季　早造　早秋
稻草垛　草捆
事情　事际　事儿
法儿　法子　办法
锄头　镢头
镰刀　镬仔
扁担　担竿

犁　步犁　犁杖
手推车(独轮的)　鸡公车
插秧　播田　莳田
棍子　槌仔
商店　店头　铺子
做生意　做生理　做买卖
饭馆　菜馆　馆子　馆店
旅馆　客栈　旅店
赶集　赶墟　赶场　赴墟

便宜　平　俗
合算　合适　有盘
记账　登账　记数
减价　降价　落价
秤锤　秤砣
秤星　秤花
路费　盘缠　盘费
本钱　老本儿　本儿
利息　利钱　利
赚钱　趁钱
赔钱　赔本　蚀本　了本
钱　铜钿　票子
欠(他钱)　争　差
绳子　索　绳
碓　踏碓
自行车　单车　脚踏车
车轮　轱辘　车辇
打工　做工　拍工
锤子　榔头
一毛钱　一毫子　一角银
木匠　木师　做头师傅
瓦匠　泥水匠　泥水佬
裁缝　衣裳师傅
理发　剃头　铰毛
澡堂　冲凉房　洗汤房
杀猪　宰猪　剀猪
肉铺　肉案子

学校　学堂　书斋
教室　班房　课室
上学　返学　去斋
书包　册包　册袋
放学　放斋
钢笔　铁笔　水笔
铅笔　洋笔
本子　簿子　簿簿
砚台　墨盘　砚
信封　信袋　批袋
演戏　做戏　扮戏
零钱　散钱
硬币　角仔　镭　蹦子
花钱　开钱　使钱
钞票　纸字　银钱　纸票
铜板(儿)　铜镭　铜片
银圆　光洋　白银　银元
多少钱　几钱　几钿　喏钱
一块钱　一元钱　一块洋钿
黑板　粉板　乌牌
风筝　纸鹞　风吹
划拳　猜拳　化拳　豁拳
下棋　行棋　动棋
舞狮　弄狮　拍狮
炮仗　鞭炮　炮
麻将　麻雀

(十三) 动作、心理

抬头　仰面　抬起头

回头　转头　转脸　越头

亲嘴　相斟　香鼻头

睁开(眼)　展

闭(住眼)　眯

举(旗子)　撑

动手　着手　起手

摔倒　跌了　跋倒

跨(出一步)　伐

追　逐　赶

站　立　徛

看　睇　望　觑　瞧

听　听闻

闻　鼻　嗅

嚼　哺

咽　吞

走(路)　行

跑(步)　走　跳

掰(开)　擘

撕(纸)　拆

擦(手)　拭

蹲　跍

踩　踏

趴(着睡)　覆　伏

倒(垃圾)　摒

掉(下)　落

倚　靠

盘算　算计

要(这个)　卜挃　中意

打(泛指)　拍

逃　走

撵走　赶走

栓(牛羊)　缚

抓(小偷)　搦

舔　舐

吮吸　啜

吐(痰)　啡　唾

拿(东西)　掏　驮　提

给(东西)　畀　付　分

摘(花)　挽

抬(轿子)　扛

砍(树)　剉

打架　相拍　打交

骂(粗口)　鸟　戳

放(桌子上)　搁　摆　下

收拾(东西)　归置　类　打叠

选择　挑　选　拣

提(篮子)　提遛　拎

挎着(包儿)　背

(笔)丢了　掉了　无去

藏(起来)　园　摒

找着了　寻着了　找到了　讨

着了　吃惊　着惊　食惊
知道　晓得　知影　操心　烦恼
懂了　明白了　识　担待　包涵
认识　八　识得　忘记了　天放咧　唔记得
不认得　认不得　唔八　唔识　生气　发火　受气　急
掂量　估量　疼爱(小孩)　疼　惜
看着(贼)　映　眐　喜欢(看书)　欢喜　爱
解(开)　敨　高兴　欢喜　开心
挑　担　荷　开玩笑　嫽
挪(桌子)　徙　想念　数念　想
摞　沓　不是　唔是　唔系
端(碗)　捧　没有(书)　冒得　无　唔没
埋　坮　不在(家)　唔着　无贮
害怕　怕　惊　吓　不行　唔得　勿来事

(十四)方位称代

上头　高头　上面　路上　道上　路顶
心里　腹里　肚子里　你们　你家　你侪
下头　下面　下底　他们　他家　伊人　渠多人
左边　倒边　细边　大家　各人　大家人
右边　正边　大边　别人　别倽　别侬
中间　当间(儿)　中央　台中　自己　自家　家己
里面　里边　里背　入便　谁?　么人　底侬　边个　哪个
外面　外头　外兜　出便　多少?　几多　若伙
前边　前面　头前　前首　什么?　啥　啥物事　乜嘢
后边　后头　后背　后首　哪样
旁边　边头　侧角　侧边　什么时候　几时　啥辰光　底时
什么地方　啥地方　边度　哪儿　怎么(说)　怎样　乍

边儿上　边头　边兜
角儿上　角头　角落头　角落
上去　起去
下来　落来
进去　入去　底去
回来　转来　倒来
我　俺　侄
你　侬　汝
他　伊　渠
我们　俺们　我各人
咱们　咱　俺侪
为什么　为啥　乜事
干什么　做啥
怎样　啥样　点样
这个　只个　格个　迭个
那个　介个　许个
这里　呢度　只块　即搭
那里　许位　介里
这样　即款
那样　许款

（十五）形容形状

好（这比那好）　强
不错（颇好）　不赖　毛呆
（衣裳）破　烂
瘦（不肥，不胖）　[illegible]　[illegible]
瘦（肉）　精　赤
舒服　安逸　爽快
（质量）差　次
（绳子）粗　大条
（绳子）细　幼
坏　孬　呆
宽　阔
窄（路）　狭
宽敞（房子）　开阔
香（花）　芳
干（衣服）　凋　燋
美（人）　俊　漂亮　标致
丑（人）　难看　怯视　惊人
热闹　闹热　漾
坚固　结实　牢
干净（家具）　清气　彻洁
肮脏　龌龊　腌臜　脏
淡（菜不咸）　白　[illegible]
淡（茶不浓）　淡　薄
稀（粥）　薄　漖
稠（粥）　厚　洘
（山）高　悬
（人）高　躼　长
（山）矮　下
（鸡）肥　壮
（人）胖　肥
（人）熟悉　熟似
难过　难受　艰苦

难(事难做)　恶
丢人　丢脸
(天)热　烧
(水)热　滚
(天)凉　清　冻
(水)凉　清
(鱼)腥　臭臊
(水)浑　醪
(菜)稀　疏
方　(形)　四角
(人)多　稽
(山)陡　崎
懒　懒惰　定虫
勤　勤力　力
忙　无闲　唔得闲
顽皮　皮　孽
疲劳　弱　软　撣
倒霉　衰　背
精　机灵　巧
吝啬　抠门儿　孤寒
浑(身是汗)　满　归
凸　鼓　土　碰
凹　坳　塌
凉快　秋清　凉
晚(来晚了)　迟　晏　慢
(刀)利　快
(地方)陌生　生分
(汤)鲜　甜
(刀)钝　不利
(车)快　紧　烈

(十六) 各类虚词

刚(来)　才　则
刚好　啱　恰好
还(还没来)　固　犹
快(天快亮)　快要　得卜
很(好)　雅　好
非常　连天　万代
经常　常常　常时　稠稠
也(我也去)　都
反正　横直　高低
没有　无　冒
差点儿(摔了)　险乎　欠淡薄
马上　立刻　即刻　随时
幸亏　好彩　该好
一块儿(去)　一道　一齐
故意　成心　存心
压根儿(不知道)　根本　透底
实在(好)　的确　真诚
太(太大)　伤　过　忒
一共　总共　共总
不要(别去)　唔通　勿好　嫑
不能(不能去)　𫧮使得　使唔得
白(跑一趟)　空　干焦

别(来)甭

不必(关门) 唔免 唔使

不(吃不完)勿 唔 勿会

胡(来) 瞎 乱

先(你先走) 头里 头先 事先

被(被他打) 乞 畀 分

把(门关上) 将 给

对(你对他好) 跟 和

到(扔到水里) 在 得 咧

在(住在哪儿) 挨 待

从(哪儿走) 打 由 对

靠边走 行边 边上走

替(他替我写) 帮 共

给(给他办事) 替 为 共

和(哥哥和弟弟) 跟 同 共

的(他的书) 其 格

问(问他借书) 跟 向

从小(就乖) 自小 起小

从头(开始) 自头 对头

曾经(来过) 有 八 曾

(十七)数词、量词

一把(刀) 张 支

一匹(马) 头 只

一座(桥) 条 座

一剂(药) 帖 服

一朵(花) 蕊 头

一顿(饭) 餐

一条(鱼) 尾 头 只

一辆(车) 只 架

一只(狗) 头 隻 条

一张(桌子) 块 个

一床(被子) 领 条

一封(信) 张

一首(歌) 题 块 支

一支(笔) 把

一件(事) 项

(打)一顿 一下

(坐)一会儿 一下子 一步仔

一阵(雨) 郡

(走)一趟 回 摆 头

一拃(拇指与中指张开的长度)

一庹(两臂平伸的长度) 行 寻

几个 几多个

一个(人) 只 介

两个 两只 双只

两三个 三两个

十七个 一十七个

第一名 头名

第二次 第二摆

两个人 两个侬 俩人

四五个

六十六 六六

一根(绳子) 条 行

一颗(树)　丛　株

一粒(米)　个

一口(猪)　头　隻

一桩(事)　项　件

一挂(鞭炮)　串　贯

一位(客人)　只　个

一双(鞋)　对

一窝(蜂)　宿　巢　窠

一点(东西)　一仔　一点儿

一些(东西)　淡薄

三十　卅

二十二　念二

三十三　三三

四十四　四四

五十五　五五

一百六十　一百六　百六

一百七十五　一百七五　百七五

二百五十　二百五　两百五

一百五十　百五

一千一百　千一

一百〇五　百零五　百空五

一百〇八　百空八　一百单八

一千　个千

一万　个万

第一个　头一个

俩　两个

七八个

八十八　八八

九十九　九九

十来个　十零个　十外个

二十几　廿几

仨　三个

个把　一两个

二两(油)　两两　双两

几个?　几多个

多(十多个)　外　几

(十八)语法例句

以下各条例句都要请发音合作人翻译成本地话,注意用词(最重要的是虚词)、语序和句式的不同,按照实际情况记下汉字和音标。有不同的说法可按重要性和常用度列举几项。

1. 这句话用________话怎么说?(填本地地名、记本地音)

2. 你能来不?

3. 还有饭没?

4. 你到过北京吗?

5. (这事情)他知道吗?

6. (这个字)你认不认得?
7. 我对不起他。
8. 你前面走。
9. 你告诉他。
10. 我告诉过他。
11. 这个大,那个小,这两个东西哪个好一点儿呢?
12. 这个比那个好。
13. 那个没有这个好。
14. 他说起话来没完没了。
15. 门开着,里边没人。
16. 哥哥和弟弟一般高。
17. 弟弟比哥哥更高。
18. 我比不上他。
19. 这群孩子像猴儿似的。
20. 你贵姓? ________我姓王。
21. (有人敲门)谁呀? ________进来!
22. 老张呢? 他在干什么呢?
23. 他在吃着饭呢。
24. 他还没有睡醒吗?
25. 他说就走,怎么还没走呢?
26. 他正在那儿跟一个朋友说着话呢。
27. 你上哪儿去?
28. 我上街去。
29. 你去干什么去?
30. 我去买菜去。
31. 你找不到他的。
32. 昨晚睡不着觉。

33. 他妈不在家。
34. 那苹果烂了，吃不得。
35. 他被骗走了一万元。
36. 你当我不知道？
37. 好好儿地走！不要跑！
38. 他不去，怎么办呢？
39. 不是那么写，是要这么写的。
40. 要多少钱才够呢？
41. 得五百块钱呢！
42. 太多了，要不了那么多。
43. 愈说愈多，愈走愈远。
44. 要不，你自己算算看。
45. 他今年多大岁数？
46. 大概五十多吧。
47. 这个东西有多重呢？
48. 给我一支烟！
49. 他给我一本书。
50. 叫他快来找我一下。
51. 赶快把他请来！
52. 吃了饭要慢慢儿地走，别跑！
53. 来闻闻这朵花儿香不香！
54. 他方才说什么来着？
55. 你是抽烟呢，还是喝茶？
56. 烟也好，茶也好，我都不喜欢。
57. 医生叫你多睡觉。
58. 不早了，快去吧！
59. 这会儿还早着呢。

60. 吃了饭再去好不好？

61. 再吃个饭就来不及了。

62. 我非去不可！

63. 说了一遍，又说一遍。

64. 这东西好是好，可是太贵。

65. 他在哪儿吃的饭？

66. 这本书是他自己的吗？

67. 是我借给他的书。

68. 他借给我三万元。

69. 你跟他一起去。

70. 站着，别过来。

71. 把这碗饭吃了！

72. 雨不下了，天要晴了。

73. 迟了不好，咱们快点走吧！

74. 不要着急，慢慢儿地来。

75. 他们正在说着话呢。

76. 桌上放着一碗水。

77. 路上小心着！

78. 这些果子吃得吃不得？

79. 熟的吃得，生的吃不得。

80. 这个箱子很重，拿得动拿不动？

81. 我拿得动，他拿不动。

82. 手机丢了，再买一个换过。

83. 连他也做起生意来了。

84. 他画得很好看。

85. 他忙得连饭都忘了吃了。

86. 甭走了，住在我家里吧！

87. 看书的看书，写字的写字。
88. 要说他的好话，他才高兴。
89. 上次是谁请的客？
90. 你是哪年来的？
91. 我是前年到的北京。
92. 前面来了一辆车。
93. 他坐车坐累了。
94. 大嫂回去三天了。
95. 你平时游泳吗？
96. 不，我不会游泳。
97. 你做什么运动？
98. 打打球、散散步。
99. 这鞋破了，扔了它。
100. 别扔，补一补还能穿。

附录三 术语表

说明:本表列出本书用过而与别人的理解有些不同的术语,只做简单说明,不与别人说法做比较,也不加论证。所说未必都对,聊备一说。本表术语按照书中出现章节的前后顺序排列,便于查阅原处的有关内容,更具体地理解该术语的意义和用法。

第一章

方言 指只在一定区域通行的地域方言,不包括不同社会人群中使用的“社会方言”。地域方言有完整的结构系统,社会方言往往只有一些语音或词汇上的差异。

通语 即共同语、共通语。通语是古来就有的术语,精炼而明确,现在所说的“普通话”,只指现代汉语的通语,通常也只是指口语。通语往往通行于一个民族或国家的广大范围,它来自方言又高于方言,既有口头语,也有书面语,在社会上形成一定的规范,因而对方言有重大的影响。

近江方言 指东南部方言中离长江较近的吴方言、赣方言和湘方言,徽州方言也是。这些方言和官话方言连界,官话方言又是通语的基础方言,因而受通语和官话的影响较大。

远江方言 指东南方言中的闽方言、客家方言和粤方言,湘粤桂之间的土话和平话也是。这些方言因为离长江较远,与官话方言直接接触较少,受普通话影响较少,保留古汉语成分较多。

音类 汉字字音的归类,这是汉语特有的术语。字音由声母、韵母和声调组成,因而又有声类、韵类、调类的归纳。以《广韵》音系为代表的中古汉语因为长期稳定,并作为书面语的标准音用于字典编纂和诗文写作,影响全国,因而与各方言的音类(尤其是文读音)便形成了一定的对应。了解古今通语与方言的音类对应,对理解方言的语音特征和通语的学习都有重要意义。

调类和调值　调类是字调的归类,如中古音有"平上去入"四声,现代普通话则有"阴阳上去"四声。其他方言的调类少的只有两个,多的可达十个调类,古今调类都有或多或少的对应。调值是各类声调的具体音值,主要指音高的平、曲、升、降,或还分长短。不同的方言调类可能差别不大,调值却往往有很大的不同。

连读音变　也称为连音变读。指的是多音词语连读之后音节之间发生的和单字音不同的变化。汉语方言常见的连读音变有变声、变韵、变调、轻声、儿化及其他"小称"音变。连读音变是近代以来汉语(包括通语和方言)衍生和逐渐定型的语音现象。有的方言尚未发生,有的正在产生、尚未定型,有的已经成熟。存在哪些连读音变是现代汉语方言重要的语音区别特征。

连读变调　多音词语音节之间发生的声调变化,有的论著写为"连续变调"不妥。词内的音节不论在前在后,一般都可能读成和原有的字调不同的声调。变调的制约条件可能是前后的音类或音值,也可能有构词法的条件。有时在原有调类中嬗变,也可能变出新调。二字组、三字组可能有不同的变化方式。有的方言词与词之间也可能发生变调。

方言韵书　也称"地方韵书"。明清之后,由于方言语音和中古标准音之间已经发生较大变化,地方上的文人为了编写曲艺、地方戏文或提供本地人按方音识字,便就方言的读音编成了字音表,按照方言的声韵调分类排列并编有切音方法。有的还加上字义的注解,称为"字典"。地方韵书为我们保存了数百年前的方言资料,是研究方言史的重要参考。

方言特征词　方言词汇中有一定批量、有特征意义的基本词,通常是在本区方言中普遍使用、在外区方言不用或少用的。不同的方言区,特征词的数量有多有少,有些关系密切的方言也会有共同的特征词。可以按照其重要性和独特性分为甲、乙级特征词。特征词是方言词汇内外比较的成果,也是识别方言区的重要参考。

音节系统 声韵调按照一定的规则组成音节，音节表便是音节结构规律的总体体现。各种方言都有自己特定的音节结构规律。例如，不少方言唇音声母不拼撮口呼，有的方言鼻音韵可以出现在入声调。音节结构规律是方言语音特征的重要体现。

单字音表 按照声韵调的配合关系制成音节表，每个音节选择一个常用字登上，便是单字音表。从单字音表可以总结出方言声韵调的组合规律。

同音字表 按照声韵调的组合规律把同音的字摆在一起，每韵一张表。可以看到不同音韵地位上管字的多少，也可以作为审订字音的明鉴。用表格罗列便于看出音节结构状况和同音字类的多少，也可不用表格，按声韵调分类罗列。

入声韵和入声调 指中古的入声字的韵母和声调的读法。中古音的入声韵有 p、t、k 韵尾，方言的入声韵可能已经弱化、合并或脱落，进度各不相同。中古音的入声调都是短促调，方言的入声调也可能已经不读促调。方言的入声韵和入声调指的是独立的韵类或调类，如果已经混入别的韵类和调类，就不再是入声韵和入声调了。

文白异读 一个字有两种读音，一个用在书面语，一个用在口头语，便是典型的文白异读。方言的白读音是口语中使用的反映方音特色的，文读音则是按照通语的音对应而来的，旧时的文读音是按照古韵书的反切类推出来的。有些地方戏曲唱腔用文读音，道白用白话音。有的方言文读音还有新旧之分，旧文读是按古音反切推出来的，新文读则是仿照普通话的音。李荣说过，北京话的文读音常常是本地音，白读音则是外地音影响的结果；其他方言的白读音一般是本地固有的，文读音是外来的。不同的方言有文白读的字数有多有少。不同的文白读常反映了语音发展的不同历史层次。

别义异读 同样的字由于意义不同而采用不同的读音，便是别义异读。这种现象古汉语有，现代普通话有，方言里也有。但是古今南北的别义异读都有不同。

考本字 有些方言词是从古汉语演变而来的，但是原来的用字，不论是字形、字义或字音都发生了不同的变化，现代方言的读音和本字的字形失去了联系，方言词便找不到合适的字来写，这就需要经过适当的考证。考本字一要按照方言读音找到古音相应的音韵地位，该古音又能找到与方言词意义相当的字，最好还能有古书上音义相对应的用例作为论证。考本字不是为方言词找个字写，而是为了验证方言语音演变的规律和历史层次，也为了考察方言词汇和古汉语用词用字有没有联系。总之，是方言语音史和词汇史的研究。

第二章

字音系统　指方言里汉字读音的音类系统。也称为“音韵系统”。这是汉语语音系统的一项特殊内容。因为汉语用汉字记录音节，同样音节有许多字，字音也是成系统的。多数现代方言的字音系统都和中古音的广韵系统有一定的对应关系，但是有的对应比较整齐、有的不整齐。这也是方言语音特征的重要表现。

第三章

复合音　这是赵元任为分析汉语语音所提出的概念，就是两个音素复合之后同时并发的音。塞音和擦音复合，塞音、塞擦音加上送气作用，二合元音、三合元音等都是结合紧密的复合音。模仿发音时要注意体会，教外国人学汉语更加重要。

音韵地位　指方言的字音（音节）在中古音声韵调组合中的可能的位子。确定方言字音的音韵地位是为方言词考本字的前提。要准确地为方言字音确定音韵地位，就要熟悉古音的组合规则和古音与方音的对应规律。有时同一个音类在古音和方音还可能有几种不同的对应。

广韵音系　也称“广韵系统”，指中古汉语标准音的语音系统。因为从《切韵》到《广韵》的韵书所体现的声韵调系统成为中古汉语通语的标准音，其音类和结构模式对后代通语和方言都有很大影响，形成了一定的对应关系，因此，用体现广韵音系的字表来调查方言，就便于拿方音和中古音及现代通语的语音系统进行比较分析。

训读字和训读音　为方言词注字时，注的不是方言词的本字，而是和方言词同义的通用字，就叫作训读字。为方言记录字音时，记的是方言里和该字意义相同的另外用字的音，便是训读音。例如闽方言管脚说“骹”$k^h a$，把 $k^h a$ 当成“脚”的音记，就是训读音，用“脚”去注 $k^h a$ 的字就是训读字。训读现象是方言用字的音义发生重大变化而引起的。闽语海南方言有数百个训读字。

第四章

中塞音 音节的中间带有塞音或塞音韵尾之后带有轻读的元音或鼻音韵尾，把一个音节隔成两截。这种特殊的韵母结构已见于赣语和粤北土话。

古今语音对应 指现代方言语音和中古音的音类之间存在的对应关系。这种对应大体上可以分为三类。不论条件的对应、管的字多的是基本对应；以声韵调互为条件限定的是条件对应；少数不合以上两种对应的，可称为个别例外。例如中古歌韵开口字在普通话的对应，读 uo 是基本对应，读 e 是牙喉音的条件对应，读 a 的“他、大”是保留古读的个别对应。

历史层次 方言的演变经历过不同的历史时代，在不同的时代，有通语的制约、有自身的变异、有周边方言的影响。各个不同历史时代、不同来源的影响都叠置在一个共时的平面上，并整合成一个“有序异质”的结构系统。通过纵横两向和内外两面的比较研究，可以把不同时代、不同原因的变化分解开来，理清各项演变的成因和过程，这就是方言和通语的研究历史层次分析法。这项研究目前还集中在方言语音的分析上，其实，方言词汇和语法的演变也是由不同层次的变异叠置起来的，也可以使用历史层次分析法。

音位标音法 音位是语音系统中能区别意义的最小语音单位。一个音位在不同的语音组合中往往有几个不同的音位变体。为方言记音时开始时可以先用严式标音法，听到什么音就记什么音，归纳音位之后就可以采取宽式的音位标音法，以便节省时间，也更好地体现方言语音的系统性。

俗字 由于方言词的本字不明或本来就有音无字，民间为了书写的需要自己创造了一些未见于各种规范字书的字，如果在本方言区已经比较通行，便可以称为俗字。俗字的通行常常通过方言韵书的认定或民间戏曲唱本和曲艺、山歌的记录传播。

同音字　记录方言词时找不到合适的字写，可先用方言里的同音字记录，但必须把完全同音的和不完全同音的区分开来，而且最好加上必要的标记。

第五章

变声　多音连读时后音节的声母受前音节韵尾同化，是为变声。陶燠民称之为“声母类化”。福州话的变声把许多处在后字的清音声母都变读为浊音声母。

变韵　20世纪30年代陶燠民首先提出福州话的“变韵”，指的是在低调值的阴去、阳去和阴入，韵腹为高元音的要变为复合元音、增加一个低一度的元音（i—ei、u—ou）。这其实是韵母在不同声调的变体。如果连读变调从低调变为高调，变韵也随着回归本韵。

变调　变调是字音在语流中发生的声调的连音变读。根据变调的不同原因，可以把它分为语音变调、语义变调、语法变调和语用变调。语音变调就是通常所说的连读变调。

语义变调　是为了表达某些特定的语义需要而发生的变调，例如广州话的“有钱、烧鹅”，其中的“钱、鹅”因为是受喜爱的，变读高升调（阴上）。

语法变调　是因为不同的语法结构会造成不同的变调要求，例如上海话的“炒饭”，作为名词词组和动宾短语有不同的变调。

语用变调　是因语用的需要而发生的变调，例如厦门话的并列复句，由于强调语气，后句可以读为一长串轻声：“汝会做得唔去，我嘛会做得唔去！”（你可以不去，我也可以不去！）后句除了主语之外全读为轻声。

音步　自然语流韵律系统中的最小独立单位。上古汉语音节结构复杂，单音节词占优势，曾经是单音节的韵素音步；汉唐以后，音节简化，双音节词猛增，转化为以双音节词语为一个音步。

轻声　在多音连读的词语中，某些音节变读为较短、较轻的音节，这就是轻声。有的轻声也是一种变调，把原有的声调读得轻而短；有的是多音词中不表义的音节，本来就没有声调。从语音形式说，有的方言轻声只是声调变得轻又短，如厦门话；有的方言不但声调变得轻而短，而且声母和韵母也弱化了，如北京话。多音词语衍生的轻声音节通常是不表义的(如“稀里糊涂”),有的是别义的需要(如“东西”表物件,“说得好”得是虚化义)。

小称 可以用“小称”来概括宋元以来“子、儿、头、囝”等的语法化现象,其共同的语义特征是“表小指爱”,但在语音上和语义上各有各的演变过程和表现形式。“儿尾”原是独立的音节,“儿化”后有的是变为“卷舌作用”附加在前音节,并使前音节的韵母发生相应的变化(如北京话);有的是变为鼻音作为前音节的韵尾或变前音节为鼻化韵(如浙南吴语)。“子尾”最先也是独立的音节,如粤语,后来许多方言都读成轻声,有的还发生了声韵母的各种变化(如赣语读为 teh,客家话读 e),有的是使前音节的韵母发生了相应变化(在晋语,称为“子变韵”)。“囝尾”是闽语特有的,有的还读为本音,有的语音弱化为 ŋ、a 或鼻化韵。小称是近代产生,现代汉语各方言独立发展,表现了自己的特征。小称的意义虚化往往引起了语音的弱化音变。因此,又称为“小称音变”。

合音 由于常常连用,两个单音词(音节)拼合成一个音节,就叫合音。有时,虚实相连的词也可合音。合音词往往是很有特色的方言词,有时还用特定的俗字来书写。例如北京话的“甭、别”,厦门话的“共伊”(把它)合音为 $kaŋ^{1}$。

方言语音特征 方言语音结构所表现出来的与通语及其他方言所不同的特征。语音系统是多层次的结构,方言语音特征也是多层次的:在音素—音节层面有不同数量的音位及其组成音节的结构方式;在音韵组合中有不同数量的声、韵、调音类及其组合方式;在多音连读的音步和语流中有不同的连读音变的规律。提取方言语音特征是方言语音研究的目标,必须全面分析语音和词汇、语法的相互关系才能达到目的。

第六章

同心圆系统 语言的词汇系统都是一个同心圆的系统。居中的是最常用最重要的核心词,在汉语,通常是单音词,其次是由核心词组成的基本词,多数是双音词;再次是用核心词或基本词衍生的一般词,最外围是行业词、生僻的古语词和书面语词。新生的外来词和新词语往往也居于外层。了解这种情况是为了明确词汇调查的重点和运用语素扩展的调查方法。

核心词 记录最重要意义的常用词，构词能力很强，有人称为根词。汉语的核心词往往都是单音词，也是多音词和多义词。

基本词 在历史演变中意义稳定相承，在社会生活和各种文体中使用普遍、频繁的词，多数有较强构词能力的单音词和双音词。

一般词 和基本词相比，一般词的普遍性较窄，稳定性和构词能力较弱，但仍是各个行业的通用词。

分音词 由一个单音词带着一个音缀构成的双音词，如扒—扒拉。衍生的音缀没有独立的意义。也称为衍音词、切脚词。这类词究竟是比单音词更古老的双音词，或是单音词衍生出来的，还有待研究。

音缀 没有词汇意义或词汇意义淡薄的音节，和别的语素缀合成词，可称为音缀。在词语里，可以置前、置中，也可以置后。置前的如晋语的“圪”（又称“圪字头”），置中置后的如“巴”：“稀巴烂”“眨巴、窄巴”。

词缀 不能独立运用又具备一定的词汇意义或语法意义的构词配件，可称为词缀，也称语缀。因置前置后之别又称前缀和后缀。“老张、第一”是加前缀，“巴不得”是加中缀，“桌子、盆儿”是加后缀。如果组合能力差、使用面不广，可称为“类词缀”或“准词缀”。

造词法 即造成新词的方法。可按不同的造词手段分为语音造词、语义造词、语法造词和修辞造词。造词法是词汇学研究的重要内容，是了解词的理据的重要方法。语音造词法如历史上的双声（踌躇）、叠韵（窈窕），叠音（关关），后来的拟声（扑通）、衍音（嘟噜）、合音（甭、别）、译音（巧克力）等等都是。语义造词法是就已有的词义加以引申、扩大、缩小、比拟，来另造新词的方法。例如，“日”从太阳引申为日子，“房”从房间扩大为房屋，“臭”从气味缩小指臭味，“走”从奔跑转化为行走，又如“本”—根本、书本，心—圆心、良心，河—天河、爱河。语法造词则有重叠、附加、转变词性等词法造词和并列、偏正、动宾、主谓、补充等句法造词。修辞造词是用比喻、借代、夸张等手段构造新词。

俗成语 为了把口头语造出来的四字格成语和来自书面语（文言）的古成语区别开来，另立一个“俗成语”的术语是必要的，“稀里糊涂、乱七八糟、青红皂白、上下左右、鸡零狗碎”都是这类俗成语。当然，也可以把它归入“惯用语”，只是惯用语的范围又扩大得太多，而且把它和古成语同为四字格的特点也抹杀了。

底层词 方言形成的时代因为民族接触和融合，原住民的语言留存的外来方言的词汇，称为底层词。汉语南方方言主体是北方移民带来的汉语，但也吸收了一些原住居民的日常生活用语的词汇。不同的方言由于民族融合的深度不同，留存的底层词的数量有多有少。底层词的研究对研究语言接触和民族融合有重要意义。

风物词 反映方言地区的地形、地貌，环境、风貌，历史人物、典故，风俗、习惯，风味小吃，特殊服饰、用具、建筑等等方言词，可以统称为风物词，也有人称之为文化词。这些方言词很能体现方言所表现的地域文化的特色，应该是调查方言词汇的重点。

传承词 指方言从古汉语传承下来的读音和意义均无重大变化的词语。例如，闽语的“鼎”与《说文》所注“三足两耳和五味之宝器也”，“都挺切”都完全符合，是上古汉语的传承词。

变异词 指方言词与古今通语用字相同、读音也符合对应，意义则发生了较为明显变异的词。例如梅州客家话租房子不说租而说“税”。

转借词 指方言词汇里本来没有的，从现代通语转用的词。这类词大多是新时代的政治、经济用语，经过普通话或书面语被方言所接受。这类词在现代通语迅速普及之后已经大量产生，但不同方言数量不等。

创新词 指方言在古今通语的基础上创造出来的词义有明显变化，又是其他方言少见或未见的词。例如成都话的“安逸”，不但有“安闲舒适”的意思，还可表示“舒服、合适、轻松、精彩、美观”等意思，并用作动词表示“满意”。

自变和他变 方言的语音、词汇、语法的演变都有的两种变异的原因。自变是自身发展中的变化，往往是由于语音和语义的矛盾、声韵调之间的矛盾、语法和语用的矛盾造成的。他变是通语或其他方言的影响造成的变异。分别自变和他变才能准确地了解方言演变的历史。

同形异义 方言与通语以及不同方言之间都有用字相同而词义迥异的词，例如广州话的“班房”不是牢房而是教室，厦门话的“受气”是自己生气而不是受人之气。调查到这类方言词必须做详细查问并做好注释。教学普通话时特别要指导学生注意区别，避免用错。

不对应词 方言与通语以及不同方言之间都有不相对应的词，即一方是词、另一方没有相对应的词，必须用词组来对应或解释。例如普通话的“回家”在上海话要分说“转来”或“转去”，要准确地翻译“回家”，就要说“转到屋里厢”。不对应词都是富有方言特色的词，要认真调查和注解。

第七章

方言语法语料 为了解方言语法，必须多层次地调查大量的语料。首先，要根据已经调查的词汇归纳出构词法，包括复合词构成、音缀、语缀等；各类实词的重叠式及语法组合关系，各类虚词的用法和语法功能。其次，要收集大量的语法例句，观察各种语序和构句法，归纳出句法组合规律。最后，也是最佳的语料是长篇的社会生活中的实际语料。只有大量的长篇语料才能避免语法现象的遗漏，也才能对所归纳的语法规律进行有效的检验。

同义句型 同样的意思使用不同的句型和句式表达出来，就是同义句型。汉语里句型变换的弹性比较大。例如“把门关上”，说成“把门关了、门关上、关上门”，基本义并没有变。

词法 词的结构规则和变换规则。例如“大方”是由“大”和“方”构成的复合词，“大大方、大大方方”是它的变换规则。

重叠式 就是同样的语法结构形式相叠使用。这是汉语方言中常见的语法手段，词法和句法都有重叠，常见的是双叠式，有的方言还有三叠式，如闽南话的“好好好”“白白白”，表示很好、很白。三音节之间有另类的变调连成了一个大音步。

动词的体 与动词相关的语法范畴。西方语言的进行体、完成体，有明确的语法标记。汉语的动态助词“了、着、过”也有人认为是体标记，但是语法意义和用法都有许多特殊之处，有人还提出，称为“态、貌”更准确。除了完成、进行之外，还提出了“持续、已然、短时、起始、经历”等多种“体、貌”。有关汉语动词的语法范畴如何界定和分类，还有待把通语和方言联系起来进一步的研究。

语序 又称为词序。指词或短语在句法结构中的排列顺序。不同的语序可以构成不同的句法结构，同样的意思也可以用不同的语序来表达。例如“我找不到他”在不同的方言中也可有“我找他不到、我找不他到”等多种说法。

虚化 实词转化为虚词，是语言的历时演变的一种方式和过程，某种表示实在意义的词汇形式转变为表示意义较虚的语法标记。例如“把住门—把门关上—把饭吃光——把抓住他”。

第八章

方言志 介绍某个方言区片或方言点的共时面貌的专著。方言片应介绍本地方言的来历、异同及属辖；方言点则应介绍声韵调系统、同音字表、连读音变规律，以及方言词汇、语法例句和长篇语料。不论详略都应努力反映本方言的特征，而且要分清主次，体现重点。

方言地图 在地图上把大面积的方言特征用区别性符号标示出来，从而展示方言的异同。图例上应注明语音、词汇或语法的特征语料（字、词或短语），规定代表不同说法的符号，这是方言特征分布图。综合许多特征得出的方言分区结论，可以画出方言分区图。两种方言地图都应该附有必要的说明，经过研究还可以对方言的异同做出解释。

同言线 在方言地图上把相同的方言特征用线条串联起来就是同言线，多条同言线密集重合之处往往就是方言分区或分片的界限。由于语言的发展是不平衡的，同言线分散、交叉的更多，完全重合的并不多。划分方言界线只能依据密集的同言线丛。

地方普通话 方言区的多数人所说的普通话都不太准确，由于受到方言母语的影响是相同的，因此就会有共同的差误。差误等级固然有不同，归纳出共同性的误差，则可以用来帮助普通话教学。因此，地方普通话也有应用于通语教学的研究价值。

乡土语言教材 方言地区的语文教学所必需的补充教材。把方言谚语、儿歌、童谣、民间故事、地方戏唱腔等编印成册并注上方音，可以让本地少年儿童和外来的学生共同学习方言、了解地方文化。还可以根据本地方言特征整理出本地人容易读错的字音、容易说错或说不好的词语、容易说错的句子，找出对应规律，编成普通话教学补充教材。

方言与普通话的对应规律　就调查过的方言材料与普通话做比较，理出方言与普通话的主要差异的对应，用来帮助本方言区的人学习普通话。语音方面应包括音位、音类及音变的差异对应；词汇方面着重常用词、不对应词的比较；语法方面可包括词缀及虚词用法，主要的句式差异等。可运用列表对照的方式编制。应注意少用专门术语，以便于学习者使用。可以从本地人学习普通话的常见错误入手，体现针对性。

跋

恢复高考那一年，我有幸跻身福建师大中文系的课堂。大一的基础课，如龙老师给我们讲授现代汉语词汇。如龙老师讲课，声音低沉、不疾不徐。他让我第一次知道了，原来我们口中天天说的话，是可以分解成语音、词汇、语法进行研究的。而且，这种研究充满奥秘，是那么妙不可言、趣味无穷。大四的选修课，我选了如龙老师开设的"汉语方言调查"。那时没有教材，除了一本语言所编的《方言调查字表》外，上课全凭老师口授。如龙老师主张因材施教，除了传授一些基本知识和主要方法，他让我们根据自己的方言母语，做调查记录和分析探索。我的毕业论文写的是《顺昌方言初探》，如龙老师的审阅评语是肯定性的："初具规模，材料丰富。假以时日，再做核对、修改，是一份很好的方言调查报告。"凭借选修课学到的方言知识和这篇论文的训练功底，一年后我以很好的考试成绩被中国社会科学院语言研究所破格录取为汉语方言专业的研究生。之所以说"破格"，是我的英语成绩没有达到研究生院当年的要求。鉴于考试总分和较突出的专业课成绩，以及我在试卷中显示的会说福州话、顺昌话的闽语背景，吕叔湘先生专门打报告向研究生院的温济泽院长提议，在面试的时候，让我补考一份英语试卷。于是，我幸运地成为方言大师李荣先生的研究生，彻底入了方言研究的门。后来，我听李先生说，方言试卷的最后一道题我答得他"极满意"。这道题是："试说明'我、今天、不、读、这、本、书'可以组成多少种句子，并说明造出的句子是什么样的语法结构。"李先生说，回答这道题，没有亲自调查过一个方言，没有深入解剖过一个方言，是做不好的。这道试题不仅可以看出考生对汉语语法的理解水平，也可以看出考生是否真正做过方言的调查和分析。是李先生拿着这份卷子向吕先生推许我这个尚不曾谋面，有名落孙山之患的无名小辈，吕先生毅然以他的个人威望为我争取了一个补救的机会。可以说，我的幸运，得益于吕先生、李先生等前辈哺育后学的英明胆识和高风亮节，也受益于如龙老师的“汉语方言调查”选修课。

今天，如龙老师把他一生研究和授课的心血提炼、整理成了《汉语方言调查》一书。其中不乏当年对我耳提面命的内容，更有近三十年来汉语方言研究成果的最新内容；不仅有老师非常熟悉的闽语、粤语、赣语、客家话材料，官话、吴语、湘语、晋语、徽语等材料也广有涉猎。可以说，改革开放以来，汉语方言研究的长足进步和丰硕成果在这本书中得到了充分反映。将“方言调查”独立成书，体现了如龙老师对汉语方言研究之根本的重视和倡导。进行方言研究，田野调查永远是第一位的。李荣先生说：“研究方言首先就得调查，不能用印象替代调查……方言调查就得讲实地调查，实地记录，认真分析，认真研究。调查要反映实际，研究要打开思路。不能拿自己的印象去替代调查研究。”（李荣《汉语方言学会成立大会开幕词》，《方言》1982 年第 1 期）如龙老师也说：“方言调查应该是所有从事语言学学习研究的人必修的基础课……从调查到研究，由点到面、由易及难，循序渐进、步步深入，只有这样，才能学到过硬的功夫。”（本书第 11 页）

这本书最大的特点是通俗易懂、简明实用，可操作性强。相较于某些汉语方言教材多以理论知识的讲授为主，“授人以鱼”；这本书可谓“授人以渔”，更多地讲授调查的具体方式、工作步骤，以及调查过程中需要随时注意的问题要点，包括怎样选定发音人，怎样使用调查表格，怎样记音，怎样甄别、核对、整理材料，等等，全是细节的传授。书后有两个附录，“汉语方言语音调查表”和“汉语方言词汇语法调查表”，调查材料大致可涵盖南方和北方各方言，可以直接用于方言调查，堪为实用、便捷的调查工具。

如龙老师很早就担任汉语词汇课程的教学，对于汉语词汇有长时间的深入研究，也有许多词汇学研究成果，对词汇在方言研究中的重要性有很深的体会和独到的见解。因此，他提倡方言调查应从“词汇”入手。他说：“方言词汇的调查更加重要，因为词汇是语言的建筑材料，是语言的最为现实的载体，离开词汇，既没有语音，也没有语法。尤其是使用汉字的汉语，每个音节都和字融为一体，都是有意义的词或语素。词汇是皮，语音是毛，皮之不存，毛将焉附？”（本书第108页）如龙老师还强调方言调查应该注意与地方文化、地方史的研究相结合，他说：“考核方言词汇的造词法，对于了解地理环境、社会生活以及地方历史都会有很多的启发。因为这些方言词正是生长在当地的世代居民创造出来的。”（本书第124页）

如龙老师十分重视正确的调查方法的运用。他说：“要训练出真正有兴趣，也有能力去调查方言的年轻人，就更加需要教给他们好方法。”（本书第1页）如龙老师在这本书里详细讲授了调查方法，不论语音、词汇、语法，每一项调查都详细解说入门的步骤和调查方式，并都提供相应的调查表格，给予训练的方便。比如，第六章“方言词汇调查”中，提供了方言词汇搜集的工作步骤，指出：“学话要从常用词入手，调查方言也一样，必须先调查常用词。”（本书第110页）具体到难易顺序，“应该先从名词开始调查”，“名词之外，依次是数量词、指代词、动词、形容词、副词，最难的是虚词，只能放到后阶段调查。动词要问可以带什么宾语……形容词要问和哪些名词、动词组合，虚词则要放在句子中去问，还能不能当作实词用。”（本书第110页）

如龙老师是一个勤于探索，善于创新的学者。多年来，他的论著总是有新鲜的观点，给人以启发。这本书里同样有不少真知灼见，比如，当看到“类词缀”的说法，我一下子觉得多年来困扰的“词缀”问题迎刃而解了。如龙老师说：“之所以称为‘类词缀’是因为它跟西方语言的词缀、语尾都不一样，它们的意义并没有很多虚化，使用范围也往往很窄，不能大面积类推，不宜把它们‘拔高’……不宜轻易地做出‘后缀、词尾’之类的概括。”（本书第121—122页）好一个“类词缀”的说法，为我们不必机械套用西方语言学理论而实事求是地分析汉语的语缀及其语法意义打开了一个新思路，为我们找到了怎样立足汉语进行本体研究的新视角。还有，书后的“术语表”，集中体现了如龙老师对于汉语方言调查和研究的思考和认识，也体现了他对方言研究学术规范化的实践和引领。我认为这一做法应该成为研究性课程教材的榜样。

两年前，得知如龙老师在编写《汉语方言调查》一书，我自告奋勇担任责编。待书稿付梓，老师说："我想请你给写一篇序文。你是听过我上的方言调查课的，而且也走进了这个门……你来写序应该能说得到位。希望你能答应我。"我自知学力浅薄，难担此任。老师又嘱："你听过我的课，干的同行，编过我三本书，请你写序是最合适的了，请不要推辞。退一百步说，总可以写个'跋'吧？"于是，诚惶诚恐间，我决定不揣浅陋，贸然写个"跋"。因为，老师的这本书太值得我推介、宣扬了。

《汉语方言调查》可以说是如龙老师的一本晚年力作，浓缩了他一生的调查经验和研究心得。老师这一辈子，教方言课、调查方言、研究方言、说方言、学方言、写方言……他的生活从来不曾离开过方言。老师视汉语方言学为"热土"，是"一座立体的宝库"，自称"一介老农"，始终辛勤地耕耘在这片热土上，还乐于引领后学同道领略这片"风光无限，魅力无穷"的热土。同时，老师又深感方言调查"队伍不够大、人手不够用"，当"看到许多鲜活的语言现象正在隐去"，他便忧虑"若不采取必要措施，待到林深草盛的沃野荒漠化了，热土也就不热，甚至要变成冻土了"。（见《汉语方言研究文集·代序》，商务印书馆，2009 年）今天，《汉语方言调查》的推出，无疑为青年后学步入方言学研究的殿堂树立了一个正确的指引路标，有益于方言调查队伍的建设，相信对汉语方言宝库的进一步发掘和探索能起到推动作用。我是如龙老师开设的"汉语方言调查"课的受益者，我也希望有更多的人能够从中受益。

冯爱珍

2017 年 1 月于王府井大街 36 号